Volker Christmann

Buddha
Die Reise zum Selbst

Volker Christmann

Buddha
Die Reise zum Selbst

Das große Lehr- und Praxisbuch

Mit Illustrationen von Deepak Kumar Joshi und
Fotografien von Colins Nicksarathna und Volker Christmann

Anaconda

Namo Tassa Bhagavato Arahato Sammāsambuddhasa.
Buddha saranam gacchāmi
Dhammam saranam gacchāmi
Sangham saranam gacchāmi.

Die Fotografien von den Reisen des Autors geben Eindrücke vom buddhistischen Leben in verschiedenen asiatischen Ländern. Die Fotografien ab S. 175/176 im Wald- und Höhlenkloster Varana auf Sri Lanka stammen von dem Fotografen Colins Nicksarathna und schenken Einblicke in das Leben in einem buddhistischen Waldkloster.

Anm. zur Zitierweise: Die Zitate aus dem Pali-Kanon beruhen auf den Übersetzungen von Paul Dahlke, Karl Eugen Neumann und weiteren Indologen, die den Buddhismus im späten 19., frühen 20. Jahrhundert in Deutschland bekannt gemacht haben. Um einen möglichst harmonischen Lesefluss zu ermöglichen, wurde der Ton der Zitate vom Autor teils behutsam angepasst. Auf weitere Quellen ist der Autor auf seinen Reisen durch Asien in Bibliotheken buddhistischer Klöster gestoßen und zitiert sie möglichst getreu aus den dort angefertigten Aufzeichnungen und Notizen.

MIX
Papier aus verantwor-
tungsvollen Quellen
FSC® C010328

FSC
www.fsc.org

Verlagsgruppe Random House FSC® N001967

Die Deutsche Nationalbibliothek verzeichnet diese Publikation in der Deutschen Nationalbibliografie; detaillierte bibliografische Daten sind im Internet unter http://dnb.d-nb.de abrufbar.

© 2020 by Anaconda Verlag,
einem Unternehmen der Verlagsgruppe Random House GmbH,
Neumarkter Straße 28, 81673 München
Alle Rechte vorbehalten.
Umschlagmotiv: Muster: Set of Thai Art / shutterstock / BIRTHPIX,
Buddha: Golden Thai Buddha / shutterstock / Kitsada Vector
Umschlaggestaltung: Druckfrei. Dagmar Herrmann, Bad Honnef
Satz und Layout: Achim Münster, Overath
Druck und Bindung: Alföldi, Debrecen
Printed in Hungary
ISBN 978-3-7306-0886-9
www.anacondaverlag.de

Mit unseren Gedanken erschaffen wir die Welt.

Buddha, *Dhammapada*

Inhalt

Ein Wort zuvor

Ein Freund hatte mich auf ein Essay von Jorge Luis Borges über den Buddhismus aufmerksam gemacht, wohl wissend, dass mich alles Buddhistische interessierte: »Nicht nur der Inhalt, auch der Tonfall ist überaus ansprechend.« Und er hatte recht: Nicht nur der Inhalt, auch der Tonfall *war* äußerst ansprechend. Einfühlsam. Voll tieferem Verständnis. Ein gewaltiger Unterschied zu den meisten Veröffentlichungen unserer Tage, die das Bedürfnis einer immer größeren Anzahl von Menschen nach tieferer Einsicht scheinbar zu befriedigen suchen: Yoga und Zen, Tai Chi und Qi Gong, Prāna-Heilen und Shiatsu und Reiki. Merlinstab und Zirbelzweig, Pyramid Power und das Frauenhandbuch des Tantra, Heil-Meditationen, Gespräche mit Engeln, Tiefenentspannung und Mandalas auf dem Weg zur Erleuchtung, Feng Shui ... Die Liste ist keineswegs vollständig. Und das versprochene Ziel? – Erfolge. Wellness. *Forever young.* Doch ist das wirklich das Ziel, das diejenigen beseelte, die einst Schöpfer dieser Lehren waren? Und wo liegen die Ursachen dieses Verlangens gerade des modernen Menschen nach Archaischem, Längst-Vergangenem? Was macht ihn so anfällig, für alle mögliche Spökenkiekerei, allen nur möglichen Humbug? Was treibt den scheinbar so nüchtern-sachlichen Manager vor einem wichtigen Geschäftstermin noch eben schnell zum Wahrsager, Sterndeuter, Astrologen? Ist es die Angst vor der selbst geschaffenen Nüchternheit der Moderne, die Angst vor lange schon verdrängten Fragen wie Alter, Krankheit und Tod? Oder nur die Angst, etwas zu versäumen, der Kitzel des Neuen? Was die Mehrheit eint, ist der Wunsch nach einem »besseren« Leben, einem erfüllteren, ohne sich dafür anstrengen zu müssen. Die Mehrheit der Besucher von Meditationskursen und Seminaren, Vorträgen und Einkehrwochenenden oder Āyur-Veda-Ferien auf irgendeiner der schönen Inseln dieser Erde sucht einfach etwas Entspannung in der Hektik und Hetze unserer Tage (ohne allzu große Anstrengung, wohlgemerkt); für andere wiederum ist dies nur der neueste Trend, die neueste Mode, der letzte Kick. Der Besuch beim Dalai Lama als Event ...

Doch gibt es auch andere – in wachsender Zahl – die das Gefühl eines echten Mangels treibt, gerade angesichts all unseres Reichtums, all unserer erfüllten Wünsche und befriedigten Bedürfnisse. Ein Quäntchen Unrast und Sehnsucht bleibt angesichts aller materiellen Erfolge und Bequemlichkeiten, das Gefühl: Das kann doch nicht alles gewesen sein! Und mitten in allem Trubel und Partylärm erwachen die uralten Fragen der Menschheit: Wer sind wir? Wo kommen wir her? Wo gehen wir hin? Und sie geben keine Ruhe ... bis man sich auf den Weg macht, den Weg zum letzten Abenteuer, der letzten Herausforderung: diese Fragen zu ergründen.

Auf einer meiner Reisen durch Indien fragte mich einst ein alter Swāmi[1], Swāmi Paramānanda, bei allem, was ich tat: »Was nützt dir dies – im Rachen des Todes!« Geradezu besessen schien er von dieser Frage, und auch mich lässt sie seither nicht wieder los. Damals beschäftigte ich mich mit den sogenannten Siddhis[2], jenen Wunderkräften der Yogin[3], übte mich mit meinen Lehrern beinahe ohne Unterlass in den traditionellen Formen des Yoga, sodass langsam Tag und Nacht zu einer einzigen Reise zum Selbst[4] wurden. Alles Tun war auf jenes einzige Ziel gerichtet: die Yoga-Stunden mit meinen Lehrern, die Wanderungen entlang des Ganges, die Gespräche mit den Einsiedlern in ihren Höhlen im Ufergestein, die Abende auf dem Ufersand, den Ausführungen irgendeines einsamen Eremiten lauschend, während der Mond als bleiche Scheibe das tiefe Dunkel der indischen Nacht zu erhellen suchte und die Fledermäuse lautlos über die silbernen Fluten der Gangā glitten, während Muschelhörner vom anderen Ufer her erklangen, Trommel und Harmonium und die Glocken der Tempel und die Gesänge der Gläubigen. All die Tage und all die durchwachten Nächte einem Ziele nur zu: dem eigenen Selbst. Und nun diese Frage. Eindringlich, gebetsmühlenhaft, all mein Tun in Frage stellend:

»Was nützt dir all das im Rachen des Todes?« Und weiter: »Was nützt dir Meditation, wenn du den Meditierenden nicht kennst? Was all diese Wunderkräfte? Vollkommen unnütz sind sie, sinnloser Ballast – angesichts des Todes! Willst du dem Tod davonfliegen, wenn deine Stunde gekommen ist, dich vor ihm verbergen? All dies taugt nicht für deinen letzten Kampf, das letzte Abenteuer des Menschseins: die Überwindung des Todes. Und wie kann der Tod überwunden werden? Indem du dein unsterbliches Selbst erkennst: Das höhere Selbst das Ziel, dein eigenes Selbst der Pfeil, der Bogen die Versenkung. Wie der Pfeil das Ziel durchbohrt, so sollst du dich mit dem Höheren Selbst vereinen!«

Folgen wir diesem Bild aus den *Upanishaden*[5], so schleudern wir also unser Ich, unser individuelles Selbst, mit Hilfe der Versenkung, der Meditation, unmittelbar ins Zentrum der letzten Wirklichkeit, jenes Ziel, mit den »hunderttausend Namen«, das man Erleuchtung nennt und Erwachen, Bodhi und Nibbana (Nirvāna), Satori und Samādhi. Das Wahrnehmen des Unwahrnehmbaren, das Denken des Undenkbaren, das Fühlen des Unfühlbaren, das unendliche, immerwährende Sein.

Swami Shivananda aus Rishikesh, der große Yoga-Erneuerer des 20. Jahrhunderts, sagte einst zu seinen Schülern: »Erlange Wissen über das Selbst. Das ist die einzige Möglichkeit, den Tod zu überwinden: Ich bin das unsterbliche, furchtlose, krankheitslose Selbst, der Ātman.« So weit, so gut. Das Endziel des Yoga – der Ātman; denn: Ayam Ātmā Brahma. Dieses Selbst (ātman) ist Brahman (die Weltseele).

Dies war wohl auch der Ansatzpunkt des jungen Prinzen aus dem Geschlecht der Shākya: »Was nützt dir all deine scheinbare Herrlichkeit, all dein Reichtum, deine Macht angesichts von Alter, Krankheit und Tod?« Doch dieser, wohlausgebildet in all den yogischen Künsten, ging weiter, nachdem er auch die Lehren hochgeachteter Weiser als »Narrenlehre« empfunden hatte, waren sie doch ebenfalls »unedel, nicht zum Ziele führend«; hatten doch auch sie ihn nicht zur letztendlichen Erleuchtung geführt. Er erkannte unter dem

Feigenbaum in Uruvela: Auch das Selbst, der Ātman, unterliegt den drei Gundmerkmalen allen Seins: Anicca, Dukkha, Anattā – Vergänglichkeit, Leidhaftigkeit und eben: Nicht-Selbst, ohne inhärentes Selbst …

Der Shakya-Prinz hatte seinen Weg der Meditation beschritten, ganz so, wie ihn auch heute noch viele der Yogin und Sadhus beschreiten, den Weg, der zum Höchsten Selbst führen soll, allerdings mit einem völlig anderen Ergebnis: Bei seinem Erwachen erkannte er, dass es kein Selbst gibt …

Immer wieder stieß ich auf meinen Reisen durch Asien auf dieses Paradoxon, häufig in einem Tempel vereint: Hier die Lehre der Sadhus und Yogin, deren höchstes Ziel eben der Ātman ist, das Selbst, und da – nur wenige Schritte oft entfernt – die Lehre des Buddha, deren Hauptausrichtung dem Erkennen gilt, dass es dieses Ewige Selbst eben gar nicht gibt.

Auf einer meiner Reisen durch Indien, ich glaube es war in Vrindaban, wo Krishna[6] als Jüngling einst mit den Gopīs[7] scherzte, kam ich zu einem Tempel. Vielfach geschmückt die Wände, Bilder von Göttern und Dämonen und seltsamen mythischen Figuren. Unverständlich zunächst, bis ich den Hintergrund erahnte: Ich war ganz offensichtlich in einen Tempel Vishnus geraten, des Erhalters der Welt. In all seinen (Haupt-)Inkarnationen wurde er dargestellt: Auf der Weltenschlange ruhend zu Beginn eines neuen Zeitalters; als Fischinkarnation, als Schildkröte, als Eber, als Narasimha, der Mann mit dem Löwenhaupt, als Vamana, der Zwerg, als Parashurama, der wütende Mann, und als Rama mit der Axt, als König Rama, der Held des Ramayana-Epos, als Krishna schließlich und Kalki auf seinem Pferd, der dieses Zeitalter beenden wird; und eben auch, damals noch völlig unverständlich für mich: als Buddha.

Ich ging zu einem der Brahmanen-Priester des Tempels. Auf meine Frage nach dieser Figur Buddhas unter dem Feigenbaum inmitten einer hinduistischen Götterschar schüttelte er ungläubig den Kopf über so viel Unwissenheit: »Ja, weißt du denn nicht, dass der Buddha auch nichts anderes ist als ein Avatār Vishnus ist?«

Immer wieder machten sie mich von nun an darauf aufmerksam, wenn ich danach fragte, meine Lehrer, Hindus und Buddhisten gleichermaßen, wenn sie nur einigermaßen gebildet waren, was uns Westlern – zumindest jedoch mir – so fremd klang, die Nähe und doch auch Ferne dieser beiden Systeme. Nur einen fand ich, Lal Bahadur Basnet, mein Yogagefährte und Freund, der beides verband. Da er aus Sikkim stammte, wo Hindus und Buddhisten friedlich miteinander im Schatten des Himalaya leben, fragte ich ihn eines Tages nach unserem gemeinsamen Yoga, unserer Meditation auf dem Tempeldach, wo wir immer übten, während der Ganges im Tal strömte und der weiße Gipfel Kunjapuris in der Ferne grüßte: »Lalji[8], was bist du eigentlich, Hindu oder Buddhist?« Er lächelte sein verschmitztes Lächeln und gab eine für ihn so typische Antwort: »Ich bin Yogi! Und Yoga beginnt, wo alle Religion endet …«

Und so ging ich meinen Weg weiter, den Weg des Yoga zunächst, und dann schließlich eben – darüber hinaus … und daher stammt auch der Titel dieses Buches – so richtig und doch auch so falsch:

Die Reise zum Selbst.

Begeben Sie sich auf diese Reise! Und denken Sie daran: Auch die längste Reise beginnt mit dem ersten Schritt. Sie werden Ihr Ziel erreichen! Und wenn sie es erreichen, geht es weit über die so oft gewünschte Entspannung, das Etwas-Ruhiger-Werden hinaus.

Doch wo verläuft der Weg dorthin? Wie können wir ihn gehen, diesen seltsamen Weg, den so viele gar nicht sehen? Doch es gibt sie, wenige zwar, aber es gibt sie, diese Wesen mit nur wenig Staub auf den Augen, die zugrunde gehen, wenn sie die Lehre nicht hören; die sich verlieren, wenn sie die Lehre nicht hören[9], und diese werden den Weg finden …

Wahrlich, eine Lehre für Einzelne!
Wahrlich, eine Lehre für Einsame!
Wahrlich, eine Lehre für Auserwählte![10]

Doch heute scheint die Zeit reif, scheinen sich immer mehr Menschen wirklich auf die Suche zu begeben, und jenen, »deren Augen kaum mit Staub bedeckt sind«, gilt dieses Buch. Mögen Sie möglichst viel Nutzen aus ihm ziehen.

»Wie der große Ozean nur einen Geschmack hat,
den des Salzes,
so hat auch diese Lehre nur einen Geschmack,
den Geschmack der Erlösung.

Anguttara Nikāya 8, 19

Eins

Die Legende vom Leben des Buddha

Die Geburt des Erhabenen und sein Leben als Prinz

Die Lehre des Buddha entstand nicht im luftleeren Raum, nicht aus sich selbst heraus; sie entstand vielmehr vor dem Hintergrund der kulturellen, politisch-sozialen und religiösen Gegebenheiten Indiens in der Mitte des ersten vorchristlichen Jahrtausends. Siddhattha Gotama (Siddhārtha Gautama), der Prinz aus dem Geschlecht der Shākya, der mit fünfunddreißig zum Buddha wurde, zum »Erwachten«, wurde in eine Zeit weltweiter Umbrüche geboren, der sogenannten »Achsenzeit« (Karl Jaspers), einer Art antikem Wendepunkt der Menschheitsgeschichte, an dem in einer Vielzahl von Kulturen, in China (Konfuzius, Lao Tse) und Indien (Upanishaden, Buddha), Persien (Zarathustra), Judäa (Propheten) und Griechenland (Sokrates), kritische Reflexionen und neue Gedankengebäude Raum gewannen. Auch in den Vorbergen des Himalajas, den kleinen Bergkönigreichen, gärte es. Der zweite Stand, die Kaste der Kshatriyas[11], der Krieger und Herrscher, lehnte sich gegen die alles erdrückende Vormachtstellung der Brahmanen, der Opferpriester, auf; eine Vielzahl von Wandermönchen zog durchs Land und verbreitete ihre Lehren, und auch der junge Prinz gesellte sich dem einen oder anderen von ihnen zu, als er sein bisheriges Leben hinter sich ließ, vom »Haus in die Hauslosigkeit« zog, wie dies im Pali-Kanon[12] von ihm berichtet wird.

Erzählen wir also zunächst einmal die Geschichte vom Leben des Prinzen aus dem Geschlecht der Shākya, der auszog, um Erkenntnis zu erlangen und schließlich nach mühevollen Jahren der Askese und der Enttäuschung zum Buddha wurde, zum vollständig Erwachten. Erzählen wir die Geschichte, wie man sie sich überall in Asien immer wieder erzählt, bis schließlich jedes Kind die wichtigsten Stationen im Leben des Meisters kennt: das Herabsteigen des Bodhisatta aus dem Tushitahimmel und die von Wundern begleitete Geburt im Hain von Lumbinī, die ersten sieben Schritte des Prinzen und der Tod seiner Mutter Māyā, das Leben des zukünftigen Buddha im Palast in Kapilavasthu und die vier Ausfahrten des Prinzen, auf denen ihm zum ersten Mal die Erkenntnis von der Leidhaftigkeit allen Seins dämmert; seine Vermählung mit Yasodharā und die Geburt seines Sohnes Rāhula; sein Auszug aus dem Palast in die »Hauslosigkeit« und die Jahre strengster Askese. Schließlich das alles verändernde Erlebnis: das Erwachen, die Erleuchtung unter der Pappelfeige nahe Uruvela, dem heutigen Bodh Gaya, an den Ufern des Nerañjara. Die erste Predigt im Tierpark von Isipatana bei Benares und schließlich – nach einem langen Leben des Wanderns und des Verbreitens der Lehre – das »Große Verlöschen«, das Hinscheiden des Erhabenen im Sāl-Hain bei Kushinagara.

Gefeiert unter den Verehrungswürdigen weilte der Bodhisatta im prächtigen Heim des Tushitahimmels. Zuteil geworden war ihm die Weihe. Hunderttausende von Göttern lobten, verherrlichten und rühmten ihn. Die Würde war sein; Wunschgelübde hatten ihn hohe Stufen erklimmen lassen; das Verständnis der Lehren aller Buddhas war ihm aufgegangen, und er hatte das weite, reine Auge der Erkenntnis gewonnen ...[13]

So beginnt die Legende vom Leben des Buddha.

Er beschließt, sich als Sohn des Königspaares von Kapilavasthu – König Shuddhodana und Königin Māyā aus dem Geschlecht der Shākya – zu inkarnieren und geht »in der lichten Hälfte des Mondes, am fünfzehnten Tag des Monats, bei Vollmond und der Konjunktion des Mondes mit dem Sternbild Pushya, in der Gestalt in den Schoß seiner Mutter ein, die sich aus den Brāhmanas und den Veden ergibt, das heißt, als großer, prächtiger Elefant mit sechs Stoßzähnen, weiß wie ein Schneefeld, strahlend ...«[14], denn fünf Faktoren betrachtet ein künftiger Buddha, ehe er sich inkarniert:

1. Das richtig Zeitalter (Kalpa)
2. Das richtige Land (Dhwipa)
3. Den richtigen Ort (Desha)
4. Die richtige Kaste (Varna)
5. Die richtige Mutter (Mata)

Als die Königin die Stunde der Geburt nahen fühlt, macht sie sich – wie es damals und wohl auch heute noch manchmal der Brauch ist in Indien – auf den Weg zum Haus ihrer Eltern in Devadaha, um mit dem Beistand ihrer Mutter Yasodharā das Kind zur Welt zu bringen. Doch lange bevor sie das elterliche Haus erreicht, setzen die Wehen ein, und so tritt der spätere Buddha in einem kleinen Hain aus Sāl-Bäumen *(shorea robusta)* in der unmittelbaren Nähe des Dorfes Lumbinī am Tag des Frühlingsvollmonds im Monat Mai des Jahres 563 v. Chr. in seine letzte menschliche Existenz. Die *Lalita Vistara*, eine in ihren Ursprüngen in vorchristliche Zeit zurückreichende »Biografie« des Buddha, vermerkt, dass der neugeborene Prinz unmittelbar nach seiner Geburt sieben Schritte nach jeder Himmelsrichtung hin tat und seine künftige Aufgabe verkündete: »Ich will ein Beispiel sein all der Eigenschaften, die im Guten wurzeln!«, sprach er nach Osten schreitend. Nach Süden hin: »Ich werde verehrungswürdig sein für Götter und Menschen!« Gen Westen: »Ich bin der Erste in der Welt. Ich bin der Vornehmste auf Erden. Dies ist meine letzte Geburt! Dem Leiden von Geburt, Alter, Krankheit und Tod werde ich ein Ende bereiten.« Und nach Norden hin: »Ich allein bin der am meisten Geehrte!«[15]

Erschöpft von den Anstrengungen der Geburt wird Königin Māyā von ihrem Gefolge nach Kapilavasthu zurückgebracht, wo sie sieben Tage nach der

Geburt des Prinzen an den Folgen der Geburt stirbt. In dieser Zeit wird zur Erstellung des Geburtshoroskops und zum Fest der daraus resultierenden Namensgebung ein an den Abhängen des Himalaja wohnender Einsiedler mit Namen Asita (»nicht-weiß«, was wohl auf seine Abkunft von den dunkelhäutigen vor-arischen Ureinwohnern des Subkontinentes hindeutet), ein alter Freund der Familie, in den Palast geholt. Als dieser das drei Tage alte Kind sieht, bricht er in Tränen aus, denn er weiß, dass die ihm zugemessene Lebensspanne es ihm nicht mehr erlauben wird, der Lehre des künftigen Buddha zu lauschen, und er ermahnt seinen Neffen Nalaka, der ihn begleitet, wenn die Zeit reif ist, Hörer des Buddha-Wortes zu werden. Und Asita deutet aus den »zweiunddreißig Zeichen eines großen Mannes«, die den Neugeborenen auszeichnen, und achtzig weiteren hervorstechenden Körpermerkmalen die Zukunft des jungen Prinzen. Nur zwei Wege gibt es, die ein so Gesegneter einschlagen kann: »Verweilt er im Weltenleben, so wird er ein weltbeherrschender König; zieht er aber aus dem Haus in die Hauslosigkeit, wird er ein Pfadvollender (Tathāgata), ein Heiliger, ein vollkommen Erwachter.«[16]

Zwei Tage darauf, am fünften Tage nach der Geburt, vollziehen einhundertacht[17] zum Fest geladene Brahmanen die Zeremonie der Namensgebung, unter ihnen acht, die die Kunst der Deutung der Körpermerkmale beherrschen, und auch sie prophezeien dem Kind eine große Zukunft, entweder als großer Weltenherrscher oder als Weltentsager. Sein Name lautet Siddhattha, »der, dessen Ziel erfüllt ist«. Einig sind sich die Brahmanen darin, dass der Prinz dem Weltenleben entsagen werde, wenn er Alter, Krankheit und Tod begegne, was den König dazu veranlasst, alles zu tun, um Alter, Krankheit und Tod in jedweder Form von dem Prinzen fernzuhalten. Gärtner sammeln jegliches abgestorbene Blatt im königlichen Garten, er ist umgeben von Schönheit und Jugend, und an den vier Toren des königlichen Palastes stehen Wachen, damit der Anblick des Alters, der Krankheit und des Todes von Siddhattha ferngehalten werde.

Nach dem Tod Königin Māyās übernimmt Shuddhodanas Zweitfrau, Mahāprajāpatī, die jüngere Schwester der Verstorbenen, die Mutterstelle für den jungen Prinzen, sodass dieser gemeinsam mit seinem Halbbruder Nanda aufwächst. In den *Jātakas*, den »Geburtsgeschichten«, berichtet der Erhabene über seine Jugend: »Ich war verwöhnt, ihr Mönche, außerordentlich verwöhnt und überaus empfindlich. Um meines Vaters Wohnsitz waren Lotus-Teiche angelegt, einer mit blauen Lotussen, ein anderer mit roten, ein anderer mit weißen. Alles mir zuliebe. Ich salbte mich nur mit Sandelholzöl aus Benares und kleidete mich mit Benares-Seide. Bei Tag und Nacht wurde ein weißer Schirm über mich gehalten, sodass weder Kälte noch Hitze, weder Staub noch Tau mich berührten. Ich hatte einen Palast für den Winter, einen für den Sommer und einen für die Regenzeit. In den vier Monaten der Regenzeit verließ ich den Palast überhaupt nicht und ließ mich von Musikantinnen unterhalten. Mit solchem Reichtum, ihr Mönche, war ich begabt ...«

Und doch zeigen sich schon hier, umgeben von Reichtum und Genuss, seine Anlagen, denn er fährt fort: »In solchem Wohlleben, ihr Mönche, kam mir der Gedanke: ›Wahrlich, der verwöhnte Weltenmensch, selber dem Alter unterworfen, empfindet Abscheu und Ekel, wenn er einen Alten sieht. Doch auch ich bin ja dem Alter unterworfen, kann ihm nicht entgehen.‹ Indem ich so dachte, schwand mir der Jugendrausch. ›Der naive Weltenmensch, selber der Krankheit unterworfen, empfindet Abscheu und Ekel, wenn er einen Kranken sieht: Doch auch ich bin ja der Krankheit unterworfen, kann ihr nicht entgehen.‹ Indem ich so dachte, schwand mir der Gesundheitsrausch. ›Wahrlich der naive Weltenmensch, selber dem Tode unterworfen, empfindet Abscheu und Ekel, wenn er einen Toten sieht. Und doch bin auch ich dem Tod unterworfen, kann ihm nicht entgehen.‹ Und indem ich so dachte schwand mir der Lebensrausch.«

Siddhattha wird in allen Fertigkeiten unterwiesen, die ein Adliger jener Zeit beherrschen muss: Reiten und Wagenlenken, Bogenschießen und Schwertkampf und Ringen, die Religion der Veden; doch bleibt eine grüblerische Grundstimmung, die ihn von nun an lange Zeit nicht mehr verlassen wird. Ein weiteres Ereignis fällt in diese Zeit seiner Jugend, welches das Wesen des zukünftigen Buddha, sein grenzenloses Mitleid mit jedweder Kreatur zeigt: die erste Auseinandersetzung mit Devadatta, einem Vetter Siddhatthas mütterlicherseits, der Jahre später das erste Schisma in der Sangha, der Mönchsgemeinde, ausrufen wird:

Einst vergnügten sich die Adligen Kapilavasthus an den Ufern des Rohita, der die Städte Kapilavasthu und Devadesha trennt. Zu dieser Zeit aber flog eine Wildgans vorüber. Flugs spannte Devadatta den schweren Bogen und holte sie aus der Luft. Die Gans fiel vor den Füßen des Bodhisatta[18] nieder. Dieser nahm sie auf, entfernte den Pfeil und behandelte sie mit Arzneien. Als Devadatta dies sah, schickte er einen Boten an den Bodhisatta und ließ ihm sagen: »Ich habe die Gans vor dir erlegt, gib sie mir zurück!« Prinz Siddhattha aber, schon seit vielen Leben auf dem Weg zur Buddhaschaft, ließ ihm ausrichten: ›Seit unendlicher Zeit strebe ich nach Erleuchtung, und alle Lebewesen waren in früheren Geburten einmal mein. Wie könntest du da die Gans vor mir besessen haben?‹ Da packte Devadatta, dem Bodhisatta schon seit langer Zeit feindlich gesinnt, eine große Wut. Und so kam es, dass der Bodhisatta in seiner letzten Verkörperung keinem Menschen mehr in Unfrieden verbunden war mit Ausnahme des Devadatta ...

Als Siddhattha im Jahre 547 v. Chr. sechzehn Jahre alt ist, beschließt König Shuddhodana, den grüblerischen Prinzen zu verheiraten. Die Wahl fällt schließlich auf eine Kusine Siddhatthas, Yasodharā, nach anderen Quellen Gopā genannt, die der Prinz schließlich ehelicht. Er führt nun das fürstliche Leben jener Zeit: »Der Bodhisatta selbst aber lebte, zum Schein und nur um sich dem Treiben der Welt anzupassen, inmitten einer Schar von vierundachtzigtausend Frauen, pflegte der Lüste und vergnügte sich. Gopā jedoch, das

Shākyamädchen, wurde feierlich zur ersten Gemahlin unter diesen vierundachtzigtausend Frauen geweiht ...«[19] Zwar hat die Zahl vierundachtzigtausend
wohl eher symbolische Bedeutung, doch können wir davon ausgehen, dass der
junge Prinz durchaus die »Sinnenfreuden« kannte, ein »Leben der Lüste«
führte, wie es den Adligen jener Zeit zukam.

Dreizehn Jahre lang bleibt die Ehe kinderlos, ehe sich das Leben des Bodhisatta wendet. Rāhula wird geboren, die »Fessel«, soll dieser Sohn den Grübler doch enger dem weltlichen Leben verbinden. Doch noch in derselben Nacht verlässt Siddhattha den elterlichen Palast, um »aus dem Haus in die Hauslosigkeit« zu ziehen.

In die Zeit seiner Ehe mit Yasodharā fallen einige einschneidende Erlebnisse, die den weiteren Lebensweg des Prinzen zum Weltentsager und schließlich zum Buddha bestimmen. Im *Dīgha Nikāya* erzählt Buddha von den vier Ausfahrten des mythischen Buddha Vipassin. Diese Geschichte wird nun auf den historischen Buddha übertragen und bildet die Grundlage für seine – scheinbare – Abkehr von der Welt.

Des Lebens im Palast müde, beschließt Siddhattha eines Tages, einen Ausflug in die königlichen Gärten zu unternehmen. König Shuddhodana lässt

daraufhin alles so vorbereiten, dass der Bodhisatta auch dort von allen Anzeichen der Vergänglichkeit und des Leidens abgeschirmt nur Schönes erblickt. Zunächst geht der Plan auf, scheint die List geglückt, als der Prinz den Palast durch das östliche Tor verlässt, denn: »Freudiges Entzücken erfüllte des Prinzen Herz, als er die wohlgebahnten und besprengten Wege und die Bevölkerung in Festkleidern erblickte.«[20] Doch plötzlich stört ein ungewohnter Anblick die vordergründige Harmonie, der junge Prinz sieht, als er zu den Gärten hinausfährt, »einen Menschen gealtert, geknickt wie den Giebel eines Daches. Gekrümmt, auf einen Stock gestützt, zitternd vorwärtsgehend, greisenhaft«. Und er fragt seinen Wagenlenker nach der völlig ungewohnten Erscheinung. »Dieser Mensch, bester Wagenlenker, was ist nur mit dem los? Sein Haupthaar ist nicht wie bei den anderen, und sein Körper ist nicht wie bei anderen?« »Dies ist, o König, ein Greis, wie man so sagt.« »Warum aber, bester Wagenlenker, ist das ein Greis, wie man so sagt?« »Das ist, o König, ein Greis, wie man so sagt: Er wird nicht mehr lange zu leben haben.« »Und, bester Wagenlenker, bin auch ich selber dem Altern unterworfen? Steht auch mir das Altern bevor?« »Auch du, oh König, und wir alle sind dem Altern unterworfen, uns allen steht das Altern bevor.«[21]

Die Lust an der Ausfahrt ist verflogen und der Prinz kehrt, zutiefst von diesem Erlebnis bewegt, in den Palast zurück. Als er diese Erfahrung überwunden hat, begegnet er auf zwei weiteren Ausfahrten – durch das südliche und westliche Tor – einem Kranken (»leidend, schwer krank, in seinem eigenen Kot liegend, seinem eigenen Urin«) und einem Leichenzug (»sein Verstand hat sich verloren, entflohen ist sein Geist, welk und verfallen ist die Gestalt, tot wie ein Holzklotz liegt er da, ausgestreckt; zerrissen sind die Blutsbande«). Nach dieser Begegnung mit Alter, Krankheit und Tod ist der Prinz zutiefst verstört. Zwar unternimmt König Shuddhodana alles, um den Prinzen aufzuheitern, umgibt ihn mit immer neuen Kurtisanen, die ihn von seinen Grübeleien befreien sollen, doch Siddhatthas Grübeleien, sein Verzweifeln an der Vergänglichkeit allen Seins, lässt sich nicht überwinden. Schließlich begegnet er auf einer vierten Ausfahrt – durch das nördliche Tor – am Tag von Rahulas Geburt einem Bettelmönch (»ruhig, bezähmt, selbstbeherrscht, kahlgeschoren, mit dem fahl-gelben Gewand bekleidet«) und beschließt, der Welt zu entsagen, um Alter, Krankheit und Tod zu überwinden, denn er ist zutiefst überzeugt:

Leben ist Leiden.

Und dieses Leiden gilt es nun, da es einmal erkannt ist – zu überwinden, koste es, was es wolle.

Der Weg der Askese

In der Nacht von Rāhulas Geburt verlässt Siddhattha mit seinem treuen Diener Channa auf dem Pferd Kanthaka durch das östliche Stadttor den Palast, schneidet sich das Haar ab und legt die gelben Gewänder der Bettelmönche, der Samanas, an: »Und nach einiger Zeit, ihr Mönche, ging ich, der ich jung und kräftig war, schwarzhaarig, in voller jugendlicher Schönheit, im ersten Mannesalter, gegen der Wunsch der Eltern, der tränenüberströmten, weinenden, nachdem ich mir Haar und Bart hatte scheren lassen, nachdem ich die dunkelgelben Mönchsgewänder angelegt hatte – ich ging aus dem Haus in die Hauslosigkeit hinaus.«[22]

Nachdem er so »aus dem Haus in die Hauslosigkeit« gezogen ist, macht sich Siddhattha auf die Suche nach einem geeigneten Lehrer: »So hinausgegangen, auf der Suche nach dem ›Was ist gut?‹ (kim kushala), nach dem unvergleichlichen Weg zum höchsten Frieden forschend, begab ich mich zu Ālāra Kālāma.«[23]

Man geht heute allgemein davon aus, dass Ālāra Kālāma das Oberhaupt einer Schule von Yogin war, deren asketische Versenkungsübungen Siddhattha in ihren Bann schlugen. Er lebte mit seinen Anhängern im Magadha-Reich in der Nähe von Rājagaha, wo der junge Sucher auch erstmals Bimbisāra, dem König der Magadher, begegnete. Nach recht kurzer Zeit verwirklicht Siddhattha die Lehre des Ālāra Kālāma und wird von diesem dazu aufgefordert, von nun an mit ihm gemeinsam die Asketenschule zu leiten, doch Siddhattha wendet sich enttäuscht von Ālāra Kālāmas Lehre ab, empfindet er sie doch als »nicht zum Ziele führend«.

Wieder begibt sich Siddhattha auf die Suche nach einem Lehrer, nachdem er zuvor König Bimbisāra versprochen hat, ihn erneut aufzusuchen, wenn er das Ziel seiner Suche erreicht hat. Schließlich glaubt er, in Uddaka Rāmaputta, einem anderen Schuloberhaupt, den geeigneten Lehrer gefunden zu haben. Aus vielerlei Zeugnissen lässt sich erkennen, dass Ramaputta (»Ramas Sohn«)

ein Anhänger upanishadischer[24] Lehren war, die die Existenz einer mit der All-seele (Brahman) identischen unsterblichen Einzelseele (Ātman) im innersten Wesenskern jeglichen Seins postulierten. Obwohl Siddhattha nach seinem »Erwachen« vieles an Ālāra Kālāmas und Uddaka Rāmaputtas Lehren als »Narrenlehre« bezeichnet, scheinen diese beiden ihm von seinen Zeitgenossen noch am ehesten geeignet, seine Einsichten zu verstehen, beschließt er doch nach dem Erleuchtungserlebnis unter dem Feigenbaum bei Uruvela, sie den beiden als ersten mitzuteilen. Sie sind jedoch inzwischen verstorben. Vieles von ihren Lehren taucht jedoch in der späteren Lehre des Buddha teils unver-ändert, teils ins Gegenteil verkehrt wieder auf.

»Und ich, Ihr Mönche, auf der Suche nach dem ›Was ist gut?‹, nach dem unvergleichlichen Weg zum höchsten Frieden forschend, begab mich zu Uddaka Rāmas Sohn.« Dieser hatte die Lehre offensichtlich nicht selbst erdacht, sondern sie von seinem Vater übermittelt bekommen. »Dort angelangt, sprach ich zu Uddaka Rāmas Sohn so: ›Inwieweit, Freund, hat Rāma uns diese Lehre als einer, der sie selbst begriffen und verwirklicht hat, verkündet?‹ Daraufhin belehrte mich Uddaka Rāmas Sohn über den Bereich des Weder-Wahrnehmung-noch-Nichtwahrnehmung.«

Nach wiederum nur kurzer Zeit meistert Siddhattha auch diese Lehre und wird von Uddaka Rāmaputta für würdig erachtet, die Schule zu führen. Nach weniger als einem Jahr hat der Prinz die höchsten Lehren seiner Zeit verwirklicht und ist ihrer überdrüssig geworden. Er beschließt, sich von nun an in völliger Abgeschiedenheit der Askese zu widmen und wandert im »Magadha-Lande (heutiges Bihar) von Ort zu Ort«, bis er bei Uruvela, dem heutigen Bodh Gaya, für sechs Jahre – bis zu seinem »Erwachen« – seine Zuflucht nimmt: »Da nun sah ich vor mir einen entzückenden Erdenfleck, eine anmutige Baumgruppe, einen silbern strömenden Fluss, gut zugänglich, entzückend und in der Nähe ein Dorf zum Almosengang. Da kam mir, Ihr Mönche, der Gedanke: Wahrlich, das ist ein entzückender Erdenfleck, eine anmutige Baumgruppe, der Fluss strömt silbern, gut zugänglich, entzückend, und in der Nähe ist ein Dorf für den Almosengang. Genug, wahrlich, ist das zum inneren Fortschritt für einen Edelgeborenen, der nach innerem Fortschritt strebt. Und ich, Ihr Mönche, ließ mich eben dort nieder.«

Er schließt sich dort einer Gruppe von fünf Wandermönchen an, die ebenfalls in dem Hain ihre Zuflucht gefunden haben und die in ihm bald ihren Meister sehen, und gibt sich den härtesten Askese- und Yogaübungen hin: »Und es kam mir, Aggivessana[25], der Gedanke: ›Sollte ich nicht, die Zähne aufeinanderpressend, die Zunge an den Gaumen legend[26], durch Denken den Geist herunterzwingen, herunterkämpfen, herunterquälen?!‹ ... Und während ich, so die Zähne aufeinanderpressend, die Zunge an den Gaumen legend, durch Denken den Geist herunterzwang, herunterkämpfte, herunterquälte, ergossen sich mir Ströme von Schweiß aus den Achselhöhlen ... Und es kam mir, Aggivessana, der Gedanke: ›Sollte ich mich nicht in Selbstvertiefung mit aufgehobener Atmung vertiefen?!‹ Und ich, Aggivessana, stellte nun sowohl vom Munde sowohl als auch von der Nase her die Ein- und Ausatmungen ein. Und während ich so vom Munde und von der Nase her die Ein- und Ausatmungen einstellte, ging mir da von den Ohren ein gewaltiges Geräusch der einsetzenden Strömungen aus. Gleich als wenn, Aggivessana, von eines

32

Schmiedes Blasebalg, der in vollem Blasen ist, ein gewaltiges Geräusch ausgeht ...«[27]

Sechs brütend heiße Sommer verbringt Siddhattha im Wald von Uruvela, sechs alles durchdringende Regenzeiten, und widmet sich allen erdenkbaren Askeseübungen seiner Zeit. Später erzählt er über jene Jahre: »Ich raufte mir Haupt- und Barthaar aus, die Regel der Haar- und Bartausraufer befolgend; war ein Ständigsteher, verwarf Sitz und Lager; war ein Fersensitzer, übte die Zucht der Fersensitzer; war ein Dornenschläfer und legte mich zur Seite auf ein Dornenlager ... Ich lebte von Kräutern und Pilzen, von wildem Reis und Korn, von Samen und Kernen, von Pflanzenmilch und Baumharz, fristete mein Leben mit Wurzeln und Früchten des Waldes, lebte von abgefallenen Früchten. Ich trug ein Hemd aus Hanf, trug einen Rock, geflickt aus den in Leichenfeldern und auf der Straße gefundenen Fetzen, hüllte mich in Lumpen, in Felle, in Häute ...«[28] Und er gibt sich vollkommener Einsamkeit hin: »Wenn ich einen Rinderhirten sah oder einen Hirten von Kleinvieh oder einen, der Gras oder Holz holte, oder einen Waldarbeiter – dann stürzte ich von Wald zu Wald, von Dickicht zu Dickicht, von Tal zu Tal, von Höhe zu Höhe. Und warum? Damit sie mich nicht sähen und damit ich sie nicht sähe ...«[29] Und doch leidet er unter dieser Einsamkeit an diesen »Stätten des Grauens und Entsetzens«.

Immer härter werden die Übungen, die er sich auferlegt, bis er nach Jahren der Askese völlig entkräftet ist: »Wie die Knoten bei Gräsern und Kriechern, so wurden mir da die Gelenke, durch diese geringe Nahrungsaufnahme. Flach wie die Hufe eines Kamels, wurde da mein Gesäß, eben durch diese geringe Nahrungsaufnahme. Wie ein geknoteter Strick, so wurde da mein Rückgrat mit seinen Erhebungen und Senkungen eben durch diese geringe Nahrungsaufnahme. So wie bei einem zerfallenen Haus die Dachsparren nach allen Seiten herausstehen, so standen auch mir die Rippen nach allen Seiten heraus, eben durch diese geringe Nahrungsaufnahme [...] Die Bauchhaut wollte ich streichen, und bis ans Rückgrat geriet ich; das Rückgrat wollte ich streichen

und bis gegen die Bauchhaut geriet ich. So nahe, Aggivessana, waren Bauchhaut und Rückgrat einander gekommen, eben durch diese geringe Nahrungsaufnahme. Und, Aggivessana: Stuhl und Urin wollte ich lassen, aber dabei fiel ich vornüber, eben durch diese geringe Nahrungsaufnahme [...] Und trotzdem erreichte ich durch diese bittere Mühsal nicht das über Menschliches Hinausgehende, die Art der Einsicht, die da genügt zum Edlen Wissen. Sollte es da nicht einen anderen Weg zum Erwachen geben?«[30]

Und Siddhattha erinnert sich an die erste Meditation, die er einst als Jüngling in den Gärten seines Vaters im Schatten eines Rosenapfelbaumes erlebte, und er beschließt, wieder feste Nahrung zu sich zu nehmen, denn: »Es kam mir, Aggivessana, der Gedanke: ›Sicherlich ist dieses Glück nicht leicht zu erreichen mit einem Körper, der in eine so übergroße Entkräftung geraten ist. Sollte ich nicht lieber feste Nahrung zu mir nehmen? Gekochten Reis und Grütze?'«[31]

Als seine fünf Weggefährten sehen, dass Siddhattha wieder feste Nahrung zu sich nimmt, wenden sie sich enttäuscht von ihm ab und ziehen weiter nach Sārnāth bei Benares, dem heutigen Varanasi: »Als ich nun aber, Aggivessana, feste Nahrung zu mir nahm, gekochten Reis und Grütze, da gingen diese fünf Mönche enttäuscht von mir weg: ›Üppig geworden ist der Büßer Gotama, ungesammelten Strebens, der Üppigkeit zugewandt.‹«

Gemäß der *Nidānakathā*, einer außerkanonischen Sammlung von Buddha-Legenden, ist es Sujata, die Tochter des Dorfvorstehers von Senani, die

35

Siddhattha am Fluss Nerañjara die erste feste Nahrung, eine Milchspeise, darbietet. Nachdem der Bodhisatta sein Mahl beendet hat, wirft er die Essschale in den Fluss mit den Worten: »Wenn ich heute in der Lage sein werde, ein Buddha zu werden, soll die Schüssel flussaufwärts treiben!«[32] Tatsächlich treibt die Schüssel zur Flussmitte und dann flussaufwärts. Nun beschließt Siddhattha, einen zur Meditation geeigneten Platz aufzusuchen und findet ihn am anderen Ufer des Nerañjara unter einer Pappelfeige, dem seither in ganz Asien verehrten Bodhi-Baum auf einer Steinbank, dem sogenannten Diamantthron, die unter dem Baum errichtet wurde. Unterwegs begegnet ihm Sotthiya, ein Grasschneider, der ihm ein Bündel Gras schenkt, aus dem Siddhattha sich einen Meditationssitz aufschüttet. Nachdem er den Baum sieben Mal umrundet hat, setzt er sich mit nach Osten gerichtetem Gesicht in der Lotus-Position nieder und beschließt: »Mag mein Körper hier auf diesem Platz vertrocknen, mögen Haut, Knochen und Fleisch schwinden – bevor ich nicht die in vielen Weltaltern schwer zu erlangende Erleuchtung erreicht habe, werde ich mich nicht von diesem Sitz erheben.«[33]

Das Erwachen unter dem Feigenbaum

Doch vor seinem endgültigen Erwachen steht dem künftigen Buddha noch ein Kampf bevor, der Kampf mit Māra, dem Versucher, dem Geist und Herrscher der materiellen Welt. Dieser schickt all seine Heerscharen in den Kampf, sendet schließlich, als alle Waffen an dem Bodhisatta abprallen, seine Töchter aus, die Verkörperungen von Stolz, Gier, Furcht, Unwissenheit und Begehren, um den Bodhisatta mit den »zweiunddreißig Verführungskünsten der Frauen« in Versuchung zu führen: »Einige boten ihm halbbedeckte Brüste dar, andere Hüften, um die das Gewand nur lose gegürtet war … Einige zeigten ihm, dass zwischen ihren vollen Brüsten kaum Platz war für eine Perlenschnur. Einige hatten die Schenkel zur Hälfte nackt … Einige hatten allerlei Schmucksachen angelegt, die ihre Scham schön erscheinen ließen … Einige luden den Bodhisatta zu Liebesfreuden ein … Des Bodhisatta Gesicht aber war rein und fleckenlos wie die Mondscheibe, wenn sie aus dem Rachen ihres Verschlingers Rāhu befreit worden ist, wie die aufgehende Sonne …[34]«

Alle Versuchungen schlagen fehl, der Bodhisatta bleibt unberührt von allem Verlangen. Sechs Jahre nach seinem Auszug in die Hauslosigkeit, mit

fünfunddreißig Jahren, hat der junge Prinz aus dem Geschlecht der Shākya sein Ziel erreicht, ist zum endgültig Erwachten geworden, zum Buddha, in jener schicksalhaften Vollmondnacht des Monats Vesakh (Mai-Juni): »Bauherr, jetzt bist du erkannt! Du sollst kein neues Haus mehr bauen. Dein Sparrenwerk ist eingerissen; zerstört ist selbst der Firstbalken. Jetzt hat mein Geist das formlose Nibbana erlangt und jede Art von Wollen überwunden.«[35]

Später beschreibt er dieses Ereignis mit folgenden Worten:

»Da verweilte ich, freigeworden von Lüsten, freigeworden von unguten Dingen, im Besitz der ersten Gedankenstufe, der mit Eindrücken und Erwägungen verbundenen, der einsamkeit-entstandenen, der freudvoll-beglückenden [...] Durch das Zuruhekommen der Eindrücke und Erwägungen erlangte ich die innere Beruhigung, die auf einen einzigen Punkt gerichtete Funktion des Geistes und weilte im Besitz der zweiten Gedankenstufe, der eindruck- und erwägungfreien, der selbstvertiefung-entstandenen, der freudvoll-beglückenden [...] Durch das Freiwerden von Sucht nach Freude weilte ich gleichmütig, nachdenklich und besonnen; körperlich empfand ich das Glück, das die Edlen nennen: ›gleichmütig, einsichtig, glücklich weilend‹. So weilte ich im Besitz der dritten Gedankenstufe [...] Durch das Überwinden von Glück, das Überwinden von Leid, das Hinschwinden der früheren Befriedigungen und Bekümmernisse, weilte ich im Besitz der vierten Gedankenstufe, der leidfreien, der glückfreien, der in Gleichmut und Verinnerlichung geklärten [...] Und mit gesammeltem Geiste, mit gereinigtem, geklärtem, fleckenlosem, beschmutzungsfreiem, biegsam gewordenem, hämmerbarem, standhaftem, unerschütterlichem Geist, richtete ich den Geist auf das Wissen von der Erinnerung an den früheren Aufenthalt. In vielfacher Weise erinnerte ich mich an den früheren Aufenthalt: an eine Geburt, an zwei Geburten [...] an hunderttausend Geburten; an mehrere Perioden des Weltschrumpfens, an mehrere Perioden des Welterblühens [...]

Dieses, Aggivessana, hatte ich im ersten Teil der Nacht als erstes Wissen erreicht, vernichtet war Nichtwissen, aufgegangen Wissen; vernichtet war Dunkelheit, aufgegangen Licht …«[36]

Er erkennt »im mittleren Teil der Nacht als zweites Wissen«, wie die Wesen gemäß ihren Handlungen in früheren Leben ins Dasein treten und schließlich »im letzten Teil der Nacht als drittes Wissen« mit Tagesanbruch an diesem Vollmondtag des Monats Vesakh das Wesen des Leidens, der Leidensentstehung, der Leidensaufhebung und das Wissen um den Weg, der zur Aufhebung des Leidens führt, wird zum Samma Sambuddha, dem »vollständig Erwachten«.

Das Andrehen des Rades der Lehre

»In diesem dem Sterben Unterworfensein das Elend erkennend, die todfreie, unvergleichliche innere Beruhigung, das Verlöschen suchend – fand ich die todfreie, unvergleichliche innere Beruhigung, das Verlöschen … und das Wissen, die Einsicht ging mir auf: Unerschütterlich ist meine Befreiung, dieses ist meine letzte Geburt; nie mehr gibt es eine neuerliche Geburt.«[37]

Das Ziel ist erreicht, und der Buddha gibt sich ganz dem »Genuss« seiner Erfahrung hin: »Und dann, ihr Mönche, kamen mir diese einfachen Zeilen in den Sinn, die vorher nie gehörten: ›Mit Müh hab ich's gefunden; erlassen sei mir das Verkündigen. Diese Lehre, die völlig wache, die gegen den Strom gehende, feine, tiefe, schwer ersichtliche, schwierige ist nichts für die an Gier und Hass Verlorenen. Von der Masse ihrer Finsternis bedeckt, sehen sie die Gierbesessenen.‹ Somit, ihr Mönche, neigte sich mir, der ich so überlegte, der Sinn zum ruhigen Genießen, nicht zum Zeigen der Lehre.«

Sieben Wochen verbringt der Buddha so, in seliger Ekstase an sieben Plätzen rund um den Baum der Erleuchtung die Glückseligkeit der Erleuchtung genießend. Doch Brahmā, der Schöpfer, nach buddhistischer Lehre selbst dem karmischen Gesetz von Geburt und Tod und neuerlicher Geburt unterworfen, fleht den Buddha an, die unvergleichliche Lehre nicht für sich zu behalten und die Wesen durch das Verkünden der Lehre zu retten. Schließlich willigt der Buddha zum Wohle aller Wesen ein und überlegt, wem er die Lehre als erstem verkünden sollte: »Und mir, Ihr Mönche, kam der Gedanke: ›Dieser Ālāra Kālāma ist weise, erfahren, klug, seit langer Zeit schon von wenig verunreinigter Art. Sollte ich nicht dem Ālāra Kālāma zuerst die Lehre zeigen?‹«³⁸ Doch Ālāra Kālāma ist sieben Tage zuvor verstorben. Also beschließt der Buddha, die Lehre Uddaka Ramaputta zu erläutern; doch auch dieser ist – tags zuvor – verschieden. Da kommen dem Buddha die fünf Mönche in den Sinn, die so lange sein Asketenleben teilten. Und er beschließt, die fünf Mönche aufzusuchen, die nun im Gazellenhain von Isipatana³⁹ nahe Benares (Varanassi) weilen. Auf dem Weg vom Ort der Erleuchtung nach Gaya begegnet ihm »Upaka, der Nacktler«, ein Angehöriger der Ājīvika-Sekte⁴⁰, auf den der Buddha allem Anschein nach nachhaltigen Eindruck macht. Noch ganz im Banne der unerhörten Begebenheit des Erwachens, beantwortet der Buddha die Fragen des Einsiedlers nach seinem Lehrer und dessen Lehre mit den Worten:

>»Allüberwältiger, Allversteher bin ich,
> Von allen Dingen unbefleckt,
> Alleslasser, in Entdürstung befreit!
> Aus mir selbst habe ich dies begriffen – wem sollte ich folgen!
> Für mich gibt es keinen Lehrer, ein mir Gleicher lebt nicht.
> In der Welt samt ihren Göttern gibt es keinen mir Ebenbürtigen.
> Ich bin der Verehrungswürdigste in der Welt,
> Ich bin der unvergleichliche Lehrer,

Als einziger bin ich voll erwacht, kühl geworden, verloschen.
Das Rad der Lehre zu drehen, gehe ich nach Kashi, der Stadt.
In geblendeter Welt rührend des todlosen Trommel.«[41]

Als der Buddha schließlich die Mönche im Tierpark von Isipatana findet, beschließen diese, ihn nicht zu begrüßen, hat er sich doch – ihrer Meinung

nach – der »Üppigkeit« zugewandt. Doch als sie die strahlende Gestalt des Erleuchteten näher sehen, sind sie nicht länger in der Lage, ihn zu ignorieren und heißen ihn willkommen; und der Buddha erläutert ihnen die Lehre: »Leiht, Ihr Mönche, das Ohr! Das Todlose ist gefunden! Ich unterweise, ich zeige die Lehre!« Mit diesen Worten beginnt sich das »Rad der Lehre« zu drehen im Gazellenpark von Isipatana bei Benares. Die »Lehrrede vom Andrehen des Rades der Lehre« *(Dhammacakkappavattana-sútta)* gibt die ursprünglichste buddhistische Lehre wieder: »Zwei Enden gibt es, ihr Mönche, denen muss, wer dem Weltleben entsagt, fernbleiben. Welche zwei sind das? Hier das Leben in Lüsten, der Lust und dem Genuss ergeben: das ist niedrig, gemein, ungeistlich, unedel, nicht zum Ziele führend. Dort Übung der Selbstquälerei: die ist leidensreich, unedel, nicht zum Ziele führend. Von diesen beiden Enden sich fernhaltend, hat der Vollendete den Weg, der in der Mitte liegt, entdeckt, der Blick schafft und Erkenntnis schafft, der zum Frieden, zum Erkennen, zur Erleuchtung, zum Nibbana führt.«[42] Und er fährt fort, indem er das Kernstück buddhistischer Lehre verkündet, wie es bis heute überall in der Welt, unabhängig von jeglichen Schulen und Richtungen, gelehrt wird, die Edle Wahrheit vom Leiden, von der Leidensentstehung, der Leidensaufhebung und dem Weg, der zur Aufhebung des Leidens führt.

Die Verbreitung der Lehre

Nachdem der Buddha so die Lehre den fünfen verkündet hat, nimmt Kondañña als erster mit der bis heute gültigen Formel seine »Zuflucht« zu Buddha, Dhamma (der Lehre) und Sangha (der Gemeinde):

> »Buddham saranam gacchāmi.
> Dhammam saranam gacchāmi.
> Sangham saranam gacchāmi.«

»Ich nehme meine Zuflucht zum Buddha.
Ich nehme meine Zuflucht zur Lehre.
Ich nehme meine Zuflucht zur Gemeinde.«

Er versteht als einziger spontan: »Was immer dem Gesetz des Entstehens unterworfen ist, das ist auch dem Gesetz des Vergehens unterworfen!«, und wird deshalb in den buddhistischen Schriften »Kondañña, der Erkenner« genannt. Wenig später bitten auch die anderen vier – Vappa, Bhaddiya, Mahānama und Assaji – um Aufnahme in die Gemeinschaft, der Orden ist gegründet.

Die Bekehrung Yasas und der Flechthaarasketen

Von nun an wächst die Schar der Mönche unaufhaltsam. Der nächste Bekehrte ist Yasa, ein junger Mann aus Benares, Sohn reicher Eltern. Der Sage nach hatte er ein Erlebnis, das den Erfahrungen des Buddha nicht unähnlich ist. Er wacht eines Nachts auf und gewahrt seine Frauen und Dienerinnen, wie er sie nie zuvor wahrgenommen hat: »Eine hatte zerzauste Haare; einer lief Speichel aus dem Mund, und sie alle murmelten im Schlaf. Man hätte denken können, man sei auf einem Leichenfeld.«[43] Yasa verlässt sein Elternhaus und trifft am Morgen im Wildpark von Isipatana den Buddha, der ihm in einer »Gestuften Unterweisung«, die vom Einfachen zum Schwierigen hin führt, den Sinn der Lehre erläutert und ihn als Mönch ordiniert. Als Yasas Vater auf der Suche nach seinem Sohn dem Buddha begegnet, berührt ihn dessen Lehre so tief, dass er ihn bittet, als Laienanhänger in die Gemeinschaft aufgenommen zu werden ... Ein halbes Jahr nach dem »Andrehen des Rades der Lehre« zählt die Gemeinde bereits mehr als sechzig Mitglieder.

Der Buddha verbringt die Regenzeit mit seiner Gemeinde im Tierpark von Isipatana; mit dem Abklingen des Monsuns weist er seine Mönche (Bhikkus) an, hinauszuziehen und die Lehre zu verbreiten: »Zieht aus, ihr Jünger, und wandert, zum Heil für viele, zur Freude von Göttern und Menschen. Geht

nicht zu zweit denselben Weg. Predigt, ihr Jünger, die Lehre, die am Anfang herrlich ist, die in der Mitte herrlich ist, deren Ende herrlich ist, im Geist und im Buchstaben, verkündet den ganzen und vollen reinen Wandel der Heiligkeit. Es gibt Wesen, die sind rein vom Staube des Irdischen, aber wenn sie die Predigt nicht hören, gehen sie zugrunde, die werden Erkenner der Lehre sein. Ich aber, ihr Jünger, werde nach Uruvela gehen...«[44]

Und so wendet sich der Erhabene erneut Uruvela zu, dem Ort seines Erwachens, um dort die Lehre zu verbreiten. Es leben aber zu jener Zeit drei Brüder in der Nähe von Uruvela, jeder Oberhaupt einer Gemeinde; der eine von fünfhundert Schülern, der andere von dreihundert, der dritte von zweihundert. Sie sind nach ihrem jeweiligen Wohnort benannt: Der mit seinen Schülern nahe Uruvela haust ist der Sage nach einhundertzwanzig Jahre alt, ein großer Asket mit dem Namen Uruvela- Kassapa. Der am Fluss wohnt wird Nadi-Kassapa genannt (Nadi heißt Fluss) und derjenige, der seine Behausung nahe Gaya hat, Gaya-Kassapa. Alle drei sind unbekleidete Jatila-Asketen[45] mit langem, geflochtenem Haar, die sich dem Yoga und dem vedischen Feuerkult verschrieben haben. Nachdem er die drei samt ihrer Anhängerschaft zur Lehre bekehrt hat, hält der Buddha den dem Feuerkult zugewendeten die berühmte »Lehrrede vom Feuer«:

> »Alles brennt, ihr Mönche. Was alles aber brennt? Das Auge und die Formen; das Ohr und die Töne; die Nase und die Gerüche, die Zunge und die Geschmäcke; der Körper und die Tastobjekte; das Denken und die Denkobjekte – (das alles) brennt. Das sechsfache Sinnesbewusstsein, die sechsfache (Objekt-)Berührung und was durch die Berührung an Wahrnehmungen aufsteigt, ... auch das brennt. Und wodurch? Durch das Feuer der Gier, das Feuer des Hasses, das Feuer der Verblendung.«[46]

Immer wieder verweist der Erhabene im Laufe seines Lebens auf diese drei Grundübel, die Ursachen allen Unheils, die Wurzeln des Unheilsamen, die drei Geistesplagen, wie sie auf dem »Lebensrad« in jedem tibetischen Kloster allgegenwärtig sind, dargestellt als Hahn (Gier), Schlange (Hass) und Schwein (Verblendung).

Die Bekehrung der Könige Bimbisāra und Pasedani

Von Uruvela aus zieht der Buddha ostwärts, Rājagaha zu, der nahegelegenen Hauptstadt des Magadha-Reiches, dem heutigen Rajgir. Der König der Magadher ist fünf Jahre jünger als der Erhabene, und dieser erinnert sich des Versprechens, das er dem König einst gab und das es nun einzulösen gilt. Als König Bimbisāra das Nahen des Buddha berichtet wird, zieht er ihm mit einem stattlichen Gefolge entgegen. Er ist so beeindruckt von dieser Begegnung, dass er als Laienbekenner die dreifache Zuflucht zu Buddha, Dhamma und Sangha nimmt und mit ihm eine große Anzahl seiner Gefolgschaft. Er schenkt dem Buddha und seinen Jüngern den vor den Toren der Stadt gelegenen Park Veluvana (Bambushain), wo der Buddha von nun an eine Reihe von Regenzeiten verbringt. Die Bekehrung König Bimbisāras löst eine wahre Bekehrungswelle aus: Hunderte von Bürgern bekennen sich gleich ihrem König als Laien zur Lehre, Hunderte junger Männer verlassen Familie und Haus und folgen dem Buddha als Mönche »vom Haus in die Hauslosigkeit«. Der Siegeszug der Lehre südlich des Ganges hat begonnen.

Unter den in Rājagaha der Lehre Gewonnenen befindet sich auch der Leibarzt des Königs, Jīvaka Komārabhacca, der sich von nun an den Angehörigen des Ordens widmet und dem Orden seinen Mangohain als Zufluchtsstätte zur Verfügung stellt; so hat der Orden nun schon zwei Klostergärten, in denen die Mönche ihre ausgedehnten Wanderungen für die Dauer der Regenzeit unterbrechen, um hier zusammenzukommen.

Pasenadi, der König von Kosala und Schwager Bimbisāras, steht der neuen Lehre anfangs recht skeptisch gegenüber. Doch Sudatta ein reicher Kaufmann seines Reiches, begegnet dem Buddha in Rājagaha und vermacht ihm einen

Garten nahe Sāvatthī, der Hauptstadt des Kosala-Reiches, als Klosterhain. Hier trifft der König, dem Buddha etwa gleich an Jahren, den unvergleichlichen Lehrer und schließt sich dessen neuer Lehre an: Das Tor zum zentralen Teil Nordindiens öffnet sich dem Dhamma. Dem Herrscher der Kosala unterstehen aber auch die Reiche der Shākyafürsten, zu denen Buddhas Vater gehört – die Lehre kehrt in Buddhas Heimat zurück.

Sariputta und Moggallana

Kurz nachdem König Bimbisāra seine Zuflucht zur Lehre genommen hat, treten auch die zwei späteren Hauptmönche des Buddha der Gemeinde bei: Sāriputta und Moggallana. Die beiden sind Freunde von Kindheitstagen an und stammen aus angesehenen Brahmanenfamilien aus der Gegend um Nalanda. Beide waren sie Schüler des Asketen Sanjaya und hatten sich gegenseitig versprochen: »Wer zuerst die Erlösung vom Tode erlangt, soll es dem anderen sagen!« Eines Tages begegnet Sariputta dem Buddha-Mönch Assaji – einem jener fünf Mönche, denen der Buddha im Gazellenhain von Isipatana als ersten die Lehre darlegte – beim Almosengang und ist von dessen ruhiger Erscheinung so beeindruckt, dass er ihn nach seinem Lehrer und dessen Lehre fragt. Assaji antwortet: »Ich bin ein Neuling, Freund; es ist nicht lange, dass ich der Welt entsagt habe. Eben erst bin ich dieser Lehre und dieser Ordnung beigetreten. Ich kann dir die Lehre nicht im Einzelnen erklären, aber ich kann sie dir in wenigen Worten umreißen.«[47] Und er erklärt ihm die Lehre mit den Worten, die bis heute als kurzes »Glaubensbekenntnis« des Buddhismus gelten:

> »Bei Daseinsfaktoren, die aus Ursachen entspringen,
> hat der Vollendete die Ursache erklärt.
> Und auch, wie sie zur Aufhebung zu bringen,
> Wird von dem großen Samana gelehrt.«[48]

Sariputta, der später von seinen Mönchsfreunden den Beinamen »der Wissensmächtige« erhält, erkennt sofort die »reine, fleckenlose Wahrheit«: »Was immer dem Entstehen untertan, das ist auch dem Vergehen untertan!« Sariputta eilt nach dieser Erkenntnis der Lehre zu Moggallana zurück und berichtet ihm von seinem Erlebnis. Moggallana, später auf Grund seiner übernatürlichen Fähigkeiten (Siddhis) »der Zaubermächtige« genannt, begreift rasch, was dem Freund widerfahren ist, und mit anderen Anhängern Sanjayas suchen sie »mit Stab und Wasserkrug in Händen und mit geflochtenem Haar« den Buddha in dem nahen Bambushain auf. Sieben Tage nach seiner Aufnahme in die Gemeinschaft der Mönche erfährt Moggallana die Erleuchtung, Sariputta erreicht das Ziel eine Woche später ...

Upavartana – Der »Garten der Heimkehr«

Mit der Zeit erzwingen die indischen Jahreszeiten einen gewissen Rhythmus in der Wanderschaft der Mönche. Während sie die kalte und die heiße Jahreszeit die Lehre verbreitend auf ihren ausgedehnten Wanderungen verbringen, treffen sie sich zur Regenzeit in einem der bald schon zahlreichen Klosterhaine, rezitieren die Lehre und die Regeln des Ordens, tauschen Erfahrungen aus, schließen Freundschaften ...

Mehr als vierzig Jahre verbringt der Erhabene so auf den staubigen Wegen Indiens, die Lehre verbreitend, als er sein Ende fühlt. Er beschließt seine letzte Regenzeit in Vaishali. »Da nun [...] überfiel ihn eine schwere Krankheit; heftige Schmerzen setzten ein, lebensbedrohende. Die ertrug der Erhabene vollbewusst, besonnen, unverstörten Denkens. Da kam dem Erhabenen der Gedanke: ›Nicht wohl würde es mir ziemen, wenn ich vollständig erlöschen würde, ohne noch einmal zu denen gesprochen zu haben, die sich meinem Dienst gewidmet haben; ohne die Mönchsgemeinde in Kenntnis gesetzt zu haben.‹«[49] Und so überwindet der Buddha noch einmal die Krankheit, um seine Anhänger von seinem baldigen »Verlöschen« in Kenntnis zu setzen.

Nachdem er seinem Lieblingsjünger Ānanda das baldige Ende seines irdischen Daseins verkündet hat, bittet ihn dieser, »bestimmte Anordnungen« bezüglich der Mönchsgemeinde zu treffen, einen Nachfolger zu bestimmen. Doch der Buddha erwidert ihm, dass er nichts von der Lehre zurückgehalten, in der »Lehrerfaust« verborgen hielte, dass wirklich alles geoffenbart sei:

»Was denn, Ānanda, erwartet die Mönchsgemeinde von mir? Gezeigt, Ānanda, habe ich die Lehre als eine, die frei ist vom Unterschied einer inneren und einer äußeren Auffassung. Nicht gibt es da, Ānanda, unter all den Eigenschaften des Vollendeten die geschlossene Lehrerfaust. Wer da, Ānanda, so dächte: ›Ich werde die Mönchsgemeinde leiten‹, oder ›Auf mich stützen soll sich die Mönchsgemeinde‹, der, Ānanda, würde wohl mit Rücksicht auf die Mönchsgemeinde irgendwelche Anordnungen treffen. Der Vollendete, Ānanda, denkt aber nicht: ›Ich werde die Mönchsgemeinde leiten‹, oder ›Auf mich stützen soll sich die Mönchsgemeinde‹. Warum, Ānanda, soll da der Vollendete mit Rücksicht auf die Mönchsgemeinde irgendwelche Anordnungen treffen? Ich bin jetzt, Ānanda, zermürbt, alt, betagt, zum Lebensziel gelangt, greis geworden, achtzig Jahre habe ich vollendet. Gleichwie, Ānanda, ein abgenutzter Karren nur durch künstliche Mittel sich instandhalten lässt, ebenso auch, Ānanda, lässt der Leib des Vollendeten sozusagen nur durch künstliche Mittel sich imstande halten. Zu einer Zeit, Ānanda, wo der Vollendete durch Nicht-Eingehen auf alle Unterschiede, durch Aufhören der einzelnen Empfindungen im Besitz der unterschiedfreien Geistesvertiefung weilt, nur zu solcher Zeit, Ānanda, kommt der Leib des Vollendeten zu Wohlbefinden. Daher, Ānanda: Seid euch selber Schutz, seid euch selber Zuflucht, sucht keine andere. Nehmt die Lehre als Schutz, die Lehre als Zuflucht, sucht keine andere, nirgends sonst.«

Der Buddha, der doch stets die Wichtigkeit der »Drei Kostbarkeiten« Buddha, Dharma und Sangha, betont hatte, wirft die Mönche in seinen letzten Tagen gänzlich auf sich selbst zurück: Eigenverantwortlichkeit, als letztendliches Vermächtnis! Und erneut legt er die zentrale Bedeutung der Meditation dar, der »Verinnerung«, der Versenkung, wie er sie all die Jahre gelehrt hatte:

> »Und wie, Ānanda, ist ein Mönch sich selber Schutz, sich selber Zuflucht, nicht ein anderer seine Zuflucht; wie ist die Lehre ihm Schutz, die Lehre ihm Zuflucht, nicht ein anderer ihm Zuflucht? – Da weilt, Ānanda, ein Mönch beim Körper in genauer Betrachtung des Körpers, eifrig, besonnen, einsichtig, nachdem er das Elend weltlicher Gier überwunden hat. Er weilt bei den Empfindungen in genauer Betrachtung der Empfindungen, eifrig, besonnen, einsichtig, nachdem er das Elend weltlicher Gier überwunden hat. Er weilt beim Denken in genauer Betrachtung des Denkens, eifrig, besonnen, einsichtig, nachdem er das Elend weltlicher Gier überwunden hat. Er weilt bei den Zuständen in genauer Betrachtung der Zustände, eifrig, besonnen, einsichtig, nachdem er das Elend weltlicher Gier überwunden hat. Und so, Ānanda, sucht ein Mönch stets in sich selber Schutz, in sich selber Zuflucht, nicht in anderen Zuflucht; in der Lehre Schutz, in der Lehre Zuflucht, nicht in anderen Zuflucht ...«[50]

Ein letztes Mal macht sich der Mann, der rund fünf Jahrzehnte zuvor seine Familie verlassen hat, aus dem »Haus in die Hauslosigkeit« aufgebrochen ist, mit seinen Jüngern auf die Wanderschaft. Er wandert über die Dörfer Bhandagāma, Hatthigāma und Jambugāma seiner Heimat am Fuße der Himalajas zu, die er jedoch nicht mehr erreichen sollte. Da er nun keinen Nachfolger bestimmt, die Lehre als einzige Richtschnur verkündet hatte, treibt ihn – so kurz vor dem Tode – die Frage nach der Reinhaltung der Lehre um. Schriftlich Niedergelegtes gab es nicht, nur mündlich war die Lehre verbreitet worden, wie also sie vor Entstellungen schützen? Schließlich gelangen die Samanas auf ihrer Wanderung zu dem Städtchen Bhoganagara, wo sie an einem Heiligtum Rast machen. Hier wendet sich der Erhabene mit den folgenden Worten an die Mönchsgemeinde: »Da könnte, ihr Mönche, ein Mönch so sprechen: ›Aus dem Mund des Erhabenen, Freunde, habe ich es gehört, habe ich es aufgenommen: Das ist die Lehre, das ist die Ordnung, das ist die Unterweisung des Lehrers.‹ Eines solchen Mönchs Rede, ihr Mönche, darf weder gelobt noch getadelt werden. Ohne gelobt oder getadelt zu haben, sollt ihr sie euch Wort für Wort, Silbe für Silbe gut merken und auf die Lehrreden zurückführen und in der Ordensdisziplin nachweisen. Wenn dies aber nicht gelingt, so habt ihr die Schlussfolgerung zu ziehen: ›Wahrlich dies ist kein Ausspruch des Erhabenen, das ist eine falsche Auffassung dieses Mönchs!‹ Wenn es sich aber auf eine Lehrrede zurückführen oder in der Ordensdisziplin nachweisen lässt, so habt ihr den Schluss zu ziehen: ›Wahrlich, dies ist ein Ausspruch des Erhabenen, dies ist eine rechte Auffassung jenes Mönchs.‹«[51]

Nur was also nach eigener Prüfung als wahrhaft authentischer Ausspruch des Buddha erkannt worden ist, soll als Wort des Erhabenen betrachtet werden ...

Der nächste Halt auf jener letzten Wanderung des greisen Lehrers ist Pāvā, die zweite Hauptstadt des Malla-Reiches. Hier lädt ihn der Laien-Anhänger Chunda, ein Schmied, zur Rast in seinem Mango-Hain und zur Morgenmahlzeit mit all seinen Gefährten ein. Um dem unvergleichlichen Lehrer etwas Besonderes anzubieten, hat der Schmied neben anderen Speisen auch die Delikatesse »Eberweich« bereiten lassen. Ob es sich hierbei allerdings um ein Wildschweingericht handelte oder um Pilze oder Bambusschösslinge, die in der Nähe einer Schweinesuhle gedeihen, bleibt umstritten. Fest steht allerdings, dass der Buddha dem Gericht äußerst skeptisch gegenüberstand – eine Gabe zurückzuweisen, dazu war der Erhabene jedoch viel zu höflich und zu rücksichtsvoll. Allerdings trägt er Sorge, dass nur ihm allein diese Speise vorgesetzt wird: »Was du da, Chunda, an Eberweich zubereitet hast, damit warte allein mir auf, was du aber an anderer fester und flüssiger Speise bereitet hast, damit warte den Mönchen auf.«[52] Nach dem Essen gebietet er dem Schmied, die Reste des »Eberweich« zu vergraben, denn: »Nicht sehe ich, Chunda; in der Welt mit all ihren Göttern und Dämonen und Weltenschöpfern, ein Geschöpf außer dem Erhabenen, sei es Asket, Brahmane, Gott oder Mensch, der dieses hier vollständig verdauen könnte.«[53] Doch nicht einmal der Erhabene ist diesem »Eberweich« gewachsen, er erkrankt – kaum dass er von seiner schweren Krankheit genesen – an der Ruhr. »Da nun, nachdem er das Mahl des Schmiedes Chunda gegessen hatte, befiel den Erhabenen eine schwere Krankheit; blutige Durchfälle setzten ein, heftige Schmerzen, lebensbedrohende. Die ertrug der Erhabene vollbewusst, besonnen, unverstörten Denkens. Da nun redete der Erhabene den ehrwürdigen Ānanda an: ›Komm, Ānanda, lass uns nach Kushinagara gehen.‹ ›Ja, Herr‹, erwiderte da der ehrwürdige Ānanda.«

Geplagt von heftigen Durchfällen und Erbrechen macht sich der Buddha auf seine letzte Wanderung, den nahen Ausläufern der Himalajas zu, der Kühle der Berge, der Heimat. Immer wieder zwingt ihn die Krankheit zur Rast, immer wieder muss er sich abseits des Weges im Schatten eines Baumes erholen. Durst plagt ihn, und der Körper ist von den Durchfällen völlig dehydriert. Und so bittet er Ānanda, der ihm nicht von der Seite weicht in jenen letzten Tagen, ihm von einem nahen Bach etwas Wasser zu bringen. Nach der *Lalita Vistara*, der »Legende vom Leben des Buddha«, zeigt sich auch hier – wie schon so oft zuvor – die Hochachtung der »Wandelwelt« für ihren Überwinder: »Auf die Bitte des Erhabenen, ihm etwas Wasser zu bringen, antwortete Ānanda: ›Soeben, o Herr, haben fünfhundert Wagen diesen Bach passiert, und er ist von ihren Rädern aufgewühlt und trübe. Nicht weit von hier aber, o Herr, befindet sich der Fluss Kakutthâ, der klares, angenehm kaltes Wasser führt. Dort könnte der Erhabene sich laben.‹« Doch der Buddha ist von dem Wasserverlust so geschwächt, dass er Ānanda ein zweites und drittes

Mal um Wasser bittet. Als Ānanda sich schließlich dem kleinen Bach zuwendet, um die Bitte des Erhabenen zu erfüllen, »floss das Wasser plötzlich klar, lauter und ungetrübt dahin, und der ehrwürdige Ānanda dachte: ›Wie merkwürdig und wunderbar ist doch die übernatürliche Macht und Kraft des Erhabenen! Jetzt, wo ich herbeikomme, fließt dieses wasserarme Flüsschen, das eben noch von Rädern zerwühlt, aufgerührt und trübe war, plötzlich klar, lauter und ungetrübt dahin.‹ Und er füllte die Schale mit Wasser und begab sich zu dem Erhabenen ...«

Während der Buddha noch im Schatten eines Baumes ruht, nähert sich ihnen ein Malla-Prinz auf dem Weg von Kushinagara nach Pāvā. Jener, namens Putkasa, war einst Schüler Ālāra Kālāmas, des ersten Lehrers des Buddha. Das Gespräch zwischen den beiden endet damit, dass Putkasa sich spontan zur Lehre des Erhabenen bekennt und diesem zwei Ehrengewänder aus Goldbrokat schenkt, und so wurde Putkasa des »Heiligen letzter persönlicher Schüler«. Als Putkasa seinen Weg fortsetzt, legt Ānanda dem Erhabenen die goldenen Gewänder an, doch kaum dass er die Kleider dem Erhabenen angelegt hat, scheinen sie auf der Haut des Erhabenen geradezu zu verblassen, allen Glanz zu verlieren, sodass Ānanda voller Staunen bemerkt: »›Erstaunlich und wunderbar ist es, o Herr, wie rein und lauter die Haut des Pfadvollenders strahlt! Kaum habe ich diese beiden goldfarbenen Gewänder dem Erhabenen angelegt, da scheint es, als wenn sie keinen Glanz mehr hätten.‹ – ›So ist es, Ānanda! Denn zwei Anlässe gibt es, da die Haut des Pfadvollenders in höchster Reinheit strahlt, in überheller Verklärung, in lauterem Weiß: In jener Nacht, da der Vollendete zu höchster, vollkommener Erleuchtung erwacht, und in der Nacht, da er in das restlose Nibbana eingeht. Und heute nun, im letzten Drittel der Nacht, Ānanda, im Upavartana, im ›Garten der Heimkehr‹ in Kushinagara wird zwischen zwei Zwillingssālbäumen das Große Verlöschen stattfinden.‹« Der Tag des Todes ist gekommen, der Pfadvollender am Ende seiner Reise ...

Sobald der Buddha sich etwas erholt hat, macht er sich mit einer großen Mönchsgemeinde auf zur letzten Wegstrecke seiner Wanderung. Er überquert den Hirannyavati und kommt schließlich in einen Sālhain nahe Kushinagara, den »Garten der Heimkehr«. Hier gebietet er Ānanda, ihm zwischen zwei blühenden Sāl-Bäumen das Lager zu bereiten und legt sich mit dem Kopf nach Norden »nach Löwenart auf die rechte Seite nieder, einen Fuß auf den anderen gelegt, nachdenklich, besonnen«. Und dann schildert die »Große Lehrrede vom endgültigen Verlöschen« die übernatürlichen Ereignisse, die mit dem Hinscheiden des Pfadvollenders einhergehen: »Über und über mit Blüten bedeckt, Ānanda, sind die Zwillings-Sālas, trotzdem es nicht die Blütezeit ist. Den Leib des Vollendeten bestreuen sie, überstreuen ihn, überschütten ihn zum Zeichen der Verehrung für den Vollendeten. Auch himmlische Mandarava-Blumen fallen aus der Luft herab; die bestreuen den Leib des Vollendeten, überstreuen ihn, überschütten ihn zum Zeichen der Verehrung für den Vollendeten. Auch himmlische Sandelholzpulver fallen aus der Luft herab, die bestreuen den Leib des Vollendeten, überstreuen ihn [...] und so weit, Ānanda, der Kushinagara-Stadtpark, der Sāla-Hain der Malla reicht, zwölf Meilen im Umkreis ist auch nicht ein Fleckchen, groß genug für den Stich einer allerfeinsten Haarspitze, das nicht von hochmächtigen Gottheiten bedeckt wäre ...«[54]

Nicht die Mönche sollen sich indes um die Leichenfeierlichkeiten bekümmern – ihr einziges Streben soll der eigenen Erleuchtung dienen: »Bleibt ihr, Ānanda, unbehindert wegen der leiblichen Verehrung des Vollendeten. Müht euch, Ānanda, ich bitte euch, für das eigene Wohl; widmet euch dem eigenen Wohl, für das eigene Wohl lebt ernsthaft, eifrig, zielbewusst. Es gibt, Ānanda, erfahrene Leute unter den Kriegern, erfahrene Leute unter den Brahmanen, erfahrene Leute unter den Haushabern, dem Vollendeten ganz ergeben, die werden dem Vollendeten die leibliche Ehrung erweisen.«[55]

Die Bürger von Kushinagara – von Ānanda vom baldigen Hinscheiden des großen Lehrers unterrichtet – zollen dem Buddha ein letztes Mal ihr Ehrerbieten, und der Buddha nimmt ein letztes Mal einen Wandermönch – Subhadda – in die Gemeinschaft der Mönche auf. Daraufhin tröstet der Erhabene Ānanda, der den nahen Tod des Meisters nicht verwinden kann, und betont erneut den Grundstock der Lehre: »Habe ich nicht, Ānanda, dieses vorher verkündet: eben bei allem Lieben und Teuren, das Verwerden, das Entwerden, das Anderswerden! Woher, Ānanda, sollte das anders möglich sein? Was da entstanden, geworden, zusammengesetzt, der Auflösung unterworfen ist, dass das der Auflösung nicht verfiele – eine derartige Möglichkeit gibt es nicht.«[56] Erneut ermahnt er Ānanda: »Es könnte ja wohl sein, Ānanda, dass euch der Gedanke käme: ›Dahin ist des Lehrers Wort. Wir haben keinen Lehrer mehr.‹ Nicht aber, Ānanda, ist das so zu verstehen. Die Lehre, Ānanda, und die Ordnung, die ich euch gezeigt, klargelegt habe, die ist nach meinem Dahinscheiden euer Lehrer ...«[57]

Daraufhin gibt der Buddha – um alle Unklarheiten zu beseitigen – den Mönchen ein letztes Mal die Gelegenheit zu fragen, ihre Zweifel am Buddha und seiner Lehre zu beseitigen. Wiederholt bittet er sie, zu fragen. Doch die Mönche verharren in Schweigen. Keiner bekundet Zweifel am Buddha, seiner Lehre oder der Gemeinde. Daraufhin richtet der Pfadvollendere in letztes Mal sein Wort an die versammelte Gemeinschaft der Mönche, ehe er die verschiedenen Stufen der Versenkung durchschreitet und schließlich stirbt:

»Vergänglich sind alle Daseinskräfte,
lasst niemals nach in eurem Streben!«

Man schreibt das Jahr 483 v. Chr. unserer Zeitrechnung. Rund fünfzig Jahre nach dem Auszug des jungen Prinzen aus dem Geschlecht der Shākya aus dem Haus in die Hauslosigkeit ist der Weg vollendet.

Gleichzeitig mit dem endgültigen Erlöschen des Erhabenen sprach Sakka, der König der Götter, folgenden Vers:

»Vergänglich sind alle Daseinskräfte,
Werden und Altern ist ständig ihr Teil;
Entstanden müssen dahin sie schwinden,
Ihr stilles Verlöschen – das ist das Heil.«[58]

In den frühen Morgenstunden macht sich Ānanda auf den Weg nach Kushinagara, um den im Stadthaus versammelten Malla das Hinscheiden des Buddha zu melden. Da nun ehrten die Mallas von Kushinagara den Leichnam des Erhabenen mit Tänzen, Gesängen, Musikaufführungen, erwiesen ihm ihre Wertschätzung, Hochachtung, Verehrung, stellten Stoffbaldachine auf, errich-

teten Rundpavillons und verbrachten so auch den zweiten Tag, verbrachten so auch den dritten Tag, verbrachten so auch den vierten, fünften und sechsten Tag.«[59]

Erst am siebten Tag brachten sie den verstorbenen Meister durch das nördliche Tor zurück in die Stadt, brachten ihn zur Stadtmitte und schließlich durch das Osttor wieder aus der Stadt hinaus zu den Verbrennungsstätten, um ihn wie einen »weltbeherrschenden König« einzuäschern. Inzwischen hat sich die Kunde vom Ableben des Buddha verbreitet und auch andere Stämme des Nordens fordern ihren Anteil an den Reliquien des Erhabenen.

Zunächst sehen die Mallas von Kushinagara keinerlei Veranlassung, ihren »Schatz« mit anderen zu teilen: »Auf unserem Land ist der Erhabene verloschen. Wir werden von den Knochen des Erhabenen keine Anteile abgeben.« Doch der Brahmane Dona, der die Verbrennungsfeierlichkeiten leitete, überzeugt sie davon, dass Streit und Missgunst nicht mit der Lehre des Verschiedenen in Einklang zu bringen seien. So werden die Knochenreste des Erhabenen gleichmäßig in acht Teile aufgeteilt: Ein Teil erhalten die Magadha von Rājagaha, ein Teil die Licchavi von Vaishali, ein Teil die Shakya in Kapilavasthu, ein Teil die Buli von Allakappa, ein Teil die Koliya in Ramgama, ein Teil ein Brahmane aus Vethadipa und jeweils ein Teil die Mallas von Pāvā und Kushinagara. Als so nun die Reliquien des Erhabenen verteilt sind, erscheint verspätet ein Bote der Moriya von Pipphalivana. Da keine Knochenreste mehr übrig sind, erhalten sie die Asche des Pfadvollenders. Der Brahmane Dona aber die Urne. Die acht Reliquienanteile, die Asche und die Urne werden in Stupas in der jeweiligen Hauptstadt beigesetzt und ein eigener Gedenktag für den Erhabenen geschaffen. »So gab es da acht Gedenkmäler für die Knochen, ein neuntes für die Urne, ein zehntes für die Asche. So ist dies damals geschehen.«[60]

Zwei

Eckpfeiler der Lehre

Nachdem der fünfäugige Sieger fünfundvierzig Jahre[61] über die Erde gewandert und die Pflichten eines Pfadvollenders erfüllt hatte, erlosch zu
Kushinagara zwischen einem Zwillingspaar von Sāl-Bäumen am Voll-
mondtag des Monats Vesakh[62] das Licht der Welt. Eine unvorstellbare
Zahl von Mönchen kam dort zusammen sowie Krieger (Kshatriyas) und
Priester (Brahmanen), Bauern (Vaishyas) und Handwerker (Shudras)[63]
und viele Götter. Siebenhunderttausend[64] besonders herausragende
Mönche waren unter ihnen. Mahakassapa, ihr ältester, war das Haupt
der Versammlung. [...] Sieben Tage nach dem Eingang des mit den zehn
Kräften begabten Weltenherrn ins Nibbana erinnerte er sich an die
Reden des erst im Alter zum Mönch gewordenen Subhadda [...], und er
erinnerte sich der Zustimmung des vollkommen Erwachten, die Texte
der wahren Lehre zusammenzustellen. Und so berief er fünfhundert in
allen Teilen der Lehre bewanderte, vom Anhaften vollkommen freie
Mönche, der Teilnahme des Mönchsältesten Ānanda wegen vermindert
um einen ...[65]

Sie fassten den Entschluss, sich in der nächstfolgenden Regenzeit in Rājagaha
zu versammeln, um die Lehre des Buddha zusammenzustellen. Keinem ande-

ren Mönch sollte während dieser Zeit der Aufenthalt in Rājagaha gestattet sein.

Was war geschehen? Als der Erhabene im Sterben lag, befand sich Mahakassapa, der herausragendste Jünger des Buddha nach dem Tode Sariputtas und Moggallanas, mit einer Gruppe von Mönchen auf dem Weg nach Kushinagara. Unterwegs erfuhren sie von einem Asketen vom Tod ihres Meisters. Während die einen versuchten, den Tod des Meisters zu verarbeiten, und andere weinten, vertrat Subhadda, ein ehemaliger Barbier – nicht zu verwechseln mit dem Mönch gleichen Namens, den der Buddha unmittelbar vor seinem Tode in Kushinagara in den Orden aufgenommen hatte –, die Meinung, dass nun, nach dem Tod des Meisters, die strenge Mönchsdisziplin endlich gelockert werden könne. Mahakassapa ging nicht auf diese Äußerung ein, doch sollte ihm diese Bemerkung nach seiner Ankunft in Kushinagara wieder zur Erinnerung kommen: Um etwaigen Irrlehren zuvorzukommen, berief er das erste Konzil in der Geschichte des Buddhismus unmittelbar nach dem Tod des Erhabenen ein.

Nachdem die Mönche zur Regenzeit in Rājagaha eingetroffen waren, setzten sie im ersten Monat der Regenzeit die alten Behausungen instand, ehe sie sich daran machten, die Texte der Lehre zusammenzustellen. Als so endlich beinahe alles für das Konzil bereit war, ließ Ajātashatru, der König von Rājagaha, am Vebhāra-Berg (heute Vaibhara), einer nordwestlich der Stadt gelegenen Bergkette, vor dem Eingang der Saptaparnī-Höhlen ein großes Zelt errichten, in dem das Konzil stattfinden sollte. Alles war nunmehr bereit – nur Ānanda, der den Buddha so lange begleitet hatte und mehr der Lehrreden des Erhabenen gehört hatte als jeder andere, fehlte die für das Konzil benötigte Stufe eines Heiligen (Arahat) und sollte so nicht zu dem Konzil zugelassen werden: »Morgen kommen wir zusammen, Ānanda. Dir, als noch Lernendem, ist das Gehen dorthin nicht gestattet. Trachte du unermüdlich nach der Befreiung!«[66] Beschämt darüber, den Zustand der Heiligkeit noch nicht erreicht zu haben, »spannte der Mönchsälteste alle Kraft an«, widmete sich

Ānanda der Meditation, um so vielleicht doch noch die Befreiung zu erlangen. Und tatsächlich, in den frühen Morgenstunden, als er sich noch etwas Ruhe gönnen wollte, »zwischen dem Abheben der Füße vom Boden und dem Niederlegen des Kopfes, von den vier Haltungsarten[67] befreit,« erlangte der Mönchsälteste Ānanda, der Dienstmönch des Erhabenen, der diesen so lange unermüdlich begleitet und betreut hatte, die Befreiung vom Kreislauf der Wiedergeburten, die Überwindung der »unheilvollen Triebe«[68].

Am zweiten Tag des zweiten Monats der Regenzeit trafen in dem prachtvollen Zelt die Mönchsältesten zusammen. [...] Den Mönchsältesten Upāli machten alle Ältesten für die Ordenszucht verantwortlich, für den gesamten Rest der Lehre (Dhamma) den Mönchsältesten Ānanda.[69]

Zunächst befragte Mahakassapa den Mönchsältesten Upāli nach den Ordensregeln; dann befragte er Ānanda nach der Lehre. Erhob niemand Einspruch, galt die referierte Meinung als authentisches Buddha-Wort und war kanonisch anerkannt. »So war in sieben Monaten die Zusammenstellung der Lehre vollendet, zum Heil der ganzen Welt, von den der ganzen Welt Heilbringenden ...«[70]

Diese kanonische Lehre wurde nun memoriert und weitergegeben vom Lehrer zum Schüler in ungebrochener Reihe bis auf den heutigen Tag, und auch heute noch sieht und hört man in den Klöstern Asiens die Mönche die Buddha-Worte memorieren, wieder und wieder und immer wieder, bis auch die letzte Silbe, das letzte Komma sich eingeprägt hat. Die nun folgenden Auszüge der Lehre können also durchaus als authentische Worte des Erhabenen betrachtet werden. Allerdings gesteht der Buddha selbst, dass dieser Weg nicht

Die Ruinen des Palastes von Kapilavasthu, wo Prinz Siddhattha, der spätere Buddha, Kindheit und Jugend verbrachte. (Nächste Doppelseite)

gänzlich neu, ohne Vorläufer wäre: »Gesetzt, ein Mann fände im Dschungel einen alten Weg. Er folgte ihm und entdeckte eine alte Stadt, die früher von Menschen bewohnt war. Er teilte dies dem König mit, und dieser ließe sie wieder aufbauen, sodass sie wieder bevölkert würde und zu neuer Blüte erstünde – gerade so habe ich einen alten Weg wieder entdeckt: den von den Buddhas vergangener Zeiten beschrittenen Weg zum Nibbana ...«[71]

Die Grundlagen der buddhistischen Lehre werden von drei Elementen bestimmt: Der Lehre von der Wiedergeburt, der Unbeständigkeit aller Formen der Existenz und der Möglichkeit, diesen Kreislauf zu sprengen.

Da der Buddhismus auf schon Vorhandenem beruht, aus dem Brahmanismus hervorgegangen ist, steht er in einem ähnlichen Verhältnis zum Hinduismus wie das Christentum zum Judentum – und folglich findet sich viel Gemeinsames und doch auch so manches Trennende ...

Die Quintessenz seiner Lehre erläuterte der Buddha bereits in seiner ersten Lehrrede, der berühmten »Predigt von Benares«, der »Lehrrede vom Antrieb des Rades der Lehre« im Tierpark von Isipatana in Sārnāth unweit der den Hindus heiligsten Stadt, Benares (Vārānasī/Kashī). Der Buddha lehrte hier die Meidung der beiden Extreme, den »Pfad, der in der Mitte liegt«, die »Vier Edlen Wahrheiten« vom Leiden, seiner Entstehung, seiner Aufhebung und des zur Aufhebung des Leidens führenden Weges, den »Edlen Achtfachen Pfad«.

Der Mittlere Pfad, die Vier Edlen Wahrheiten und der Edle Achtfache Pfad

Einst, so habe ich es gehört, weilte der Erhabene bei Sāvatthī im Siegerwald, im Klostergarten des Anāthapindika [...] »Als Floß, ihr Mönche, will ich euch die Lehre weisen, zum Entrinnen tauglich, nicht zum Festhalten. Gleichwie, ihr Mönche, wenn ein Mann auf der Reise an ein ungeheures Wasser käme, das diesseitige Ufer voller Grauen und Gefahren, das jenseitige Ufer aber sicher, frei von Schrecken, und es wäre da kein Schiff da zur Überfahrt, keine Brücke, um das jenseitige Ufer zu erreichen. Gesetzt, dem Mann käme nun der Gedanke, aus Stöcken und Zweigen ein Floß zu bauen und er gelangte damit heil ans andere Ufer. Wenn er nun dächte: ›Teuer ist mir wahrlich dieses Floß, mit dem ich das jenseitige Ufer erreichte. Ich will es auf Kopf und Schultern laden und mit mir nehmen, wohin ich gehe.‹ Glaubt ihr, dass dieser Mann richtig handelte?« – »Gewiss nicht, o Herr!« »Wenn der Mann aber erwägte: ›Teuer ist mir wahrlich dieses Floß, mit dem ich das jenseitige Ufer erreichte. Ich will es ans Ufer legen oder in der Flut versenken und gehen, wohin ich will.‹ So, ihr Mönche, würde dieser Mann das Floß richtig behandeln. Ebenso nun habe ich die Lehre als Floß dargestellt, zum Entrinnen tauglich, nicht zum Festhalten. Die ihr das Gleichnis vom Floße versteht, ihr Mönche, klammert euch nicht an Richtiges geschweige denn an Unrichtiges – denkt an das Gleichnis vom Floß!«[72]

Häufig wird der Buddha als »Arzt für die Leiden der Welt« betrachtet, und immer wieder wurde mir bei den Lehrern und Wegbereitern Asiens (insbesondere bei den tibetischen) diese Wesensverwandtschaft mit Heilern und Ärzten deutlich. Und welcher Tibeter geht nicht, bevor er zum Arzt geht, zu seinem Rinpoche[73], um sich mit diesem zu besprechen, sich von ihm »heilen« zu lassen. So hat auch der Kerngedanke der buddhistischen Lehre etwas von der Vorgehensweise eines guten Arztes: Er stellt eine Krankheit fest (das Leiden), sucht deren Ursache (Gier, Hass und Verblendung), sucht eine Möglichkeit der Heilung (das Auslöschen dieser »Gifte«) und schließlich eine Therapie, die zur Heilung führt (der Edle Achtfache Pfad). In seiner berühmten Predigt von Benares, mit der er »das Rad der Lehre in Bewegung setzte«, erläutert der

Erhabene diese Quintessenz seiner Lehre: die **Vier Edlen Wahrheiten**, den **Edlen Achtfachen Pfad** und den **Mittleren Pfad**.

Der Mittlere Pfad

Einst, so habe ich gehört, weilte der Erhabene im Gazellenhain von Isipatana bei Benares. Dort wandte er sich an die fünf Mönche: ›Diese beiden Enden, ihr Mönche, sollte ein aus dem Haus in die Hauslosigkeit Hinausgezogener meiden! Welche beiden? – Zum einen die Hingabe an die Lust der Sinnesfreuden; niedrig, gemein, weltlich, unedel, nicht zum Ziel führend. Zum andern die Hingabe an die Selbstkasteiung; leidvoll, unedel, nicht zum Ziel führend. Von diesen beiden Enden sich fernhaltend, ist vom Vollendeten ein Weg entdeckt worden, der Sehen bewirkt, Wissen bewirkt, zur Beruhigung, führt, zur Einsicht, zur Erleuchtung, zum Nibbana. Und welches, ihr Mönche, ist dieser Mittlere Pfad, der vom Vollendeten entdeckt worden ist und der Sehen bewirkt, Wissen bewirkt, zur Beruhigung, zur Einsicht, zur Erleuchtung, zum Erlöschen hinführt? – Es ist dieser Edle Achtfache Pfad, nämlich: Rechte Einsicht[74], Rechter Entschluss[75], Rechte Rede[76], Rechtes Handeln[77], Rechter Lebensunterhalt[78], Rechtes Streben[79], Rechte Achtsamkeit[80], Rechte Versenkung[81]. Dies, ihr Mönche, ist dieser Mittlere Pfad, der vom Vollendeten entdeckt worden ist, der Sehen bewirkt, Wissen bewirkt, zur Beruhigung, zur Einsicht, zur Erleuchtung, zum Erlöschen führt.«[82]

Die Lehre des Buddha versteht sich als der Mittlere Pfad, der die extreme Sinnenlust ebenso als »unedel, nicht zum Ziele führend« ablehnt wie übertriebene Selbstkasteiung, der sich der junge Prinz einst nach seinem Auszug aus dem Haus in die Hauslosigkeit selbst unterzogen hatte. Hierin unterscheidet sich die Lehre des Buddha nach seinem Erwachen unter dem Feigenbaum in Uruvela (Bodh Gaya) von vergleichbaren Gruppierungen der upanishadischen Bewegung. Beide »Enden« waren dem Buddha aus eigener Anschauung geläufig – wie er ja stets darauf hinweist, dass nur selbst Erkanntes als richtig oder falsch eingestuft werden kann –, beide Enden erwiesen sich als untauglich, waren »unedel, nicht zum Ziele führend«. Sein Leben als Prinz war ein Leben der Sinne und der Lüste – und doch befriedigten sie ihn nicht, blieb die Sehnsucht nach dem, »was gut und heilsam ist« (kim kushala), erkannte er doch schon früh, dass Macht und Besitz den Menschen nicht vor Leid und Tod bewahren können. Doch auch die äußersten Kasteiungen führten nicht zur erstrebten Befreiung, alle Anstrengungen halfen nichts, bis er unter dem Feigenbaum erwachte, zum Buddha wurde, die Leidhaftigkeit aller Existenz erkannte, ihre Wurzeln, ihre Überwindung und den Weg, der zu ihrer Überwindung führt.

Der Edle Achtfache Pfad

»Was aber, ihr Mönche, ist die Edle Wahrheit vom Leiden[83]? – Geburt ist Leiden, Altern ist Leiden, Krankheit ist Leiden, Sterben ist Leiden, Kummer, Jammer, Schmerz, Trübsal und Verzweiflung sind Leiden; mit Unliebem vereint sein ist Leiden, von Liebem getrennt sein ist Leiden; nicht zu erlangen, was man begehrt, ist Leiden. Kurz: die fünf Gruppen der Aneignung[84] sind Leiden.

Was aber, ihr Mönche, ist die Edle Wahrheit von der Entstehung des Leidens[85]? – Es ist dieser die Wiedergeburt erzeugende, mit Freude und Vergnügen verbundene Durst[86], der bald hier, bald da Gefallen findet: der Durst nach Lust[87], der Durst nach Werden[88], der Durst nach Ent-Werden[89].

Was aber, ihr Mönche, ist die Edle Wahrheit von der Aufhebung des Leidens[90]? – Es ist die restlose Aufhebung dieses Durstes durch seine Vernichtung, seine Aufgabe, seine Verwerfung, die Erlösung und das Freisein von ihm.

Was aber, ihr Mönche, ist die Edle Wahrheit von dem Weg, der zur Aufhebung des Leidens führt? – Es ist dieser Edle Achtfache Pfad[91], der da heißt: Rechte Einsicht, Rechter Entschluss, Rechte Rede, Rechtes Handeln, Rechter Lebensunterhalt, Rechtes Streben, Rechte Achtsamkeit und Rechte Versenkung.[92]«

Wie ein roter Faden zieht sich dieser Begriff durch die Lehre des Buddha: Leiden. Alles Leben ist Leiden – selbst die Freuden des Daseins münden letztendlich in Leiden. Doch der Buddha macht nicht bei dieser scheinbar ausweglosen Erkenntnis Halt. Er entdeckt die Leidensursachen, vor allem aber ihre Überwindung und den Weg, der zu ihrer Überwindung führt. Der Buddhismus ist also nicht – wie ihm oft vorgeworfen wird – eine pessimistische Lehre, vielmehr ist er zutiefst positiv, zeigt er doch einen Weg aus allem Leid. »Wie das große Meer nur einen Geschmack hat, den Geschmack des Salzes, so hat auch diese Lehre nur einen Geschmack, den Geschmack der Befreiung.«[93] Und Buddhaghosha schreibt im fünften Jahrhundert n. Chr. in seinem berühmten *Weg zur Reinheit (Visuddhimagga)*: »Wie eine Krankheit hat man die Wahrheit vom Leiden zu betrachten, wie die Ursache der Krankheit die Wahrheit von der Entstehung des Leidens, wie die Heilung der Krankheit die Wahrheit von der Überwindung des Leidens und wie die Arznei die Wahrheit vom Weg, der zur Aufhebung des Leidens führt.«[94]

Der Edle Achtfache Pfad ist das zentrale Lehrstück der buddhistischen Ethik und gehört zum Grundbestand aller buddhistischen Lehrmeinungen und Schulen, so unterschiedlich sie sonst auch sein mögen. Diese acht Glieder verstehen sich als Anleitung zur Erreichung des Heils, der Erlösung. Dies ist der Weg, der zum Erlöschen des Leidens führt. Die acht Glieder sind jedoch nicht einzelne Stufen auf dem Weg zum Heil, die nacheinander beschritten werden müssen, vielmehr ergänzen sie einander, sind ineinander verschränkt. Die ersten beiden Glieder des Weges gelten als Glieder des Wissens, der Weisheit, der Erkenntnis, die Glieder drei, vier und fünf als die ethischen Grundlagen, die Glieder sechs bis acht als Glieder der Meditation, sodass wir von einer »dreifachen Schulung« sprechen: der Schulung des Wissens, der Schulung der Sittlichkeit und der Schulung des Geistes.

»Und was, ihr Mönche, ist die Edle Wahrheit von dem zur Aufhebung des Leidens führenden Weg? – Es ist dieser Edle Achtfache Pfad, der da heißt: Rechte Einsicht, Rechter Entschluss, Rechte Rede, Rechtes Handeln, Rechter Lebensunterhalt, Rechtes Streben, Rechte Achtsamkeit, Rechte Versenkung.«[95]

»Der Edle Achtfache Pfad, Bruder Visākha, hat sich nicht aus drei Teilen zusammengestellt, sondern ist aus drei Teilen zusammengestellt worden. Rechte Rede, rechtes Handeln und rechter Lebenserwerb bilden den Teil der Tugend, rechte Anstrengung, rechte Achtsamkeit und rechte Versenkung bilden den Teil der Sammlung, rechte Einsicht und rechter Entschluss bilden den Teil der Weisheit.«[96]

DIE GLIEDER DES WISSENS

Rechte Einsicht/Rechte Erkenntnis

»Was aber, ihr Mönche, ist Rechte Einsicht? – Was da, ihr Mönche, das Wissen vom Leiden, das Wissen von der Entstehung des Leidens, das Wissen von der Vernichtung des Leidens, das Wissen von dem zur Aufhebung des Leidens führenden Weg ist – das, ihr Mönche, nennt man die Rechte Einsicht.«[97]

Die Rechte Einsicht, das erste Glied des Edlen Achtfachen Pfades, ist tatsächlich die Voraussetzung aller weiteren Glieder: die fundamentale **Erkenntnis der Vier Edlen Wahrheiten:**

- Der Wahrheit vom Leiden
- Der Wahrheit von der Leidensentstehung
- Der Wahrheit von der Aufhebung des Leidens,
- Der Wahrheit von dem zur Aufhebung des Leidens führenden Edlen Achtfachen Pfad

Sie setzt einen Prozess in Gang, der schließlich zur Erlösung, zum Nibbana führt. Zuerst einmal muss man jedoch erkennen, dass alles Leben letztendlich leidvoll ist, dass uns all unsere Errungenschaften, die ich keinesfalls klein reden möchte, all unser scheinbarer Reichtum und auch all unsere Bemühungen, Alter und Krankheit und Tod aus unserem Leben zu verbannen, nicht vor unserem sicheren Ende bewahren – und dass es einen Weg gibt, diesem Leid zu entrinnen.

Hat sich diese Erkenntnis erst einmal Bahn gebrochen, begibt man sich – früher oder später – unweigerlich auf den Weg, den Weg Buddhas, den Weg, der aus dem Leid führt.

Rechter Entschluss/Rechte Gesinnung

»Und was, ihr Mönche, ist der Rechte Entschluss? – Der Entschluss zu entsagen, der Entschluss zu Wohlwollen, der Entschluss zur Nichtschädigung anderer Wesen. Dies, ihr Mönche, wird der Rechte Entschluss genannt.«[98]

Der Rechte Entschluss ist also nichts anderes als der Entschluss, ein friedfertiges Leben zu führen, ein Leben frei von Hass, Gier und Verblendung. Er ist nichts anderes als der Entschluss, den in die Irre führenden Verlockungen eines reinen Sinnenlebens zu entsagen und stattdessen dem Weg des Buddha zu folgen.

DIE GLIEDER DER SITTLICHKEIT

Rechte Rede

»Und was, ihr Mönche, ist Rechte Rede? – Enthaltung von falscher Rede, von verleumderischer Rede, von scharfer Rede, von leerem Geschwätz. – Das, ihr Mönche, nennt man Rechte Rede.«[99]

Walpola Rahula, der große ceylonesische Mönch und Gelehrte, fasste die Edle Wahrheit von der Rechten Rede einmal so zusammen: »Wer nichts Nützliches zu sagen hat, der verharre in edlem Schweigen.« Er sagt nicht, wer nichts Schönes zu sagen hat, nichts Interessantes usw. Nein: Wer nichts Nützliches zu sagen hat ... Wie geschwätzig ist dagegen unsere Zeit geworden. Wie wenig achten wir auf das »Rechte Wort«! Und doch messen alle Religionen der Sprache so große Bedeutung bei.

Das Johannes-Evangelium beginnt mit den bezeichnenden Worten: »Im Anfang war das Wort, und das Wort war bei Gott, und Gott war das Wort«. Die Schrift des alten Indien wird *Dev Nagri* genannt, »Wohnsitz Gottes«. Jesus zog sich vor seiner Mission in die Stille der Wüste zurück, Mohammed in eine Höhle am Berg Hira, Siddhattha in die Einsamkeit der Wälder ... Sprache verbindet – oder stiftet Feindschaft. Deshalb sollte man sich stets seiner Worte bewusst sein.

Einmal, vor ein paar Jahren schon, besuchte mich ein befreundeter *Yogin* aus Indien. Es war einer jener nasskalten Herbsttage, und unsere Schuhe troffen vor Nässe, als wir von einem kleinen Spaziergang nach Hause zurückkamen. Da mein Freund nur dieses ein Paar Schuhe dabei hatte, brachte ich ihm eine alte Zeitung, um die Schuhe damit auszustopfen, die Nässe im Innern aufzusaugen. Ganz entsetzt fragte er, ob ich keine alten Lappen für diesen Zweck hätte, man könne doch nicht das Geschriebene Wort so missbrauchen ...

Rechtes Handeln

»Und was, ihr Mönche, ist Rechtes Handeln? – Des Tötens sich enthalten, nicht nehmen, was einem nicht gegeben ist, sich gemeiner Begierden enthalten – das, ihr Mönche, nennt man Rechtes Handeln.«[100]

Also: Gewaltlosigkeit gegenüber allen Wesen, nichts anzunehmen, was einem nicht ausdrücklich gegeben wurde und das Meiden sexueller Ausschweifungen stellen die Kernpunkte Rechten Handelns dar. Doch geht die buddhistische Ethik weit über die reine Enthaltsamkeit von solch karmisch ungünstigen Verhaltensweisen hinaus, vielmehr fordert sie, allen Wesen gegenüber Mitleid zu entfalten, andere Menschen zu einem friedvolleren Leben zu führen. Aus diesem »Rechten Leben« abgeleitet, ergeben sich die sogenannten »buddhistischen Gebote«. Zwar gibt es im Buddhismus keine Gebote im herkömmlichen Sinn, doch haben sich schon früh bestimmte Verhaltensweisen herauskristallisiert, die als zum Heile führend aufgefasst werden und andere, die den Weg zum Heil erschweren. So sind fünf Gebote für die Laienbekenner und fünf weitere, die die Mönche zu beachten haben, entstanden:

Laienethik

1. Nicht töten oder verletzen
2. Nicht stehlen (nichts nehmen, was einem nicht gegeben wurde)
3. Nicht unkeusch leben (sich falscher sexueller Handlungen enthalten)
4. Nicht lügen (sich falscher Rede enthalten)
5. Keine berauschenden Stoffe zu sich nehmen

Zusätzliche Gebote für Mönche

6. Nicht zu unerlaubter Zeit (zwischen Mittag und Tagesanbruch) essen
7. Keine Teilnahme an Musik-, Tanz- oder sonstigen Vergnügungsveranstaltungen
8. Sich nicht schmücken, parfümieren etc.

9. Kein Bett haben
10. Kein Geld und keine Wertgegenstände als Geschenk annehmen

Rechter Lebensunterhalt/Rechter Lebenswandel

»Und was, ihr Mönche, ist Rechter Lebensunterhalt? – Da gibt, ihr
Mönche, ein Hörer des Edlen Weges einen schlechten Lebensunterhalt
auf und fristet von nun an sein Leben durch Rechten Lebensunterhalt.
Dies, ihr Mönche, wird Rechter Lebensunterhalt genannt.«[101]

Rechter Lebensunterhalt bedeutet, sich seinen Lebensunterhalt zu verdienen,
ohne gegen ethische Gebote zu verstoßen. Sich seinen Lebensunterhalt auf
unrechtsame Art und Weise zu verdienen, stellt – wie jedermann leicht einse-
hen wird – sicherlich ein ernsthaftes Hindernis auf dem Weg zum Heil dar,
kreisen unsere Gedanken doch unweigerlich einen großen Teil unserer Zeit
um diesen Lebensunterhalt. Unvereinbar mit einem Rechten Lebensunterhalt
in buddhistischem Sinn sind alle Berufe, die einem anderen Lebewesen schaden, also zum Beispiel Metzger, Jäger, Fischer; der Handel mit Waffen, Dro-
gen oder Alkohol usw.

DIE GLIEDER DER SAMMLUNG

Die Glieder sechs bis acht des Edlen Achtfachen Pfades stellen die Gruppe der
Meditation, der Sammlung, der Schulung des Geistes dar. Ich gehe an dieser
Stelle nur kurz auf sie ein, da ihnen eine besondere Bedeutung für unsere tägliche Praxis zukommt und der Praxis der Meditation ein eigenes Kapitel gewidmet ist.

Rechtes Streben

»Und was, ihr Mönche, ist Rechtes Streben? – Da spannt, ihr Mönche,
ein Mönch den Willen an, um nicht entstandene böse, unheilvolle
Dinge nicht erst entstehen zu lassen; er strengt sich an, setzt seine Kraft

ein, strafft den Geist, übt sich. Er schafft in sich den Willen, um entstandene böse, unheilvolle Dinge zum Verschwinden zu bringen; er strengt sich an, setzt seine Kraft ein, strafft den Geist, übt sich. Er schafft in sich den Willen, um nicht entstandene heilsame Dinge zum Entstehen zu bringen, er strengt sich an, setzt seine Kraft ein, strafft den Geist, übt sich. Er schafft in sich den Willen zur Festigung aufgestiegener guter Dinge, zur Klärung, zur Mehrung, zur Reifung, zur Entwicklung, zur Vollendung; er strengt sich an, setzt seine Kraft ein, strafft den Geist, übt sich. – Dies, ihr Mönche, wird Rechtes Streben genannt.«[102]

Vierfach ist also das Rechte Streben. Erstens: Negatives gar nicht erst entstehen zu lassen. Noch nicht entstandenem Unheilvollem nicht die Gelegenheit bieten, sich zu entwickeln. Zweitens: Vorhandenes Negative abzubauen, zu überwinden. Drittens: Positives, Heilsames entstehen zu lassen, zu erzeugen Viertens: Schon vorhandenes Positives, Heilsames zu stärken, zu entwickeln, zur Vollendung zu bringen. Zusammenfassend kann man also sagen, dass wir uns stets bemühen sollten, unheilvolle Geistesinhalte gar nicht erst aufkommen zu lassen und heilsame zu erzeugen und zu entwickeln.

Rechte Achtsamkeit

»Und was, ihr Mönche, ist Rechte Achtsamkeit? – Da weilt, ihr Mönche, ein Mönch beim Körper, in genauer Betrachtung des Körpers; eifrig, besonnen, einsichtig, nachdem er das Elend weltlicher Gier überwunden hat. Er weilt bei den Empfindungen, in genauer Betrachtung der Empfindungen, eifrig, besonnen, einsichtig, nachdem er das Elend weltlicher Gier überwunden hat. Er weilt beim Denken, in genauer Betrachtung des Denkens, eifrig, besonnen, einsichtig, nachdem er das

»Mein« erster Mönch in einem kleinen Kloster in Thailand, wo ich meine ersten Schritte der Vipassanā-Meditation ging.

Elend weltlicher Gier überwunden hat. Er weilt bei den Objekten, in genauer Betrachtung der Objekte, eifrig, besonnen, einsichtig, nachdem er das Elend weltlicher Gier überwunden hat. – Das, ihr Mönche, nennt man Rechte Achtsamkeit.«[103]

Die Rechte Achtsamkeit – wir werden an anderer Stelle genauer darauf eingehen – besteht also darin, erstens unseren Körper, zweitens unsere Empfindungen, drittens unser Denken und viertens die Objekte unseres Denkens und Empfindens genau und vorurteilsfrei zu betrachten.

Rechte Versenkung

»Und was, ihr Mönche, wird Rechte Versenkung genannt? – Da verweilt, ihr Mönche, ein Mönch frei von Begierden, frei von unheilvollen Gedanken im Besitz der ersten Versenkungsstufe, der mit Eindrücken und Erwägungen behafteten, der einsamkeit-geborenen, der freudvollbeglückenden. Durch das Zur-Ruhe-Kommen der Eindrücke und Erwägungen erlangt er die innere Beruhigung, die Einspitzigkeit des Geistes[104] und weilt im Besitz der zweiten Versenkungsstufe, eindrucks- und erwägungsfreien, der aus der Selbstvertiefung geborenen, der freudvollbeglückenden. Durch das Freiwerden von der Sucht nach Freude weilt er gleichmütig, achtsam und besonnen und empfindet körperlich das Glück, das die Edlen nennen: gleichmütig, einsichtig, glücklich weilend. So weilt er im Besitz der dritten Versenkungsstufe. Durch das Aufgeben von Glück, das Aufgeben von Leid, die Überwindung der früheren Befriedigungen und Kümmernisse erlangt er die leidfreie, glückfreie, in Gleichmut und Versenkung geklärte, vollkommen reine vierte Versenkungsstufe. – Das, ihr Mönche, nennt man Rechte Versenkung.«[105]

Unter der Rechten Versenkung versteht man im Buddhismus das Durchlaufen der vier feinkörperlichen (und der vier unkörperlichen) Versenkungsstufen (vgl. Kap. 5: Die vier feinkörperlichen und die vier unkörperlichen Vertiefungen), wie sie der Buddha selbst zum ersten Male bei seiner »Meditation unter dem Rosenapfelbaum« durchlaufen hatte. Ist die Zahl der meditativen Praktiken in den unterschiedlichen Schulen – vor allem im tibetischen Buddhismus – auch Legion, so gibt es doch generell zwei grundsätzliche Meditationsformen, folgt man der Lehre des Erhabenen: »Klarblicksmeditationen« Vipassanā und Beruhigungsmeditationen Samatha, die jedoch nicht immer klar voneinander unterschieden werden können.

Die erste Stufe der Versenkung ist gekennzeichnet durch die Loslösung von unheilsamen Gedanken und Begierden, während die Empfindungen Freude und Glück und eine positive Gedankentätigkeit erhalten bleiben.

Auf der zweiten Versenkungsstufe kommen die Aktivitäten des Geistes zur Ruhe, entwickelt sich die sogenannte »Einspitzigkeit« des Geistes. Die Gefühle der Freude und des Glücks bestehen weiterhin.

Auf der dritten Stufe verschwindet das Gefühl der Freude, während das Glücksgefühl erhalten bleibt und sich »achtsamer Gleichmut« frei von Freude und Leid einstellt.

Auf der vierten Versenkungsstufe schließlich verschwinden alle Gefühle vollständig, sodass der Übende in Achtsamkeit und Gleichmut verharrt.

Die Lehre vom Nicht-Selbst und den fünf Gruppen von Daseinsfaktoren

Eine der am schwersten zu verstehenden, vor allem aber am schwersten zu akzeptierenden Kernaussagen des Buddhismus ist die, dass eine Seele im Menschen nicht gefunden werden könne (nicht dass der Mensch keine Seele habe!). Zum einen wendet sich der Erhabene mit diesem Postulat natürlich gegen die »Narrenlehren« seiner Zeit, wie er sie bei Āḷāra Kālāma und Udaka

Rāmaputta kennengelernt hatte, und in denen er die Wurzel eines träge machenden Fatalismus sah; eine Spekulation über Nicht-Beweisbares war nach Meinung des Buddha »unedel, nicht zum Ziele führend«. Zum anderen stand dieses »unveränderliche ewige Selbst« der Upanishaden im krassen Gegensatz zu der überall in der Natur zu beobachtenden Vergänglichkeit, die seine Lehre so sehr prägt. Und wie sollte – drittens – eine unveränderliche ewige Seele befreit, erlöst werden können? Das »Selbst« des Menschen musste also etwas von alledem völlig Verschiedenes sein – Nicht-Selbst, Anattā. Mit seiner »Lehrrede über das Nicht-Selbst« wendet sich der Buddha unmittelbar gegen die vorherrschenden All-Einheitsspekulationen der upanishadischen Lehrer, die in der Erkenntnis, dass die Individualseele des Menschen (Ātman) in letzter Konsequenz eins sei mit der Allseele (Brahman) die Erlösung sahen, die Befreiung aus dem ewigen Kreislauf der Wiedergeburten. Der Buddha erläutert den ersten fünf Jüngern einige Tage nach der ersten »Predigt von Benares«, mit der er das »Rad der Lehre« in Gang setzte, diesen frappantesten Zug seiner Lehre:

»Einst, so habe ich gehört, weilte der Buddha an am Sehersteine[106] im Gazellenpark bei Benares. Da belehrte der Erhabene die fünf Mönche: ›Der Körper ist nicht das Selbst. Wäre nämlich, ihr Mönche, der Körper das Selbst, so wäre er nicht der Krankheit unterworfen und man könnte vom Körper sagen: Mein Körper soll so und so sein; mein Körper soll nicht so und so sein. Da nun aber, ihr Mönche, der Körper nicht das Selbst ist, so ist er der Krankheit unterworfen [...] Das Gefühl, ihr Mönche, ist nicht das Selbst. Die Wahrnehmung, ihr Mönche ist nicht das Selbst. Der unterscheidende Geist, ihr Mönche, ist nicht das Selbst. Das Bewusstsein, ihr Mönche, ist nicht das Selbst. Wäre nämlich das Bewusstsein das Selbst, so verfiel es nicht dem Leiden [...] Was meint ihr wohl, ihr Mönche: Ist der Körper vergänglich oder unvergänglich? Sind Gefühl, Wahrnehmung, Geist und Bewusstsein vergänglich oder unvergänglich?‹›Vergänglich, Ehrwürdiger‹. ›Was aber vergänglich ist, ist das leidvoll oder freudvoll?‹ ›Leidvoll, Ehrwürdiger.‹ ›Was aber vergänglich, leidvoll, dem Wechsel unterworfen ist, kann man von dem mit Recht sagen: ›Das gehört mir, das bin ich, das ist das Selbst?‹ ›Nein, Ehrwürdiger.‹ ›Darum, ihr Mönche, was es auch an Körperlichkeit, Gefühl, Wahrnehmung, Geist und Bewusstsein[107] gibt, vergangen, zukünftig oder gegenwärtig, innen oder außen, grob oder fein, hässlich oder schön, nah oder fern – alle diese Gestaltungen, Empfindungen, Wahrnehmungen, Geistesformen und alles Bewusstsein sollte man in Rechter Einsicht so ansehen: ›Das gehört mir nicht, das bin nicht ich, das ist nicht das Selbst.‹ So erkennend, ihr Mönche, wendet sich der edle Jünger ab von Körperlichkeit, Gefühl, Wahrnehmung, Geist und Bewusstsein. Sich abwendend, wird er der Leidenschaft ledig, durch das Fernbleiben der Leidenschaft wird er erlöst, und in dem Erlösten steigt das Wissen auf: ›Erlöst bin ich, erschöpft hat sich die Wiedergeburt, erfüllt der heilige Wandel, die Aufgabe ist vollbracht, nicht gibt es Weiteres zu tun für mich in dieser Welt.‹ Als der Erhabene so die Lehre verkündet hatte, wurden die fünf Mönche haftlos, von allen Trieben erlöst ...«[108]

Dies ist die Kernaussage der buddhistischen Lehre, die sie von allen vorangegangenen trennt, von den vielen damals in Indien vorherrschenden Lehren über den Ātman (Pali: atta), das Selbst, und wohl noch heute von ihnen trennt. Auch mir sagte einst einer meiner Lehrer, als ich immer wieder auf dem Vorhandensein eines »Selbst« bestand: »Das sind deine christlichen Wurzeln. Was ist denn das Selbst anderes als eine Vermischung von Geist und Gefühl? Es gibt keine Person jenseits des Geistes! Dies ist nur eine Vorstellung! Aber: SIE IST FALSCH! Wenn Du erst einmal in der Lage bist, die Welt aus dem Blickwinkel des Abidhamma, der buddhistischen Philosophie, zu sehen, wirst du erkennen, wo das Geistesorgan beheimatet ist. Kümmere dich jetzt nicht zu sehr darum! Sei bewusst in jedem Augenblick! Du bist nun in den

Strom eingetreten. Sotâpanna[109]. Du hast fünf deiner sechs Sinne befreit, das Auge, die Nase, das Ohr, die Zunge, den Leib. Nicht jedoch deinen Geist! Du solltest dich deshalb bei deinen Meditationen vor allem auf den Geist konzentrieren! Meist fällt es leicht, diese ersten fünf Indriyas[110] zu befreien. Nur der Geist sträubt sich noch! Diese ersten fünf kennen weder Vergangenheit noch Zukunft. Sie sind stets im Jetzt, deshalb ist es leicht, sie zu befreien. Einzig der Geist schafft sich Vergangenheit und Zukunft, deshalb ist es so schwer, ihn zu befreien. Aber: es gibt keine Vergangenheit und keine Zukunft – und kein Selbst. Es ist besonders schwer für Leute aus dem Westen, diesen Persönlichkeitswahn[111] abzulegen. Zu tief ist euer Glaube an eine einzigartige Persönlichkeit, zu tief verwurzelt. Aber: Diese Vorstellung ist falsch! Es gibt kein festes, unveränderliches, unabhängiges Selbst! Auch das Selbst ist anicca, dukha, anatta[112] – sich unbeständig, vergänglich und deshalb leidvoll, nicht-selbst. Ja, auch das Selbst (atta) ist nicht-selbst (anatta). Erkenne dies in deinen Vipassanā-Meditationen, wie auch das Selbst, das scheinbar so fest gefügte, sich ständig wandelt. In jedem Augenblick. Entstehen und Vergehen. Mit jedem Atemzug. Entstehen – Vergehen. Unablässig wandelt sich »das Selbst«, besteht es doch – wie alles andere auch – aus einer unermesslichen Zahl von Dhammas, von denen es im Visuddhi Magga ja heißt:

›Sie kommen aus dem Ungesehenen,
In's Ungeseh'ne eilen sie erlöschend.
Gleichwie der Blitz am Himmel leuchtet auf,
So kommen sie und schwinden wieder hin.‹[113]

Auch das Selbst ist unbeständig, daher leidvoll, Nicht-Ich. Ich weiß, das ist nicht einfach. Selbst der Buddha sagte einst im Kloster Anāthapindikos zu den versammelten Mönchen: ›Schwer ist's zu seh'n, was ›Nicht-Ich‹ heißt.‹ Wenn du diesen Weg des Dhamma gehst, wird sich der Erfolg einstellen, wo immer du diesen Weg auch gehst …«

Unendlich viele Welten befinden sich nach der Lehre des Buddha im unendlichen Raum, entstehen und vergehen, pausenlos, unaufhörlich, von unendlich vielen Wesen bewohnt. In unendlichen Zyklen vollzieht sich dieses unaufhörliche Werden und Vergehen, dem ewigen kosmischen Gesetz des Karma folgend, der »Vergeltungskausalität« unserer Taten. Jedes Weltalter besteht aus vier gleich großen Perioden von schier unberechenbarer Länge: In der ersten Periode wird eine frühere Welt zerstört, in der zweiten Periode, dem Chaos, bleibt nur leerer Raum; nach dieser Zeit der Nicht-Existenz entsteht im unendlichen Raum ein aus dem Karma der Wesen einer untergegangenen Welt bedingter Wind, der eine neue Welt entfacht – die dritte Periode. Nun durchläuft diese Welt in der vierten Periode zehn absteigende und zehn aufsteigende Epochen, in denen sich die Verhältnisse vom Besseren zum Schlechteren und dann wieder vom Schlechteren zum Besseren wandeln. In diesen »Kulturepochen« nimmt die Lebensspanne des Menschen alle hundert Jahre um ein Lebensjahr ab, bis es nur noch zehn Jahre dauert, nimmt dann wieder alle hundert Jahre zu, bis das Leben des Menschen schließlich 84 000 Jahre dauert. Nun beginnt mit dem Untergang dieser Welt ein neues Weltalter:

»Wie weit, Ānanda, Sonne und Mond kreisen, die Himmel im Glanze erstrahlen, tausendmal so weit reicht eine Welt. In jener tausendfachen Welt gibt es tausend Monde, tausend Sonnen, tausend Merus,[114] die Könige der Berge, tausend Rosenapfel-Kontinente, tausend westliche Goyana-Kontinente, tausend nördliche Kuru-Kontinente, tausend östliche Videha-Kontinente[115], viertausend Weltmeere, tausendmal vier Große Götterkönige, tausend Welten der vier Großen Götterkönige, tausend Himmel der Dreiunddreißig, tausend Himmel der Yāma-Götter[116], tausend Himmel der Seligen Götter, tausend Himmel der Schöpfungsfreudigen Götter, tausend Himmel der über die Erzeugnisse anderer verfügenden Götter, tausend Brahmawelten. Das, Ānanda, nennt man ein kleines tausendfaches Weltensystem.

So weit nun, Ānanda, ein kleines tausendfaches Weltensystem reicht – es gibt eine Welt, die ein Tausendfaches davon ist, und diese nennt man ein mittleres Weltensystem: ein Tausendfaches in zweiter Potenz. Und so weit auch ein solch mittleres tausendfaches Weltensystem reicht – es gibt eine Welt, die ein Tausendfaches davon ist, und diese nennt man ein großes tausendfaches Weltensystem: ein Tausendfaches in dritter Potenz. Sollte es nun der Vollendete wünschen, so könnte er mit seiner Stimme ein großes tausendfaches Weltensystem erreichen, ein Tausendfaches in dritter Potenz, oder so viele er eben will ...«[117]

Das unpersönliche Weltgesetz, das dies alles regiert, ist unvergänglich wie der leere Raum und das Nibbana, alle anderen Phänomene unterliegen der Veränderung, haben Anfang und Ende. Die Erscheinungsformen dieses ehernen Weltgesetzes sind die Daseinsfaktoren (Dharmas): Sie sind die Bausteine dieser Welt – und der empirischen »Persönlichkeit«. Sie alle währen nur einen Augenblick – selbst die Dauer eines zweiten Augenblicks ist ihnen nicht beschieden. Schon im nächsten Augenblick existiert nichts mehr von dem, was im vorhergehenden existierte. Die ganze unermessliche Welt der Erscheinungen ist nichts anderes als ein unablässiger Strom einzelner Seinsmomente, ein einziges Kontinuum der Vergänglichkeit:

Sie kommen aus dem Ungeseh'nen her,
Im Ungeseh'nen sie ihr Ende finden,
Den Blitzen ähnlich, die im leeren Raum
Entstehn, um später wieder zu verschwinden.[118]

Aus fünf Gruppen dieser Daseinsfaktoren besteht der Mensch:

- dem physischen **Körper,** bestehend aus den vier (fünf) Elementen Erde, Wasser, Feuer und Luft, (Raum)
- den Empfindungen/**Gefühlen,** die aufgrund von Sinneseindrücken entstehen
- der **Wahrnehmung** dieser Empfindungen

- den **Geistesregungen**, die auf die Wahrnehmung reagieren und diese interpretieren
- dem **Bewusstsein**, das die verschiedenen Ebenen koordiniert und zu einer Gesamtheit zusammenfasst, die wir – fälschlicherweise – als unsere Persönlichkeit, ja, unser Selbst erfahren

»Da erkennt, ihr Mönche, ein Mönch: so ist Körperliches, so entsteht Körperliches, so vergeht Körperliches; so ist Gefühl, so entsteht Gefühl, so vergeht Gefühl; so ist Wahrnehmung, so entsteht Wahrnehmung, so vergeht Wahrnehmung; so sind die Geistesregungen, so entstehen die Geistesregungen, so vergehen die Geistesregungen; so ist Bewusstsein, so entsteht Bewusstsein, so vergeht Bewusstsein.«[119]

Der Mensch als Person ist also lediglich eine unbeständige, rasch vergängliche Kombination all dieser Faktoren, die sich in jedem Augenblick ihres Daseins wandelt. Es gibt im Wechsel der Erscheinungen kein beständiges, eigenständig existierendes Selbst, eine ewige, unveränderliche Seele kann in diesen Daseinsfaktoren wirklich nicht gefunden werden; erlöschen sie, erlöscht mit unserem Bewusstsein auch die Fiktion unserer Person, unseres Selbst, nicht jedoch der karmabedingte Strom bewussten Lebens. Alles jedoch, was diesen Daseinsfaktoren angehört, ist

- unbeständig (Anicca)
- leidvoll (Dukkha)
- ohne inhärentes Selbst (Anattā)

Es sind also nur die **fünf Aneignungsgruppen** (Daseinsfaktoren), die uns das Vorhandensein einer Person, eines »Ich« vorgaukeln. Mehr und mehr identifizieren wir uns mit Körper, Gefühl, Wahrnehmung, Geist und Bewusstsein, bis wir sie schließlich für unsere Person, unser Wesen halten.

»Was aber, ihr Mönche, ist Körperliches? – Die vier Elemente und von diesen Elementen abhängiges Körperliches. Körperliches entsteht aufgrund des Entstehens der Nahrung, Körperliches vergeht aufgrund des Vergehens von Nahrung, zum Vergehen des Körperlichen führt der Edle Achtfache Pfad.

Was aber, ihr Mönche, ist Gefühl? – Die folgenden sechs Arten von Gefühlen: aus dem Sehkontakt entstehendes Gefühl, aus dem Hörkontakt entstehendes Gefühl, aus dem Riechkontakt entstehendes Gefühl, aus dem Geschmackskontakt entstehendes Gefühl, aus dem Körperkontakt/Fühlkontakt entstehendes Gefühl, aus dem geistigen Kontakt entstehendes Gefühl. Gefühl entsteht aufgrund des Entstehens von Sinneskontakten, Gefühl vergeht aufgrund des Vergehens von Sinneskontakten, zum Vergehen des Gefühls führt der Edle Achtfache Pfad.

Was aber, ihr Mönche, ist Wahrnehmung? – Die folgenden sechs Gruppen von Wahrnehmung: Farb- und Gestaltwahrnehmung, Tonwahrnehmung, Geruchswahrnehmung, Geschmackswahrnehmung, körperliche Wahrnehmung, Wahrnehmung der Geistesobjekte. Wahrnehmung entsteht aufgrund des Entstehens von Sinneskontakten, Wahrnehmung vergeht aufgrund des Vergehens von Sinneskontakten, zum Vergehen der Wahrnehmung führt der Edle Achtfache Pfad.

Was aber, ihr Mönche, sind die Geistesregungen? – Die folgenden sechs Arten von Willensäußerungen: der auf Formen und Farben gerichtete Wille, der auf Töne gerichtete Wille, der auf Duft gerichtete Wille, der auf Geschmack gerichtete Wille, der auf körperlichen Eindruck gerichtete Wille, der auf geistige Objekte gerichtete Wille. Willensäußerungen entstehen aufgrund des Entstehens von Sinneskontakten, Willensäußerungen vergehen aufgrund des Vergehens von Sinneskontakten, zum Vergehen von Willensäußerungen führt der Edle Achtfache Pfad.

Was aber, ihr Mönche, ist Bewusstsein? – Die folgenden sechs Arten von Bewusstsein: Sehbewusstsein, Hörbewusstsein, Riechbewusstsein, Geschmacksbewusstsein, Körper(Fühl/Tast)bewusstsein, geistiges Bewusstsein. Bewusstsein entsteht aufgrund des Entstehens der gestalteten Ganzheit von Körperlichem und Geistigem, Bewusstsein vergeht aufgrund des Vergehens der gestalteten Ganzheit von Körperlichem und Geistigem, zum Vergehen des Bewusstseins führt der Edle Achtfache Pfad.[120]

»Die Welt, ihr Mönche, hat der Vollendete völlig durchschaut, und von der Welt ist der Vollendete losgelöst. Der Welt Entstehungsgrund hat der Vollendete völlig durchschaut, und den Entstehungsgrund der Welt hat der Vollendete überwunden. Der Welt Erlöschen hat der Vollendete völlig durchschaut, und der Welt Erlöschen wurde vom Vollendeten verwirklicht. Den zum Erlöschen der Welt führenden Pfad hat der Vollendete völlig durchschaut, und den zum Erlöschen der Welt führenden Pfad hat der Vollendete entfaltet ...«[121]

»Wahrlich, so sage ich, o Freund: Nicht ist man imstande, durch Gehen das Ende der Welt zu erreichen, da, wo es weder Geburt gibt, noch Altern und Sterben, weder Entstehen noch Vergehen. und doch kann man, so sage ich, o Freund, ohne der Welt Ende erreicht zu haben, dem Leiden kein Ende machen. Das aber, o Freund, verkünde ich, dass in diesem klaftergroßen, mit Wahrnehmung und Bewusstsein erfüllten Körper die Welt enthalten ist und der Welt Entstehung, der Welt Ende und der zu der Welt Ende führende Pfad.«[122]

Der Mensch schafft sich also seine ureigene, subjektive Welt – und sich selbst. Schwindet unser Bewusstsein, schwindet auch unsere Welt und unser eigenes Dasein. Dann sind die fünf Daseingruppen, aus denen unsere empirische Person gebildet wird, aufgehoben; Name und Form bestehen nicht länger. Denn nur der lebt (bewusst), der sich seiner eigenen Existenz bewusst ist. Erlöscht das Bewusstsein, erlöschen die sechs Elemente, die ein bewusstes Wesen bilden – Erde, Feuer, Wasser, Luft, Raum und Bewusstsein. Doch: »Wo alle Dhammas aufgehoben sind, sind auch alle Pfade der Rede aufgehoben.«[123]

Die sechs Sinne

Dem Bewusstsein, dem was uns eigentlich zu Menschen macht, kommt innerhalb der fünf Aneignungsgruppen naturgemäß besondere Bedeutung zu. Es fußt im Wesentlichen auf sechs äußeren und sechs inneren Grundlagen. Die sechs inneren Grundlagen sind die sechs Sinne der buddhistischen Lehre, die sechs äußeren Grundlagen die ihnen zugeordneten Objekte:

- Das Auge (eigentlich »das Sehorgan«) und die Gestalten und Farben
- das Ohr (das »Hörorgan«) und die Töne
- die Nase (das »Riechorgan«) und die Düfte
- die Zunge (das »Geschmacksorgan«) und die Geschmäcke
- der Körper (das »Berührorgan«) und die Berührungen
- der Geist (das »Geistesorgan«) und die Geistes-Objekte)

Das – nicht-kanonische – »Gleichnis vom Wagen« aus dem im ersten Jahrhundert nach Christus entstandenen *Milindapañha*, den »Fragen des Königs Menandros (Milinda)« verdeutlicht den oberflächlichen Eindruck des Vorhandenseins einer »Person«, hinter der sich jedoch kein substanzieller Kern verbirgt. Das Zwiegespräch beginnt damit, dass der griechische König Menandros den Weisen Nāgasena bittet, sich vorzustellen:

> Nun begab sich Milinda, der König, dahin, wo der ehrwürdige Nāgasena weilte, und als er sich hinbegeben hatte, wechselte er mit dem ehrwürdigen Nāgasena freundlichen, höflichen Gruß und ließ sich an einer Seite nieder. Auch der ehrwürdige Nāgasena grüßte freundlich zurück, woran

Bodhi-Baum in Lumbini, dem Geburtsort des Prinzen.

sich des Königs Milinda Gemüt erfreute. Und nun sprach Milinda, der König, zu dem ehrwürdigen Nāgasena:»Wie heißt du, Ehrwürdiger? Welchen Namen trägst du?«»Ich bin als Nāgasena bekannt, o König. Mit Nāgasena reden mich meine Ordensbrüder an. Doch wenn auch die Eltern einem einen Namen geben wie Nāgasena oder Sūrasena oder Vīrasena oder Sīhasena, so ist, o König, das, was dieser Nāgasena ist, nur ein Name, eine Bezeichnung, ein Begriff, nur ein landläufiger Ausdruck, ja nichts als ein bloßes Wort; eine Person ist da genau genommen nicht vorzufinden.« Da sprach Milinda, der König zu Nāgasena:»Hören mögen mich die fünfhundert Ionier und die achtzigtausend Mönche! Dieser Nāgasena hat solches gesprochen:›Eine Person wird hier nicht vorgefunden.‹ Ist es wohl recht, dem beizupflichten?« Und König Milinda sprach zu dem ehrwürdigen Nāgasena:»Wenn, Ehrwürdiger Nāgasena, eine Person nicht vorgefunden wird, wer gewährt euch denn die Versorgung mit Gewändern, Almosenspeise, Unterkunft und Arznei im Krankheitsfalle? Wer macht davon Gebrauch? Wer hütet die Tugend? Wer widmet sich geistlicher Übung? Wer verwirklicht den heiligen Weg, dessen Lohn und das Nibbana? Wer aber tötet ein Lebewesen? Wer nimmt Nichtgegebenes? Wer handelt in Liebesdingen übel? Wer spricht Lügen? Wer trinkt Berauschendes? Wer begeht also diese fünf Handlungen, die unverzüglich böse Folgen haben? Somit gibt es nichts Heilsames, und es gibt nichts Unheilvolles; es gibt keinen Betätiger von heilsamen und unheilvollen Taten sowie auch keinen Veranlasser solcher Taten; es gibt keine Frucht und kein Ergebnis guter und böser Taten. Wenn, Herr Nāgasena, derjenige, der Euch tötet, keinen Mord begeht, dann habt Ihr, Herr Nāgasena, keinen Lehrer, habt keinen Unterweiser, habt keine höhere Mönchsweihe. ›Mit Nāgasena reden mich meine Ordensbrüder an!‹, hast du gesagt. Wer ist denn da dieser Nāgasena? Sind da etwa die Kopfhaare Nāgasena? Oder sind es die Körperhaare, Zähne, Fleisch, Sehnen, Knochen, Knochenmark, Niere, Herz, Leber, Zwerchfell, Milz, Lunge, Eingeweide, Gekröse, Magen, Kot, Galle, Schleim, Eiter, Blut, Schweiß, Fett, Tränen, Lymphe, Speichel, Rotz, Gelenköl, Urin oder das im Schädel befindliche Gehirn?« »Gewiss nicht, o König!« »Sind die Empfindungen Nāgasena oder die Wahrnehmungen, der Geist oder das Bewusstsein?« »Gewiss nicht, o König!« »Sind dann, Ehrwürdiger, vielleicht Körper, Empfindungen, Wahrnehmungen, Geist und Bewusstsein zusammengenommen dieser Nāgasena?« »Gewiss nicht, o König!« »Ist dann, o Herr, etwas anderes als Körper, Empfindungen, Wahrnehmungen, Geist und Bewusstsein Nāgasena?« »Gewiss nicht, o König!« »Ich kann dich fragen, wie ich will, Ehrwürdiger, den Nāgasena aber kann ich nicht entdecken! Nur ein Wort, Ehrwürdiger, ist Nāgasena. Wer ist dann hier Nāgasena? Eine Unwahrheit sprichst du, o Herr, eine Lüge! Einen Nāgasena gibt es nicht!«

Daraufhin sprach der ehrwürdige Nāgasena zu Milinda, dem König: »Du bist, o König, als Fürst gut erzogen, fein gebildet. Wenn du, großer König, zur Mittagszeit auf heißer Erde, auf erhitztem Sand, auf harten Schottern, Kieseln, Sandkörnern, nachdem du sie betreten hast, zu Fuß gehen würdest, dann schmerzten die Füße, der Körper leidet, der Geist wird beeinträchtigt. Ein mit Schmerz einhergehendes Körpergefühl tritt ein. Bist du nun zu Fuß hergekommen oder mit einem Wagen?« »Nicht bin ich, Ehrwürdiger, zu Fuß gekommen; sondern mit einem Wagen.« »Wenn du, o König, mit einem Wagen hergekommen bist, erkläre mir den Wagen! Ist vielleicht, o König, die Deichsel der Wagen?« »Gewiss nicht, o Herr!« Oder die Achse?« »Gewiss nicht, o Herr!« »Oder sind die Räder der Wagen, oder der Wagenkasten, oder der Fahnenstock, oder das Joch, oder die Speichen, oder der Treibstock?« »Gewiss nicht, o Herr!« »Sind vielleicht, o König, Deichsel, Achse, Rad, Wagenkasten, Flaggenstock, Joch, Speichen und Treibstock zusammen der Wagen?« »Gewiss nicht, o Herr!« »Ist dann, o König, etwas anderes als Deichsel, Achse, Rad, Wagenkasten, Flaggenstock, Joch, Speichen und Treibstock der Wagen?«

»Gewiss nicht, o Herr!« »Ich mag dich fragen, wie ich will, o König, den Wagen aber kann ich nicht entdecken. Soll etwa das bloße Wort Wagen schon der Wagen selber sein?« »Nicht doch, o Herr!« »Nun, was ist dann dieser Wagen hier? Unwahres sprichst du, o König, Lüge! Es gibt keinen Wagen. Du, o König, bist in ganz Indien der Hauptkönig. Wen fürchtest du, dass du Lügen sprichst? Hören mögen mich die fünfhundert Ionier und die achtzigtausend Mönche! Dieser König Milinda hat so gesprochen: ›Mit einem Wagen bin ich gekommen!‹ Als ihm von mir gesagt wurde: ›Wenn du, o Großkönig, mit einem Wagen gekommen bist, erkläre mir den Wagen!‹, ist er die Existenz des Wagens zu beweisen nicht imstande. Ist es wohl recht, dem beizupflichten?« Nachdem er so gesprochen hatte, spendeten die fünfhundert Ionier dem ehrwürdigen Nāgasena Beifall und sprachen zu Milinda, dem König: »Jetzt, o Großkönig, sprich, wenn du kannst!« Daraufhin sprach König Milinda zu dem ehrwürdigen Nāgasena: »Ich spreche durchaus keine Lüge, ehrwürdiger Nāgasena. Denn in Abhängigkeit von Deichsel, Achse, Rad, Wagenkasten, Flaggenstock, Joch, Speichen und Treibstock entsteht der Name, die Bezeichnung, der Begriff, der landläufige Ausdruck, das Wort ›Wagen‹.« »Ganz richtig, o König, hast du erkannt, was ein Wagen ist. Genauso ist es auch in Bezug auf das Kopfhaar, Körperhaare, Zähne, Fleisch, Sehnen, Knochen, Knochenmark, Niere, Herz, Leber, Zwerchfell, Milz, Lunge, Eingeweide, Gekröse, Magen, Kot, Galle, Schleim, Eiter, Blut, Schweiß, Fett, Tränen, Lymphe, Speichel, Rotz, Gelenköl, Urin oder das im Schädel befindliche Gehirn. In Bezug auf den Körper und in Bezug auf die Empfindungen, in Bezug auf die Wahrnehmung, in Bezug auf den Geist und in Bezug auf das Bewusstsein gilt ›Nāgasena‹ als bloße Benennung, eine Bezeichnung, der Begriff, der landläufige Ausdruck. Über diesen Sinn hinaus wird eine Person hier nicht vorgefunden. Gesagt wurde ja dies, o König, von der Nonne Vajira in Gegenwart des Erhabenen: Wie bei dem Zusammentreffen von bestimmten Bestandteilen das Wort ›Wagen‹ gebraucht wird, so wird auch, wenn die fünf Gruppen der Aneignung da sind, die landläufige Bezeichnung ›Person‹ gebraucht.«[124]

Keiner vollbringt eine Tat,
Keiner den Lohn davon hat,
Nur reine Dharmas rollen hin,
Kausal bedingt von Anbeginn.
Kein Brahmā hat durch seine Macht
Die Wandelwelt hervorgebracht.
Nur reine Dharmas rollen hin,
Das ist der Lehre kurzer Sinn.
Das Leid ist; niemand ist, in dem's entsteht.
Die Tat ist, doch kein Mensch, der sie begeht.
Nibbana ist, doch keiner, der verweht.
Der Weg ist, aber keiner, der ihn geht.

Buddhaghosha

Es ist diese Lehre vom Nicht-Selbst, der Nichtsubstanzialität des Ich, die die buddhistische Lehre zutiefst prägt. Diese Lehre vom Nicht-Selbst machte eine Neuauslegung der indischen Idee vom Kreislauf der Wiedergeburten in der Welt der Erscheinungen, dem Samsāra, nötig. So entstand die Lehre vom bedingten Entstehen, dem Entstehen in Abhängigkeit.

Wiedergeburt – eine Wanderung durch eine Vielzahl von Existenzen

Die Lehre von der durch unsere eigenen Taten gesteuerte Wiedergeburt ist eines der Hauptaxiome der buddhistischen Lehre. Schon in seiner ersten »Predigt von Benares« weist der Erhabene auf das eherne Gesetz der Wiedergeburt hin. Immer wieder geht er darauf ein, ohne ihr doch besondere Bedeutung beizumessen, denn allen Lehren Indiens ist dieser Grundgedanke gemeinsam.

Er ist so fester Bestandteil des Alltags, dass niemand auf den Gedanken käme, seine Gültigkeit in Frage zu stellen. Es ist keine Frage des Glaubens, die Lehre von Karma und Wiedergeburt wird als einfache Tatsache akzeptiert ... Als segensreichste Wiedergeburt gilt die Wiedergeburt als menschliches Wesen. Nur dem Menschen ist es vergönnt, Erleuchtung zu erreichen, Nibbana. Auch die Götter müssen schließlich als Menschen wiedergeboren werden, um Erlösung zu finden. Die Wiedergeburt als Mensch ist also etwas höchst Seltenes, außerordentlich Kostbares. Deshalb sollte man jeden Augenblick dieser kostbaren Zeit nutzen, um Erlösung zu finden.

Das Gleichnis von der einäugigen Schildkröte

Einst, so habe ich gehört, weilte der Erhabene bei Shrāvasthī im Siegerwalde, im Klostergarten des Ānāthapindika [...] »Gleichwie, ihr Mönche, wenn ein Mann eine einkehlige Reuse in den Ozean würfe; die würde da vom östlichen Winde nach Westen getrieben, vom westlichen Winde nach Osten getrieben, vom nördlichen Winde nach Süden getrieben, vom südlichen Winde nach Norden getrieben, und es wäre da eine einäugige Schildkröte, die alle hundert Jahre einmal emportauchte; was meint ihr nun, ihr Mönche: Sollte da etwa jemals die einäugige Schildkröte mit ihrem Hals in jene einkehlige Reuse geraten?« – »Wohl kaum, Herr; und wenn doch, so nur irgendwann einmal vielleicht, im Verlaufe langer Zeiten, o Herr.« – »Und doch mag, ihr Mönche, eher noch die einäugige Schildkröte mit ihrem Hals in jene einkehlige Reuse geraten, schwieriger noch, sage ich, ihr Mönche ist die Geburt als Mensch erreichbar, sobald ein Tor erst einmal in die Tiefe hinab gesunken ist ...«[125]

Folgt man den Wiedergeburtslehren einiger tibetischer Schulen des Buddhismus, so dauert es höchstens neunundvierzig Tage (sieben mal sieben) vom Tod bis zu einer neuerlichen Geburt. In dieser Zeit durchläuft das durch das individuelle Karma bedingte Bewusstseinskontinuum eine Vielzahl von Erfahrungen. Himmel und Höllen werden erlebt, Spiegelbilder des eigenen beschränkten Bewusstseins, gebildet vom Widerschein unserer guten und schlechten Taten. Nach neunundvierzig Tagen beginnt ein neuerlicher Verkörperungszyklus. Das »Wiedergeburtswesen« sucht sich gemäß seinem individuellen Karma ein neues Heim, tritt in einen neuen Körper ein, schafft sich einen neuen Körper in einem der Wiedergeburtsbereiche: im Tierreich, im Reich der Dämonen, in der Hölle, in der Götterwelt – oder im Reich der Menschen. Es sucht sich gemäß seiner Bestimmung einen Schoß, sucht Vater und Mutter. Zuneigung und Abneigung, Ängste und Vorlieben überdauern also den Tod, führen zu neuerlicher Geburt – eine höchst plausible Erklärung für Phänomene wie den Ödipus-Komplex und Ähnliches ...

Selbst bewusst herbeigeführte, vorhergesagte Wiedergeburten sind durchaus nichts Seltenes, gibt es doch eine Vielzahl inkarnierter Lamas, die ihre Pflichten in dieser »Wandelwelt« in immer neuen Inkarnationen erfüllen – die Reihe der Dalai Lamas sei hier nur als besonders herausragendes Beispiel erwähnt. Auch die seltsame Vertrautheit mit – scheinbar – wildfremden Menschen, Sympathie und Antipathie gehen auf das Konto unserer Wanderung durch die Welt der Erscheinungen: »Wünschen, ihr Hausleute, zwei Gatten einander sich auch im nächsten Leben zu sehen, so mögen beide gleiches Vertrauen pflegen, gleichen Sittenwandel, gleiche Freigiebigkeit und gleiche Weisheit. Dann werden sie einander in diesem Leben sehen und auch im nächsten ...«[126]

Einst, so habe ich gehört, weilte der Erhabene bei Shrāvasthī im Siegerwalde, im Klostergarten des Ānāthapindika [...] »Wenn drei sich vereinigen, ihr Mönche, entsteht eine Leibesfrucht. Vereinigen sich Vater und

Mutter, aber die Mutter hat nicht ihre Zeit oder der Keimling (das Wiedergeburtswesen) ist nicht bereit, so kommt keine Empfängnis zustande. Wenn sich aber Vater und Mutter vereinen, die Mutter ihre Zeit hat und der Keimling bereitsteht, so bildet sich durch die Vereinigung dieser drei eine Leibesfrucht. [...] Das Werden bedingt die Geburt, durch Geburt bedingt sind Alter und Tod, Schmerz, Jammer, Leiden, Trübsal und Verzweiflung – so entsteht all dieses Leiden.«[127]

Hätte der Buddha in diesem Zusammenhang einfach die upanishadische Lehre von Ātman und Brahman übernommen, einer individuellen Seele, die letztendlich eins ist mit der Allseele, die von ihr ausgeht und am Ende aller karmisch bedingten Wiedergeburten zu ihr zurückkehrt, wäre die Lehre vielen leichter zugänglich gewesen. Da der Buddha jedoch das Vorhandensein jeglicher ewiger Instanz leugnete, befand er sich zunächst – scheinbar – in einem Dilemma: Wie kann etwas wiedergeboren werden, das es gar nicht gibt? Und: Wo waren Anfang und Ende dieses gespenstischen Kreislaufs?

Immer wieder werden dem Buddha diese Fragen gestellt, diese Fragen nach Anfang und Ende, hat er sie sich selbst immer wieder gestellt in vielen Jahren des Grübelns, bis er schließlich die Lösung fand, unter dem Feigenbaum in Uruvela, erwachte aus unsäglichem Traum. Aber es bringt dem Fragenden seiner Ansicht nach nichts, über etwas zu spekulieren, das letztendlich nur im Erwachen erfahrbar wird, denn: »Wo alle Dhammas aufgehoben sind, sind auch alle Pfade der Rede aufgehoben.« Und so bemüht sich der Buddha meist in Form von Gleichnissen, die Suchenden »bei der Stange zu halten« – der täglichen Praxis, die schließlich alle Fragen beantwortet. Hier nur einige wenige Beispiele aus dem unerschöpflichen buddhistischen Gleichnisschatz:

Einst, so habe ich es gehört, weilte der Erhabene bei Shrāvasthī im Jeta-Hain, im Klostergarten des Ānāthapindika. Da begab sich ein Mönch zum Erhabenen, begrüßte den Erhabenen ehrfurchtsvoll und setzte sich ihm zur Seite nieder. Zum Erhabenen sprach alsdann dieser Mönch, der ihm zur Seite saß: »Herr, wie lange ist wohl ein Weltenalter?« »–Lang, o Mönch, ist ein Weltenalter; nicht leicht kann es berechnet werden, weder nach so und so viel Jahren noch nach so und so viel hundert Jahren noch nach so und so viel tausend Jahren noch nach so und so viel hunderttausend Jahren.« – »Ist es aber möglich, o Herr, dafür ein Gleichnis zu geben?« – »Das ist möglich, o Mönch«, sprach der Erhabene. »Gleichwie da, o Mönch, ein gewaltiger Felsenberg wäre, eine Meile lang, eine Meile breit, eine Meile hoch, ohne Lücke, ohne Spalte, ohne Hohlraum, und es käme alle hundert Jahre ein Mann und streifte mit seidenem Gewand je einmal den Berg, so würde, o Mönch, dieser gewaltige Felsenberg eher verschwinden und vergehen als ein Weltenalter. So lang, o Mönch, ist ein Weltenalter. Und viele eben so lange Weltenalter, o Mönch, sind abgelaufen, viele hundert eben so lange Weltenalter, viele tausend eben so lange Weltenalter, viele hunderttausend eben so lange Weltenalter. Und was ist die Ursache? Nicht zu ermessen, o Mönch, ist der Samsāra[128], nicht zu erkennen ist der Ausgangspunkt der durch Nichtwissen gehemmten, durch den Durst gefesselten Wesen, die den Lauf der Geburten eilend durchwandern. Und während so langer Zeit, o Mönch, hat das Leid bestanden, hat das Weh bestanden, hat das Elend bestanden, haben die Leichenstätten sich angefüllt. Dies, o Mönch, genügt vollauf, um aller Gebilde satt zu werden, es genügt, um die Lust daran zu verlieren, es genügt, um sich davon zu erlösen.«[129]

»Herr, ist es möglich, durch Wandern das Ende der Welt zu erkennen, zu schauen, zu erreichen, wo keine Geburt, kein Altern, kein Sterben, kein Vergehen und kein Entstehen ist?« – »Freund, ich lehre nicht, dass dieses Ende der Welt, wo keine Geburt, kein Altern, kein Sterben, kein Vergehen und kein Entstehen ist, durch Wandern zu erkennen, zu schauen und zu erreichen sei, [...] und doch, Freund, lehre ich nicht, dass man ohne das Ende der Welt erreicht zu haben, dem Leiden ein Ende machen kann. Und so verkünde ich, Freund, dass in eben diesem klaftergroßen, dem von Bewusstsein erfüllten Körper mit seinem Wahrnehmen und Denken die Welt enthalten ist und der Welt Entstehung enthalten ist und der Welt Aufhebung enthalten ist und der Pfad, der zur Aufhebung der Welt führt. Durch Wandern ist das Ende der Welt niemals zu erreichen. Und doch gibt es, wenn man das Ende der Welt nicht erreicht hat, keine Befreiung vom Leiden. Deshalb, wahrlich, ersehnt der Weise, der die Welt kennt, der zum Ende der Welt geht und ein heiliges Leben führt – nachdem er das Ende der Welt, welches er erkennt, verwirklicht hat – für sich weder diese, noch eine andere Welt.«[130]

»Aus dem Anfangslosen, ihr Mönche, kommt der Kreislauf der Wiedergeburten. Kein Anfang lässt sich absehen, von dem die Wesen, in Nichtwissen befangen, von der Gier gefesselt, umherirren und wandern. Was meint ihr, ihr Mönche, was ist wohl mehr: die Tränen, die ihr vergossen habt, als ihr jammernd und weinend auf diesem weiten Weg umhergeirrt und gewandert seid, mit Unliebem vereint, von Liebem getrennt, oder das Wasser in den vier großen Weltmeeren? Lange Zeiten hindurch, ihr Mönche, habt ihr den Tod von Mutter und Vater, Sohn und Tochter erfahren, den Verlust von Verwandten und Hab und Gut. Lange Zeit habt ihr stets aufs Neue das Elend von Krankheit erlebt. Und der Tränen, die ihr in all dem Leid vergossen, sind mehr als das Wasser in den vier großen Meeren. So habt ihr denn, ihr Mönche, lange Zeit hindurch Leid erfahren, Qualen erfahren, Unglück erfahren und das Leichenfeld vergrößert, wahrlich genug, um sich von allen Daseinsgebilden

Große Buddha-Statue in Bodh Gaya, wo der Prinz zum Buddha wurde.

abzuwenden, loszulösen und zu befreien. Und warum? Weil der Kreislauf der Wiedergeburten ohne Anfang ist.«[131]

Nicht auszudenken ist der Beginn des Saṃsāra! Man kennt keinen Uranfang bei den Wesen, die, durch das Nicht-Wissen gehemmt, durch den Lebensdurst gefesselt, umherirren. Gering ist das Wasser der vier Weltmeere im Vergleich zu den Tränen, die ihr über die Verbindung mit Unlieben, der Trennung von Geliebten auf eurer Weltenwanderung vergossen habt! Gering im Vergleich zu der Muttermilch, die ihr getrunken habt, gering im Vergleich zu dem Blut, das euch entströmte, als ihr als Tiere geschlachtet, als Kämpfer getötet, als Verbrecher hingerichtet wurdet! Nicht findet sich ein Wesen, das nicht einmal euer Vater, eure Mutter, euer Bruder, eure Schwester, euer Sohn oder eure Tochter gewesen wäre, während der langen Zeit, die ihr im Saṃsāra herumgeirrt seid.«[132]

Als der Buddha einmal in Rājagaha auf dem Geiergipfel weilte, zeigte er zu dem benachbarten Berg Vepulla, um ihn als Gleichnis für die Zahl der Tode zu benutzen, die wir alle im Laufe unserer Entwicklung durchleiden:

»Falls man, ihr Mönche, die Knochen eines einzelnen Wesens aufschichtete, während es für ein einzelnes Weltenalter den Kreislauf der Wiedergeburten durchwanderte, und das Aufgeschichtete verginge nicht, so entstünde eine gewaltige Knochenansammlung, ein Knochenhaufen, ein Knochenberg, groß wie jener Berg Vepulla.«[133]

Und nichts und niemand kann diese Gesetzmäßigkeit ändern:

»Vier Dinge, ihr Mönche, kann niemand bewirken, weder Asket noch Priester noch ein himmlisches Wesen, weder Gott noch Teufel noch irgendeiner in der Welt. Welche vier? – Dass das, was dem Verfall unterworfen ist, nicht verfallen möge [...], dass das, was der Krankheit unterworfen ist, nicht der Krankheit anheimfallen möge [...], dass das, was dem Sterben unterworfen ist, nicht sterben möge [...], dass für jenes böse Wirken des Karma, das befleckende, wiedergebärende, schreckliche, leiderzeugende, von neuem wieder zu Geburt, Alter und Tod führende, keine Frucht entstehen möge: Das, ihr Mönche, kann niemand bewirken; kein Asket, Priester oder himmlisches Wesen, weder Gott noch Teufel noch irgendeiner in der Welt.«[134]

Auch der Erhabene durchlief einst diesen Kreislauf, bis er erwachte, unter dem Feigenbaum in Uruvela, im »ersten Teil der Nacht«, zum Buddha wurde:

»In mannigfacher Weise erinnerte ich mich an den früheren Aufenthalt: nämlich an eine Geburt, an zwei Geburten, an drei Geburten, an vier Geburten, an fünf Geburten; an zehn Geburten an zwanzig Geburten [...] an hunderttausend Geburten; an mehrere Perioden des Weltenschrumpfens, an mehrere Perioden des Welterblühens, an mehrere Perioden des Weltschrumpfens-Welterblühens: ›Dort war ich. So war der Name, so das Geschlecht, so die Kaste, so der Lebensunterhalt; so erlebte ich Freudiges und Leidvolles; so war das Lebensende. Von da entschwunden, tauchte ich dort wieder auf. So war der Name, so das Geschlecht, so die Kaste, so der Lebensunterhalt [...]. So erinnerte ich mich in mannigfacher Weise an den früheren Aufenthalt nach Inhalt und Örtlichkeit. Dieses, Aggivessana, hatte ich im ersten Teil der Nacht als erstes Wissen erreicht; vernichtet war Nicht-Wissen, aufgegangen Wissen; vernichtet war Dunkelheit, aufgegangen Licht.«[135]

Doch es gibt Hoffnung, ein Entrinnen aus diesem scheinbar endlosen, nie enden wollenden Kreislauf der Wiedergeburten:

»Ausrottung aller Arten von Drang führt zu restloser Leidenschaftslosigkeit, zum Ende, zum Nibbana. Für den Bhikkhu, der so erloschen ist, der an nichts mehr haftet, gibt es keine Wiedergeburt mehr. Überwunden ist für ihn Māra, gewonnen die Schlacht, entronnen ist er allen Daseinsformen.«[136]

Karma und die Bereiche der Wiedergeburt

Alle in Indien entstandenen Religionen und Philosophien betrachten die Wiedergeburt als zutiefst unbefriedigendes Ergebnis vorangegangenen Lebens und Handelns und betreiben die Überwindung dieses scheinbar unendlichen Kreislaufs.

So beginnt die *Gheranda Samhita*, eine Yoga-Schrift des 16. Jahrhunderts, mit den Worten:

Es gibt keine Fesseln wie die der Illusion der Māyā[137], keine Stärke gleicht der, die aus Yoga gewonnen wird. Es gibt keinen besseren Freund als das Wissen (Jñāna) und keinen größeren Feind als die Selbstsucht (Ahamkāra).

Wie man das Alphabet lernt, wie man durch Übung alle Wissenschaften meistern kann, so erreicht man durch sorgfältige Praxis schließlich die Kenntnis der Wahrheit.

Aufgrund ihrer guten und schlechten Taten werden die Körper aller Lebewesen erschaffen, und die Körper schaffen Karma, das zu neuerlicher Geburt führt. Dies ist der Kreis, der sich wie ein »Persisches Rad« dreht.

Wie das »Persische Rad« Wasser aus einem Brunnen schöpft in stetigem Auf und Ab, von Ochsen gezogen, die Eimer immer wieder aufs neue füllend und leerend, so geht die Seele durch Leben und Tod, von den Früchten ihrer Taten bewegt.

Wie ein ungebrannter irdener Topf sich im Wasser wieder auflöst,
wird der Körper bald von der Welt zerstört. Brenne ihn also im Feuer
der Übung, um den Körper zu reinigen und zu stärken.

Gheranda Samhitā I/4 – 8

Es gibt also einen Ausweg aus diesem scheinbar nicht endenwollenden Kreislauf von Geburt und Tod und neuerlicher Geburt. Und dies ist letztendlich
das Ziel: die Vernichtung des damit verbundenen Leidens, die der Buddha
verwirklicht hat.

Karma ist **gewollte Tat**, wobei die »Tat« in Gedanken, Worten oder Werken vollbracht werden kann. Karma ist also gewolltes heilsames oder unheilsames Tun – in Gedanken, Worten und Taten. Unwillentlich, unbewusst be-
gangene Taten bewirken demnach kein Karma, weil sie kein Wollen
beinhalten: »Den Willen, ihr Mönche, nenne ich die Tat, denn ist der Wille
aufgestiegen, so wirkt man die Tat, in Werken, Worten oder Gedanken. [...]
Was aber, ihr Mönche, bezeichnet man als die Verschiedenartigkeit des Wirkens? Es gibt, ihr Mönche, Taten, die in der Hölle reifen, im Tierschoße reifen, im Reich der Dämonen reifen, in der Welt der Menschen reifen, in der
Welt der Götter reifen. Dies, ihr Mönche, nennt man die Verschiedenartigkeit
des Wirkens. Was aber, ihr Mönche, ist das Ergebnis dieses Wirkens? Dreier-
lei, ihr Mönche, sage ich, ist das Ergebnis des Wirkens: Entweder bei Lebzeiten reifend oder in der nächsten Geburt oder in einer späteren Geburt. Dies,
ihr Mönche, nennt man das Ergebnis des Wirkens. Was aber, ihr Mönche, ist
die Aufhebung des Wirkens? Die Aufhebung des Sinneneindrucks ist die Aufhebung des Wirkens. – Dieser Edle Achtfache Pfad aber, ihr Mönche, ist der
zur Aufhebung des Wirkens führende Weg.«[138]

Ein Mensch wird also nach seinem Tode nicht unbedingt als Mensch wiedergeboren. Entsprechend den eigenen Taten, dem eigenen angehäuften *Karma*,
gelangt man bei seiner erneuten Geburt in einen der fünf Wiedergeburtsbereiche: Hölle, Tierreich, die Welt der Geister, der Götter oder der Menschen.

Im *Petavatthu*, den »Gespenstergeschichten«, findet sich folgendes Gespräch zwischen dem Weisen Nārāda und einem »Gespenst«: »Dein Körper ist vollkommen golden; alle Himmelsrichtungen erstrahlen davon. Dein Mund aber ist wie der eines Schweines. Welche Tat hast du in deiner früheren Existenz begangen?« – »Mit dem Körper war ich gezügelt, o Nārada, mit der Rede aber war ich ungezügelt. Darum bin ich von solchem Aussehen, wie du es schaust, o Nārada. Deshalb sage ich dir, o Nārada, was von dir selbst hier geschaut wurde: Begehe mit dem Mund nichts Böses, damit du kein Schweinsmaul wirst.«

Eine klare, einfache Aussage: Wer die Edle Wahrheit von der Rechten Rede nicht beherzigt, wird mit einem Schweinsmaul wiedergeboren. Ganz so eindeutig und einfach ist die Lehre vom Karma jedoch kaum. Im *Anguttara Nikāya* findet sich folgendes Gleichnis des Erhabenen:

»Wenn jemand, ihr Mönche, also spräche: ›Wie dieser Mensch eine Tat begeht, so erfährt er jedes Mal die Vergeltung‹, – in diesem Falle, ihr Mönche, gib es keine heilige Lebensführung, noch ist eine Möglichkeit zu erkennen, dem Leiden gänzlich ein Ende zu machen. Wenn aber, ihr Mönche, jemand so spräche: ›Wie dieser Mensch eine Vergeltung heischende Tat tut, so erfährt er jedes Mal ihre Reife‹, – in diesem Falle, ihr Mönche, gibt es eine heilige Lebensführung, und es ist eine Möglichkeit zu erkennen, dem Leiden gänzlich ein Ende zu machen. Da begeht, ihr Mönche, ein Mensch eine geringere Übeltat, die ihn zur Hölle führt. Und da begeht ein anderer Mensch dieselbe geringere Übeltat, deren Vergeltung er aber schon im gegenwärtigen Leben erfährt. Nicht einmal eine kleine Wirkung stellt sich nach seinem Tode ein, geschweige denn eine große. Und was für ein Mensch ist das, ihr Mönche, den seine geringere Übeltat zur Hölle führt? Da ist, ihr Mönche, ein Mensch nicht achtsam auf den Körper, nicht achtsam auf die sittliche Zucht, nicht achtsam, auf seine Gedanken, nicht achtsam auf Weisheit, ist beschränkt, unfrei und weilt bei kleinlichen Dingen, die Leid bringen. Einen solchen Menschen, ihr Mönche, führt eine geringere Übeltat zur Hölle«

Und der Buddha fährt fort: »[...] Ist jemand, ihr Mönche, mit drei Dingen belastet, dann fährt er, wie er es verdient, zur Hölle. Mit welchen drei? – Mit unheilsamen Taten in Werken, Worten und Gedanken. Ist jemand, ihr Mönche, mit diesen drei Dingen belastet, dann fährt er, wie er es verdient, zur Hölle. Ist jemand, ihr Mönche, mit drei Dingen ausgerüstet, dann geht er, wie er es verdient, zum Himmel ein. Mit welchen drei? – Mit heilsamen Taten in Werken, Worten und Gedanken. Ist jemand, ihr Mönche, mit diesen drei Dingen ausgerüstet, dann geht er, wie er es verdient zum Himmel ein«.[139]

Die Lehre vom Karma führt uns also immer wieder vor Augen, ein verantwortungsbewusstes Leben zu führen, wie es die »Fünf Betrachtungen für jedermann« ausführen: »Eigner und Erbe meiner Taten bin ich, meinen Taten entsprossen, mit ihnen verknüpft, habe sie nur zur Zuflucht. Welche Taten ich auch tue, gute oder böse, deren Erbe werde ich sein.«[140]

»Fürchtet euch nicht vor guten Werken, ihr Mönche, denn sie sind gleichbedeutend mit Glück. Ich weiß es aus Erfahrung, ihr Mönche, dass mir für das Gute, das ich während langer Zeit getan habe, lange Zeit hindurch erwünschte, erfreuliche, angenehme Früchte zuteil wurden. – Sieben Jahre lang übte ich Gütige Gesinnung, und nachdem ich sieben Jahre lang Gütige Gesinnung geübt hatte, kehrte ich für die Zeit von sieben Weltuntergängen und Weltentstehungen nicht mehr zu dieser Welt zurück. Als, ihr Mönche, die Welt am Untergehen war, da erschien ich unter den Strahlenden Göttern wieder. Als die Welt wieder neu entstand, da trat ich in einem leeren Brahmā-Palast in Erscheinung. Dort, ihr Mönche, war ich Brahmā, der Große Brahmā, der Sieger, der Unbesiegte, der Allsehende, Allmächtige. Sechsunddreißig Mal, ihr

Mönche, war ich Sakka, der König der Götter. Einige hundert Male war ich ein Weltenherrscher, ein gerechter Gesetzeskönig, Beherrscher der vier Weltteile, meinem Reich Sicherheit gebend ...«[141]

Einst gelangte ich auf einer meiner Wanderungen in Nepal in ein hoch in den Bergen gelegenes kleines Kloster. Namo Buddha, »Heil dem Buddha«. Kalt war es in diesen Wintertagen, und ich fing mir ein paar prächtige Läuse ein in jener Nacht in der Klosterherberge, als Mönche ihre Leichengesänge intonierten, die ganze Nacht, und ich mir die Wollmütze des Herbergsvaters borgte. Anderntags stieß ich auf ein altes Steinrelief, von Gebetsflaggen umrahmt, über das ganze Tal gespannt, die Geschichte des Ortes erzählend, wo der Buddha in einem früheren Leben sein eigenes Fleisch einigen Tigerjungen zum Fraß bot, deren Mutter zu krank war, um die Jungen zu ernähren. Doch dies ... ist eine andere Geschichte.

Immer wieder werden wir – von den Göttern – an unsere Vergänglichkeit erinnert, daran erinnert, das ungeheuer kostbare Gut einer menschlichen Geburt nicht zu verschwenden, uns zu bemühen, Tag für Tag. Immer wieder begegnen wir unserer eigenen Zukunft: Alter, Krankheit und Tod:

DIE DREI GÖTTERBOTEN

»Folgende drei Götterboten gibt es, ihr Mönche: Welche drei? – Da führt, ihr Mönche, einer einen schlechten Wandel in Werken, Worten und Gedanken. Und nachdem er einen schlechten Wandel in Werken, Worten und Gedanken geführt hat, gelangt er bei der Auflösung des Körpers, jenseits des Todes, auf den Weg, der nach unten führt, auf den schlimmen Weg, zu den Stätten des Leidens, zur Hölle. Diesen Menschen, ihr Mönche, packen nun die Höllenwärter hart an den Armen und zeigen ihn König Yama (dem Totengott).

›Dieser Mensch, o Herr, war lieblos, unehrerbietig gegen die Eltern, gegen Asketen und Brahmanen; die Ältesten seines Geschlechts hat er nicht geehrt. An ihm möge der Gott die Strafe vollziehen.‹

Ihm nun, ihr Mönche, führt König Yama den ersten Götterboten mit dringlichen Worten vor Augen:

›Sahst du nicht, o Mensch, unter den Menschen den ersten Götterboten erscheinen? [...] Sahst du nie unter den Menschen eine Frau oder einen Mann im Alter von achtzig, neunzig oder hundert Jahren, abgelebt, gekrümmt wie Dachsparren, gebückt, auf eine Krücke gestützt, schlotternden Ganges dahin schleichend, siech, mit verwelkter Jugend, mit abgebrochenen Zähnen, das graue Haar filzig und in Strähnen, den wackelnden Kopf voller Runzeln, den Körper mit Flecken bedeckt? Und dachtest du nicht, o Mensch, der du Verstand besitzt und alt genug bist: ›Auch ich bin dem Alter unterworfen, kann ihm nicht entrinnen! Wohlan denn, so lass mich Gutes tun in Werken, Worten und Gedanken‹? O Mensch, aus Leichtfertigkeit hast du weder in Werken noch in Worten noch in Gedanken Gutes getan. Wahrlich, o Mensch, gemäß deinem Leichtsinn wird man's dir vergelten [...] Du allein hast jene böse Tat begangen, du allein sollst deren Frucht tragen.‹

Nachdem nun, ihr Mönche, König Yama diesem Menschen den ersten Götterboten mit dringlichen Worten vor Augen geführt hat, führt er ihm den zweiten Götterboten deutlich vor Augen und sagt:

›Sahst du nicht, o Mensch, unter den Menschen den zweiten Götterboten erscheinen? [...] Sahst du nie unter den Menschen eine Frau oder einen Mann, krank, elend, schwer leidend, sich im eigenen Kot und Urin wälzend, die, wenn sie denn lagen, von den einen aufgehoben und von den anderen wieder niedergelegt werden mussten? Und dachtest du nicht, o Mensch, der du Verstand besitzt und alt genug bist: ›Auch ich bin der Krankheit unterworfen, kann ihr nicht entrinnen! Wohlan denn, so lass mich Gutes tun in Werken, Worten und Gedanken‹? O Mensch, aus Leichtfertigkeit hast du weder in Werken noch in Worten noch in Gedanken Gutes getan. Wahrlich, o Mensch, gemäß deinem Leichtsinn wird man's dir vergelten [...] Du allein hast jene böse Tat begangen, du allein sollst deren Frucht tragen.‹

Nachdem nun, ihr Mönche, König Yama diesem Menschen den zweiten Götterboten mit dringlichen Worten vor Augen geführt hat, führt er ihm den dritten Götterboten deutlich vor Augen und sagt:

›Sahst du nicht, o Mensch, unter den Menschen den dritten Götterboten erscheinen? [...] Sahst du nie unter den Menschen eine Frau oder einen Mann, einen oder zwei oder drei Tage nach dem Tode? Aufgeschwollen, blau verfärbt, mit Eiter bedeckt in beginnender Verwesung? Und dachtest du nicht, o Mensch, der du Verstand besitzt und alt genug bist: ›Auch ich bin dem Tod unterworfen, kann ihm nicht entrinnen! Wohlan denn, so lass mich Gutes tun in Werken, Worten und Gedanken‹? O Mensch, aus Leichtfertigkeit hast du weder in Werken noch in Worten noch in Gedanken Gutes getan. Wahrlich, o Mensch, gemäß deinem Leichtsinn wird man's dir vergelten [...] Du allein hast jene böse Tat begangen, du allein sollst deren Frucht tragen ...«[142]

Wer von uns hätte sie noch nie gesehen, jene drei Götterboten – Alter, Krankheit und Tod –, die uns immer aufs Neue mahnen …

Das bedingte Entstehen / das Entstehen in Abhängigkeit: Der Kausalnexus

Aus dem Vorangegangenen entwickelte sich ein weiterer Grundsatz der buddhistischen Lehre, die Lehre vom »bedingten Entstehen«, dem »Entstehen in Abhängigkeit«, dem Kausal- oder Konditionalnexus.

Im *Milindapañha*, den »Fragen des Königs Menandros«, erläutert der Weise Nāgasena, wie sich Wiedergeburt ereignen kann, obwohl eine unveränderliche, ewige Seele im Menschen nicht gefunden werden kann.

König Milinda sagte zum Weisen Nāgasena: »Wenn einer wiedergeboren wird, ist es dann derselbe, der starb oder ist es ein anderer?« Nāgasena antwortete: »Weder derselbe noch ein anderer. So wie der Säugling nicht derselbe ist wie der Erwachsene, wie die Flamme in der ersten Nachtwache nicht dieselbe ist wie in der mittleren oder der letzten Nachtwache, so wie die frische Milch nicht identisch ist mit der dicken Milch, so ist der Verstorbene nicht derselbe wie der Wiedergeborene, und doch reiht sich eine Kette von Dharmas in ungebrochener Reihe aneinander.« – »Was wird dann wiedergeboren?«, fragte da der König. Nāgasena antwortet: »Nāma-Rūpa, Name-und-Form[143], die Geist-Leiblichkeit. Durch die gegenwärtige Geist-Leiblichkeit wird ein gutes oder ein böses Karma geschaffen, und durch dieses Karma kommt eine neue Geist-Leiblichkeit zustande. [...] Wie kann sich Wiedergeburt ereignen, ohne dass eine Seele herüberwandert? – Genau so wie wenn man ein Licht an einem anderen anzündet ...«

Es gibt also Berührungspunkte zwischen den einzelnen Existenzen, und doch sind die beiden »Personen« – die »verstorbene« und die »wiedergeborene« – nicht miteinander identisch, teilen sie doch das Schicksal jeglicher Existenz: Vergänglichkeit, Leidhaftigkeit, ohne inhärentes Selbst. Schwer zu verstehen – und doch zutiefst einsichtig.

Es begab sich der Wanderasket Vacchagotta zum Erhabenen, tauschte mit dem Erhabenen die herkömmliche Begrüßung und setzte sich nach vollzogener Begrüßung zu Seiten des Erhabenen nieder und fragte: »Gibt es ein Selbst?« – Der Erhabene schwieg. »Oder gibt es kein Selbst?« – Abermals schwieg der Erhabene. Da erhob sich der Wanderasket Vacchagotta und ging von dannen. Nicht lange, nachdem der Wanderasket Vacchagotta fortgegangen war, fragte der ehrwürdige Ānanda den Erhabenen, warum er die Fragen des Wanderasketen nicht beantwortet habe. »Hätte ich, Ānanda, auf die Frage Vacchagottas: ›Gibt es ein Selbst?«, erklärt: »Es gibt ein Selbst«, so hätte ich, Ānanda, damit jenen Brahmanen und Asketen zugestimmt, die die Ewigkeit lehren. Hätte ich aber auf die Frage Vacchagottas: »Oder gibt es kein Selbst?«, erklärt: »Es gibt kein Selbst«, so hätte ich dadurch jenen Asketen und Brahmanen zugestimmt, die die Vernichtung lehren. Hätte ich gesagt: »Es gibt ein Selbst«, wäre dies wohl ein Mittel gewesen, in ihm die Erkenntnis entstehen zu lassen: »Alle Realitäten sind nicht das Selbst?«. – Hätte ich aber gesagt: »Es gibt kein Selbst«, so wäre der verblendete Vacchagotta wohl noch verblendeter geworden und hätte gedacht: »Früher hatte ich ein Selbst, jetzt aber habe ich keines mehr.« Und der Erhabene nahm ein Klümpchen Kuhmist in die Hand und sagte: »Wenn es auch nur so wenig Selbsthaftigkeit gäbe, unvergänglich, beständig, ewig, unveränderlich und die ewiglich so bliebe, so wäre die Führung eines heiligen Wandels zur Vernichtung der Leiden nicht möglich. Weil es dies aber nicht gibt, ist die Führung des heiligen Wandels möglich ...«

Es geht also darum, dass es kein unveränderliches, beständiges »Selbst« gibt, denn sonst wäre Veränderung, Läuterung, Befreiung ja tatsächlich nicht möglich. Wie das wahre »Selbst«, die wahre Bestimmung des Menschen aber aussieht, entzieht sich unseren Worten – nicht jedoch unserer Erfahrung; denn in tiefer Meditation lässt sich jenes »Andere«, »Ungeborene«, »Ungeschaffene« durchaus erahnen.

Bodh Gaya – Mahabodhi Mandir, der Große Tempel nahe des Feigenbaumes unter dem der Prinz »erwachte«, zum Buddha wurde.

Das Gleichnis von den Blindgeborenen

Einst, so habe ich gehört, weilte der Erhabene bei Shrāvasthī im Jetta-Hain im Klostergarten des Ānāthapindika. Damals aber wohnten bei Shrāvasthī viele Brahmanen und Wanderasketen verschiedener Richtungen, die die unterschiedlichsten Ansichten vertraten, an verschiedene Dinge glaubten, an verschiedenen Dingen Gefallen fanden und in verschiedenen Ansichten, auf die sie sich stützten, ihre Zuflucht suchten. Es waren etliche Asketen und Bahmanen, die glaubten und verkündeten: »Ewig ist die Welt; dies ist wahr, anderes töricht!« Es waren aber auch etliche Asketen und Brahmanen da, die glaubten und verkündeten: »Endlich ist die Welt; dies ist wahr, anderes töricht!« [...] Und diese zänkischen, hadernden, in Streit geratenen Leute schlugen und verletzten sich gegenseitig mit scharfen Worten: »So ist die Wahrheit, die Wahrheit ist nicht so; nicht so ist die Wahrheit, die Wahrheit ist so!« [...]

Als sie (die Mönche) in Shrāvasthī betteln gegangen waren, begaben sie sich nach dem Mahle, vom Almosengang zurückgekehrt, zum Erhabenen, begrüßten den Erhabenen ehrfurchtsvoll und setzten sich ihm zur Seite nieder und sprachen: »Herr, hier bei Shrāvasthī wohnen viele Asketen und Brahmanen, die die unterschiedlichsten Ansichten vertreten, an verschiedene Dinge glauben, an verschiedenen Dingen Gefallen finden und in verschiedenen Ansichten, auf die sie sich stützen, ihre Zuflucht suchen. Es sind etliche Asketen und Brahmanen, die glauben und verkünden: ›Ewig ist die Welt; dies ist wahr, anderes töricht!‹ Es sind etliche Asketen und Brahmanen, die glauben und verkünden: ›Endlich ist die Welt; dies ist wahr, anderes töricht!‹«

Der Erhabene antwortete ihnen: »Blind und augenlos, ihr Mönche, erkennen die Asketen verschiedener Richtungen nicht, worauf es ankommt und worauf es nicht ankommt; sie erkennen nicht, was die Wahrheit und was nicht die Wahrheit ist. In Unkenntnis dessen, worauf es ankommt und worauf es nicht ankommt, in Unkenntnis der Wahrheit und dessen, was nicht die Wahrheit ist, schlagen und verletzen sich diese zänkischen, hadernden, in Streit geratenen Leute gegenseitig mit scharfen Worten [...] Ehedem, ihr Mönche, lebte in eben diesem Shrāvasthī ein gewisser König, der gebot seinem Diener: ›Lass alle Blindgeborenen der Stadt an einem Orte zusammenkommen!‹ Als dies geschehen war, ließ er den Blindgeborenen einen Elefanten vorführen. Die einen ließ er den Kopf betasten mit den Worten: ›So ist ein Elefant‹, andere das Ohr oder den Stoßzahn, den Rüssel, den Rumpf, den Fuß, das Hinterteil, den Schwanz, die Schwanzhaare. Dann fragte er: ›Wie ist ein Elefant beschaffen?‹ Da sagten die, welche den Kopf betastet hatten: ›Er ist wie ein Topf!‹ Die das Ohr betastet hatten, sagten: ›Er ist wie ein geflochtener Korb zum Schwingen des Getreides‹, die den Stoßzahn betastet hatten: ›Er ist wie eine Pflugschar‹, die den Rüssel betastet hatten, ›wie ein Pflugstrang‹, die den Rumpf betastet hatten, ›wie ein Speicher‹, die das Bein betastet hatten, ›wie ein Pfeiler‹, die das Hinterteil betastet hatten, ›wie ein Mörser‹, die den Schwanz betastet hatten, ›wie eine Mörserkeule‹, die die Schwanzhaare betastet hatten, ›wie ein Besen‹. Und mit dem Ruf: ›Der Elefant ist so und nicht so!‹, schlugen sie sich gegenseitig mit den Fäusten, sehr zum Ergötzen des Königs. Genau so, ihr Mönche, verhält es sich mit den Brahmanen und Asketen der verschiedenen Richtungen. Blind und augenlos erkennen sie nicht, worauf es ankommt und worauf es nicht ankommt [...]« Und es tat der Erhabene, nachdem er erkannt, was dies zu bedeuten hatte, bei jener Gelegenheit folgenden feierlichen Ausspruch: »So hört man es: So stritten sich Brahmanen und Asketen, die diese oder jene Lehrmeinung vertreten. Sie bleiben unbeirrt auf ihrem Standpunkt stehen, weil sie nur einen Teil der Wahrheit sehen.[144]

Was bringt es, über Dinge zu reden, die man nicht beweisen kann, die man nicht »selbst verwirklicht« hat. Schon zu Beginn seiner Suche nach dem, was gut und heilsam ist, dem kim kusala, als er Zuflucht suchte bei den upanishadischen Lehrern Uddaka Rāmaputa und Āḷāra Kālāma, stellte er die Frage: »Inwieweit, Freund, verkündest du diese Lehre als einer, der sie selbst begriffen, selbst verwirklicht hat?« Nur darüber sollte man reden, was man selbst verwirklicht hat. Die Sinnlosigkeit von Fragen nach den letzten Dingen – eben weil sie nicht hilfreich sind auf dem Weg zum Heil und damit »unedel, nicht zum Ziele führend« – zeigt der Buddha sehr eindrucksvoll im »Gleichnis vom Pfeil«:

Das Gleichnis vom Pfeil

Einst, so habe ich es gehört, wanderte der Buddha nach der Stadt Sāvatthī, wo er sich im Siegerwald im Kloster des Anāthapindika aufhielt. Zu jener Zeit kam dem ehrwürdigen Mālunkyāputra, als er an einem einsamen, friedlichen und ruhigen Platz zurückgezogen saß und meditierte, folgender Gedanke: ›Die folgenden philosophischen Standpunkte hat der Erhabene ausgelassen, übersprungen, nicht erschöpfend und gründlich erklärt, nämlich: Ist die Welt ewig – ist die Welt nicht ewig? Hat die Welt ein Ende – hat die Welt kein Ende? Ist die Seele identisch mit dem Körper oder sind Seele und Körper voneinander verschieden? [...] Ich mag das nicht, ich ertrage das nicht, ich billige das nicht. Wenn der Erhabene mir genau erklärt, ob die Welt ewig ist, ob dies wahr und richtig und alles andere Falschaussage und die Unwahrheit ist, dann will ich von ihm den heiligen Wandel lernen ...‹

Als er dem Buddha seine Fragen dargelegt hatte, antwortete dieser mit dem folgenden Gleichnis: »Angenommen irgendein Dummkopf dächte folgendermaßen: ›Wenn der Erhabene mir nicht genau erklärt, ob die Welt ewig ist oder nicht, ob dies wahr und richtig und alles andere Falschaussage und Unwahrheit ist, will ich nicht vom Erhabenen den heiligen Wandel lernen‹, dann würde dieser Narr niemals das Wissen erlangen. Er würde vergeblich darauf warten und zwischenzeitlich sterben. Er gleicht einem Mann, dessen Leib von einem vergifteten Pfeil getroffen wurde und dessen Angehörige einen Arzt herbeigerufen haben. Der Mann aber sagt: ›Nicht eher werde ich diesen Pfeil herausziehen lassen, bis ich den Mann weiß, der mich verwundet hat, seine Familie, seinen Namen, seine Kaste; ob er groß oder klein, dick oder dünn, dunkel- oder hellhäutig oder weder dunkel- noch hellhäutig ist; ob er aus dem Osten, dem Süden, dem Westen oder dem Norden stammt. Man soll den Pfeil noch nicht herausziehen, erst muss ich wissen, wie beschaffen der Bogen ist, die Sehne, der Pfeil [...] Dieser Mann würde das niemals in Erfahrung bringen und zwischenzeitlich darüber sterben. Die Welt mag ewig sein oder nicht ewig, ein Ende haben oder nicht; die Seele identisch mit dem Körper sein oder von ihm verschieden; mag der Tathāgata[145] sterblich oder unsterblich sein oder sowohl sterblich als auch unsterblich oder weder sterblich noch unsterblich – dennoch gibt es Geburt, Alter, Krankheit und Tod, es gibt Leiden und Schmerzen und Weinen, und es gibt die Entstehung der fünf Daseinsgruppen, die nichts anderes sind als pures, großes Leiden, deren Vernichtung schon in diesem Leben ich verkünde. Darum mögt ihr das, was ich erklärt habe, als erklärt, das aber, was ich nicht erklärt, als nicht erklärt hinnehmen. Und warum habe ich es nicht erklärt? Weil es nichts mit der Lehre zu tun hat, nichts mit dem heiligen Wandel, weil es nicht zur Erkenntnis führt, nicht zum Erwachen, nicht zum Nibbana. Was nicht erklärt werden kann, das habe ich nicht erklärt; was aber erklärt werden kann, das habe ich erklärt ...«[146]

Wir sehen also: Auch solange man nicht weiß, ob die Welt ewig ist oder nicht, der Mensch eine unsterbliche Seele besitzt oder nicht, gibt es Alter und Krankheit und Sterben. Leiden – und einen Ausweg: den Edlen Achtfachen Pfad.

Der Ausweg liegt also klar und leuchtend vor uns, doch wo ist der Anfang, die Quelle, die Wurzel dieses scheinbar endlosen Kreislaufs von Geburt und Tod und neuerlicher Geburt? Die buddhistische Kausalitätstheorie lehrt, dass nichts aus sich selbst heraus entstehen kann. Alles entsteht in Abhängigkeit von anderem. Unser früheres Handeln (Karma) – gutes wie schlechtes – bedingt unsere neuerliche Wiederkehr, bestimmt unser gegenwärtiges und zukünftiges Leben. Dieses »Entstehen in Abhängigkeit« war eine der zentralen Erkenntnisse des Prinzen aus dem Geschlecht der Shākya, als er zum Buddha wurde, zum wahrhaft Erwachten unter dem Feigenbaum in Uruvela. Im *Udāna*, den »feierlichen Aussprüchen«, steht hierzu:

Einst, so hab‹ ich es gehört, weilte der Erhabene bei Uruvela am Ufer des Flusses Nerañjara am Fuße des Bodhi-Baumes, unmittelbar nachdem er ein Erwachter geworden war. Damals aber saß der Erhabene sieben Tage lang mit gekreuzten Beinen, die Seligkeit der Erlösung genießend. Und nachdem der Erhabene sich nach Ablauf der sieben Tage aus dieser Konzentration erhoben hatte, betrachtete er während der letzten Wache der Nacht im Geiste aufmerksam das bedingte Entstehen in fortlaufender und rücklaufender Richtung in dieser Weise:

»Wenn dieses ist, ist jenes, infolge von diesem entsteht jenes; wenn dieses nicht ist, ist jenes nicht, infolge der Aufhebung von diesem wird jenes aufgehoben: das heißt: Wenn Nichtwissen, da ist, entstehen Tatabsichten; wenn Tatabsichten da sind, entsteht Bewusstsein; wenn Bewusstsein da ist, entsteht ›Name-und-Form‹; wenn ›Name-und-Form‹ da ist, entstehen die sechs Sinne; wenn die sechs Sinne da sind, entsteht Berührung; wenn Berührung da ist, entsteht Empfindung; wenn Empfindung da ist, entsteht der ›Durst‹; wenn ›Durst‹ da ist, entsteht Ergreifen; wenn Ergreifen da ist, entsteht Werden, wenn Werden da ist, entsteht Geburt; wenn Geburt da ist, entstehen Alter und Tod, Kummer, Wehklagen, Schmerz, Gram und Verzweiflung. Solcherart ist die Entstehung des Leidens.

Auf der restlosen, spurlosen Aufhebung des Nichtwissens beruht die Aufhebung der Tatabsichten, auf der Aufhebung der Tatabsichten die Aufhebung des Bewusstseins, auf der Aufhebung des Bewusstseins die Aufhebung von ›Name-und-Form‹, auf der Aufhebung von ›Name-und-Form‹ die Aufhebung der sechs Sinne, auf der Aufhebung der sechs Sinne die Aufhebung der Berührung, auf der Aufhebung der Berührung die Aufhebung der Empfindung, auf der Aufhebung der Empfindung die Aufhebung des ›Durstes‹, auf der Aufhebung des ›Durstes‹ die Aufhebung des Ergreifens, auf der Aufhebung des Ergreifens die Aufhebung des Werdens, auf der Aufhebung des Werdens die Aufhebung der Geburt, infolge der Aufhebung der Geburt werden Alter und Tod, Kummer, Wehklagen, Schmerz, Gram und Verzweiflung aufgehoben. Solcherart ist die Aufhebung des Leidens.«

Da tat der Erhabene, nachdem er erkannt, was dies zu bedeuten hatte, bei jener Gelegenheit folgenden feierlichen Ausspruch: »Wahrlich, wenn die Dinge dem eifrigen, vertieften Brahmana sich entschleiern, dann steht er da, Maras Heer verscheuchend, wie die Sonne, die den Himmelsraum durchstrahlt.«[147]

Nach dieser **Kausalkette des Leidens** ist also das **Nicht-Wissen die Wurzel allen Übels** – hieraus entwickeln sich die **drei Kardinalsgifte Hass, Gier** und **Verblendung**. Und ist nicht Verblendung letztendlich dasselbe wie Unwissenheit? Wer nicht weiß, ist verblendet, entwickelt Hass und Gier. Durch das Wissen, die Erkenntnis der **Vier Edlen Wahrheiten**, des **Edlen Achtfachen Pfades**, des **Bedingten Entstehens** begibt man sich auf den Weg der Leidensaufhebung.

Einst traf ich auf einer meiner Reisen durch Nepal einen höchst merkwürdigen Mönch: Rot-weiß-gewandet, wie ich noch keinen sah. Lhophon Rinpoche. Es war bei einer Puja zu Ehren von Buddhas Geburtstag, dem Festtag seiner Erleuchtung und seinem Todestag, der großen Feier. »Du bist scheinbar vom ›Glück‹ begünstigt, weil wir uns heute hier treffen. Aber: Es gibt kein Glück. Dies ist ein Beispiel für das ›Bedingte Entstehen‹! Wie viele Menschen gibt es auf der Welt? 6,5 Milliarden? Und da kommst du aus Deutschland und ich komme aus Malaysia. Und wir treffen uns. Ausgerechnet hier und jetzt. Wie groß ist die Wahrscheinlichkeit, dass dies geschieht? Glück? – Bedingtes Entstehen! Fünf Dinge sind notwendig, um mit dem Dharma in Kontakt zu kommen: Zunächst einmal: Ein Leben als menschliches Wesen, 2. ein Land, in dem der Dharma gelehrt wird, 3. die Bereitschaft, die Lehre zu hören, 4. den Wunsch die Lehre zu hören und schließlich 5. einen Lehrer, der dir die Lehre vermittelt. Deshalb kommen wir Rinpoches immer wieder, bis jedes menschliche Wesen zum Buddha wurde [Lehre des Mahayana, nicht des Theravada/Hinayana, vgl. Kapitel 8 Samatha und Vipassanā für die tägliche Praxis]. Die Lehre ist wie ein warmer Regen, der alles zum Wachsen bringt …«

Vieles erzählte er mir in jenen Tagen: Wie er einst von einem hohen tibetischen Lama als Wiedergeburt erkannt wurde, seine Aufnahme in den Sangha, sein Leben der Unterdrückung in Malaysia. Seine sechsundzwanzig Inkarnationen in »ungebrochener Folge als menschliches Wesen« und – wie er vor mehr als 2500 Jahren seine erste Unterweisung erhielt:»als Wurm unter dem Baum der Erleuchtung, vom Erhabenen selbst …

Die drei Merkmale irdischer Existenz und die Wurzeln des Unheilsamen

Dreifach sind die Wurzeln allen Leids – **Gier, Hass und Verblendung**[148] bedingen neuerliche Geburt, neuerliches Leid.

»Drei Entstehungsgründe der Taten (Karma) gibt es, ihr Mönche: Welche drei? – Gier ist ein Entstehungsgrund der Taten, Hass ist ein Entstehungsgrund der Taten, Verblendung ist ein Entstehungsgrund der Taten. Diejenige Tat, ihr Mönche, die aus Gier getan, der Gier entsprungen, durch Gier bedingt, durch Gier entstanden ist, wird dort zur Reife gelangen, wo immer die Person wiedergeboren wird; und wo immer diese Tat zur Reife gelangt, dort wird einem die Frucht dieser Tat zuteil, sei es in diesem, im nächsten oder in einem späteren Leben.

Diejenige Tat, ihr Mönche, die aus Hass getan, dem Hass entsprungen, durch Hass bedingt, durch Hass entstanden ist, wird dort zur Reife gelangen, wo immer die Person wiedergeboren wird; und wo immer diese Tat zur Reife gelangt, dort wird einem die Frucht dieser Tat zuteil, sei es in diesem, im nächsten oder in einem späteren Leben.

Diejenige Tat, ihr Mönche, die aus Verblendung getan, der Verblendung entsprungen, durch Verblendung bedingt, durch Verblendung entstanden ist, wird dort zur Reife gelangen, wo immer die Person wiedergeboren wird; und wo immer diese Tat zur Reife gelangt, dort wird einem die Frucht dieser Tat zuteil, sei es in diesem, im nächsten oder in einem späteren Leben ...«[149]

Dreifach ist die Gier, die Gier nach Lust, nach Leben, nach Vernichtung (wem kommt da nicht Freuds Lehre vom Sexualtrieb und vom Todestrieb in den Sinn), schon in der Predigt von Benares, beim Andrehen des Rades der Lehre, verkündet der Buddha in der zweiten Edlen Wahrheit: »Was aber, ihr Mönche, ist die Edle Wahrheit von der Entstehung des Leidens – Es ist dieser die Wiedergeburt erzeugende, mit Freude und Vergnügen verbundene Durst, der bald hier, bald da Gefallen findet: der Durst nach Lust, der Durst nach Werden, der Durst nach Ent-Werden.« Die Gier, der Durst, verbindet unser gegenwärtiges Leben mit neuerlicher Geburt, verbindet Vergangenheit, Gegenwart und Zukunft.

Die Gier nach Lust ist die vitalste dieser Kräfte, giert sie doch nach Sexualität, Genuss und materiellem Besitz – unzweifelhaft und allgegenwärtig: die Hauptantriebskraft unseres derzeitigen Weltzeitalters (nach hinduistischer Lehre das Kali-Yuga, das Zeitalter des Verfalls und Verderbens).

Und auch das Gegenteil ist richtig: Wird eine Tat ohne Hass, Gier und Verblendung getan, bleibt sie ohne karmische Wirkung: »Welche Tat, ihr Mönche, ohne Gier, ohne Hass und frei von Verblendung getan wurde, nachdem man diese drei Gifte vernichtet hat, diese Tat ist aufgehoben, an der Wurzel abgeschnitten, einer entwurzelten Palme gleich, am Werden gehindert, nicht dem Gesetz des Werdens unterworfen.«[150]

Dies ist das Ziel: Die Überwindung von Gier, Hass und Verblendung. Nur durch ihre Vernichtung wird das Heil erreicht, einen anderen Weg zum Heil gibt es nicht.

Auch die **Wesensmerkmale jeglicher irdischen Existenz** sind dreifach – **vergänglich, leidvoll, ohne inhärentes Selbst.**

Großer Buddha mit der Geste der Schutzgewährung (Variation) in Sri Lanka.

118

»Ob nun, ihr Mönche, Vollendete erstehen oder ob Vollendete nicht erstehen, so bleibt es dennoch Tatsache und die feste, notwendige Bedin-
gung des Daseins, dass alle Gebilde vergänglich sind. Solches erkennt
und durchdringt ein Vollendeter, und nachdem er es erkannt und durchdrungen hat, verkündet er, lehrt, offenbart, predigt und enthüllt er, erklärt er im Einzelnen, offenbart es, dass alle Gebilde vergänglich sind.

Ob nun, ihr Mönche, Vollendete erstehen oder ob Vollendete nicht
erstehen, so bleibt es dennoch Tatsache und die feste, notwendige Be-
dingung des Daseins, dass alle Gebilde leidvoll sind. Solches erkennt
und durchdringt ein Vollendeter, und nachdem er es erkannt und durchdrungen hat, verkündet er, lehrt, offenbart, predigt und enthüllt er, erklärt er im Einzelnen, offenbart es, dass alle Gebilde leidvoll sind.

Ob nun, ihr Mönche, Vollendete erstehen oder ob Vollendete nicht
erstehen, so bleibt es dennoch Tatsache und die feste, notwendige Bedin-
gung des Daseins, dass alle Gebilde nicht das Ich sind. Solches erkennt
und durchdringt ein Vollendeter, und nachdem er es erkannt und durchdrungen hat, verkündet er, lehrt, offenbart, predigt und enthüllt er, erklärt er im Einzelnen, offenbart es, dass alle Gebilde nicht das Ich sind.«[151]

»Körperlichkeit, ihr Mönche, Gefühl, Wahrnehmung, Geist und Bewusstsein[152] sind vergänglich[153]. Was aber vergänglich ist, das ist leidvoll[154].
Und was leidvoll ist, das ist Nicht-Ich[155]. Und was Nicht-Ich ist, das hat
man der Wirklichkeit gemäß mit Rechter Einsicht also zu erkennen: ›Das
gehört mir nicht, das bin ich nicht, das ist nicht mein Selbst.‹«[156]

Alle Existenz, und mag sie vordergründig auch noch so erfüllt sein von Freude
und Glück, birgt also in sich den Samen des Leidens, ist letztendlich vergänglich, leidvoll, ohne inhärentes Selbst – bis das Ziel erreicht ist, Gier, Hass und
Verblendung überwunden sind, die Kette der karmisch bedingten Wiedergeburten gesprengt ist: Nibbana, das Verwehen.

Das Verwehen – Nibbana

Vergänglich sind alle Daseinskräfte,
Werden und Altern ist ständig ihr Teil.
Entstanden, müssen dahin sie schwinden,
Ihr stilles Verlöschen – das ist das Heil.[157]

Immer wieder wurde der Buddha gefragt, wie es denn sei, das Nibbana. Immer wieder stellen auch wir uns unwillkürlich diese Frage. Doch sobald wir uns diesen Zustand vorstellen, sobald ein Erleuchteter versucht, ihn zu beschreiben, tauchen wir in die Begrifflichkeiten unserer eigenen Vorstellungen ein – und gehen damit unzweifelhaft fehl! »Den, der dahingegangen ist, ermisst kein Maß. Es gibt kein Wort, das von ihm gesagt werden könnte. Wo alle Dhammas aufgehoben sind, sind auch alle Pfade der Rede aufgehoben.«[158] Deshalb umgeht der Buddha eine direkte Beantwortung dieser Fragen, beantwortet sie – scheinbar – nur als Negation:

Einst, so habe ich es gehört, weilte der Erhabene bei Sāvatthī im Siegerwald, im Klostergarten des Anāthapindika. Damals aber belehrte, ermahnte, ermunterte und erfreute der Erhabene die Mönche durch eine Rede über das Nibbana. Und die Mönche hörten die Lehre aufmerksamen Ohres, indem sie Acht gaben, es sich vergegenwärtigten und alle Gedanken zusammennahmen. Da tat der Erhabene, nachdem er erkannt, was dies zu bedeuten hatte, bei jener Gelegenheit folgenden feierlichen Ausspruch:

»Es gibt, ihr Mönche, ein Gebiet, wo weder Erde ist noch Wasser noch Feuer noch Luft noch Raum noch Bewusstsein, weder das Gebiet der Nicht-Etwasheit noch das Gebiet der Wahrnehmung noch das Gebiet der Nichtwahrnehmung oder das Gebiet der Weder-Wahrnehmung-noch-Nichtwahrnehmung, weder diese noch jene Welt, weder

121

Sonne noch Mond. Dies, ihr Mönche, nenne ich weder Kommen noch Gehen noch Stehen noch Vergehen noch Entstehen. Ohne Grundlage, ohne Anfang, ohne Stütze ist es: Dies ist des Leidens Ende.«[159]

Und im *Udāna*, den »Worten zum Aufatmen«, steht die – meiner Ansicht nach – schönste Beschreibung dieses Zustandes: « Es gibt, ihr Mönche, ein Ungeborenes, Ungewordenes, Ungeschaffenes, Ungestaltetes. Wenn es, ihr Mönche, dieses Ungeborene, Ungewordene, Ungeschaffene, Ungestaltete nicht gäbe, so wäre ein Ausweg aus dem Geborenen, Gewordenen, Geschaffenen, Gestalteten nicht zu erkennen. Weil es nun aber, ihr Mönche, ein Ungeborenes, Ungewordenes, Ungeschaffenes, Ungestaltetes gibt, deshalb ist ein Entrinnen aus dem Geborenen, Gewordenen, Geschaffenen, Gestalteten zu erkennen.«[160]

Als Sariputta die Mönche unterwies: »Ein Glück, ihr Brüder, ist das Nibbana! Ein Glück, ihr Brüder ist das Nibbana!«, fragte ihn Udāyi: »Wie kann denn ein Glück dort bestehen, wo es keine Gefühle mehr gibt?« Da antwortete er: »Darin, o Bruder, besteht ja gerade das Glück: dass es dort keine Gefühle mehr gibt!«[161]

Drei

Warum Meditation?

Auf dem Boden des Yoga hat der Buddha sich erhoben;
Soviel Neues er auch dazu brachte, in der Gussform des Yoga
Hat sein Denken sich geformt.

E. Senart, *Bouddhisme et Yoga*

Zwar hatte ich mich schon recht früh mit dem Buddhismus beschäftigt, doch hatten die letzten Jahre vor allem dem Yoga gegolten, hatte ich mich in Indien und Nepal dieser Lehre hingegeben, hatte Lehrer gefunden, die nichts zurückhielten, mich teilhaben ließen an diesem uralten Wissen. Und doch hatte sich immer wieder etwas in mir dem Buddhismus zugehörig gefühlt, vor allem natürlich an den uralten Schauplätzen der Lehre, in Lumbini, dem Geburtsort des Buddha, dem Ort seiner Jugend in Kapilavasthu, im Gazellenhain von Isipatana, dem heutigen Sarnath, wo er das Rad der Lehre zu drehen begann, vor allem aber und immer wieder in der herrlichen Ruhe Bodh Gayas, wo der Prinz aus dem Geschlecht der Shākyas vollends erwachte, zum Erleuchteten wurde, zum Buddha. Viele Gemeinsamkeiten stellte ich fest, eines war ohne das andere nicht denkbar, hatte von Früherem profitiert, war weiterentwickelt worden, verfeinert. Und doch – als ich mich schließlich nach langen Kämpfen ganz dem Buddhismus zuwandte, dem Mahāyāna[162] zunächst in seiner beson-

123

deren Ausprägung des tibetischen Vajrayāna[163], später dann, immer der Quelle entgegen, dem ursprünglicheren Hinayāna[164], warnten mich meine Lehrer immer wieder, die beiden Systeme nicht willkürlich zu mischen, wenn sie auch scheinbar auseinander hervorgegangen waren und sich teilweise zum Verwechseln ähnlich schienen. Doch immer wieder betonten sie, wenn ich ihnen scheinbare Ähnlichkeiten aus dem Bereich des Yoga präsentierte: »Dies ist nicht die wahre buddhistische Lehre!«

Wenn ich hier nun also teilweise auch auf den Weg des Yoga eingehe, soll dies nur die Quelle zeigen, aus der der Buddha einst schöpfte. Natürlich ist Yoga jederzeit mit Buddhismus vereinbar – »Yoga beginnt, wo alle Religion endet«, wie mir einer meiner Yoga-Lehrmeister (Lal Bahadur Basnet aus Sikkim) einst sagte – doch sollten Sie im Bereich der Meditation tatsächlich die beiden Systeme nicht mischen. Alle vor- und außerbuddhistische Meditation ist – vom buddhistischen Standpunkt aus betrachtet – Samatha, das Zur-Ruhe-Kommen des Geistes; die Klarblicksmeditation, Vipassanā, jedoch ist ohne eine grundlegende Einsicht in die Lehre des Erhabenen nicht möglich ...

Immer wieder stellt sich uns die Frage: Warum suchen Menschen ihr Heil in der Meditation? Höchst unterschiedlich sind die Antworten, die man auf diese Frage erhält. Einige laufen unbewältigten Problemen davon, stecken den »Kopf in den Sand«, verschließen Augen und Ohren. Meditation als Flucht vor einem unbefriedigenden Alltag. Andere wiederum betrachten Meditation als probates Mittel gegen Schlafstörungen, als Möglichkeit zur Erhöhung der Leistungsfähigkeit und zur Beruhigung, ja selbst zur Steigerung sexueller Erlebnisse wird heute Meditation betrieben.

Den Meditationsmeistern vergangener Tage waren solche Beweggründe allerdings fremd, sie hatten einen anderen Antrieb für ihr Bemühen: die Befreiung vom Rad der Wiedergeburten, die Überwindung des Todes. Diese uralte menschliche Erkenntnis, dass letztlich alles Leben endet, ließ sie nicht zur Ruhe kommen. Aller weltliche Erfolg, alles scheinbare Glück, schmolz vor dieser Erkenntnis wie Schnee in den ersten Strahlen der Frühlingssonne. Asche zu Asche, Staub zu Staub ... Dieses unausweichliche Ende galt es zu erforschen, zu besiegen, es galt, dem Tod seine Endgültigkeit zu nehmen. Alle Philosophien kreisen letztendlich um diese Frage, alle Religion. Die Totenbücher der Ägypter, Tibeter und Mayas legen ein beeindruckendes Zeugnis für diese Beschäftigung mit dem Jenseits ab; im Alten Testament jubelt Jesaja: »Und Er wird auf diesem Berge die Hülle wegnehmen, mit der alle Völker verhüllt sind, und die Decke, mit der alle Heiden zugedeckt sind. Er wird den Tod verschlingen auf ewig.« Die *Chandogya Upanishad*, einer der grundlegenden Texte der Vedanta-Philosophie[165], beschreibt den Zustand der Versenkung und Erkenntnis mit den Worten: »Wer dieses schaut, schaut nicht den Tod!« Der Buddha beginnt seine berühmte Predigt in Benares, mit der er »das Rad der Lehre in Gang setzte«, mit den Worten: »Leiht ihr Mönche das Ohr, das Todlose (Skrt. Amrita, P Amata) ist gefunden!«, und Paulus schreibt in seinem ersten Brief an die Korinther »Tod, wo ist dein Stachel?« Dies also ist – neben allerlei schönen und wünschenswerten »Nebenwirkungen« wie Harmonie, Ausgeglichensein, verbesserter Konzentrations- und Leistungsfähigkeit – das letztendliche Ziel der Meditation: dem Tod seinen Stachel zu nehmen.

Der ›westliche‹ und der ›östliche‹ Weg

Die Anlage zu Meditation und Versenkung ist jedem Menschen gegeben, der geistig einigermaßen gesund ist. Sie ist keinesfalls einem bestimmten Land, einer bestimmten Kultur oder Religion vorbehalten. Alter und Geschlecht spielen ebenso wenig eine Rolle wie sozialer Status oder Bildung. Und doch gibt es – zumindest von der Terminologie her – einen gravierenden Unterschied zwischen ›westlicher‹ und ›östlicher‹ Meditationspraxis. Schon die Begrifflichkeit bereitet Schwierigkeiten, gibt es doch in den Sprachen des Ostens keinen adäquaten Ausdruck für das aus dem Lateinischen stammende Wort Meditation, ebenso wenig wie wir die meist aus dem Sanskrit stammenden termini technici östlicher Meditationspraxis genau übertragen können. Und so verwendet man heute auch im Osten zunehmend den Begriff »Meditation«, wenn wir über dieses »Innehalten« reden. Ich rede hier keinesfalls einem leichtfertigen Wechsel der eigenen Religion das Wort, wie er heute so in Mode gekommen ist, oder einem verzückten Hinwenden zu allem Östlichen, ganz im Gegenteil. Doch die Denker des Ostens haben das Wissen um jene Kunst der Versenkung bewahrt und weitergegeben, als sie im Westen ganz offensichtlich aus dem Bewusstsein der Massen verschwand und nur noch in mönchischen Gemeinschaften gepflegt wurde. Und so müssen wir uns nun – zumindest gedanklich – auf den Weg nach Osten machen, um unser eigentliches Erbe, das Erbe der gesamten Menschheit, zu suchen. Mir ist vollkommen klar, dass die zurzeit so häufig zu beobachtende kritiklose Übernahme alles Östlichen, die verständnislose Nachahmung hinduistischer oder buddhistischer Rituale in die Irre führt und keinem weiterhilft – nicht dem Westen und erst recht nicht dem Osten. Doch könnten einige Gedanken und Techniken des Ostens das eigene Leben – und die eigene Religion – bereichern.

Der westliche und der östliche Weg scheinen sich schon recht früh zu scheiden, schon zur sogenannten Achsenzeit (zwischen 800 und 200 v. Chr.), jenem antiken Wendepunkt der Menschheitsgeschichte, als sich in allerlei Hochkulturen Neuansätze des Denkens zeigten: Lao Tse und Konfuzius in China, das Zeitalter der Upanishaden und Buddhas in Indien, Zarathustra in Persien, in Palästina die Propheten und in Griechenland eine erste Blüte der abendländischen Philosophie. Der westliche Mensch – von der griechischen Philosophie Sokrates', Platons und Aristoteles' ausgehend – wendete sich ziemlich einseitig Logik und Verstand zu, während die Denker des Ostens bei aller intellektueller Schärfe der Analyse die Kunst der »Versenkung« beibehielten. Und so entwickelte sich in der Philosophie des Westens die Meditation mehr und mehr zur intellektuellen Spekulation, während die östliche Kunst der Versenkung eben jenes »Primat des Verstandes« zu überwinden trachtete. Wo immer aber im Abendland allzu Kontemplatives zutage trat, wurde es misstrauisch beäugt.

Zwar gab es auch in der Tradition des Abendlandes schon lange vor der Geburt Jesus klösterliche Gemeinschaften an den Ufern des Roten Meeres, lebten ab dem frühen 3. Jahrhundert christliche Anachoreten aus Angst vor den Verfolgungen durch das Römische Reich in den Wüsten Ägyptens, zwar gab es Eremiten und Säulenheilige, die sich strengster Askese unterzogen, Mystikerinnen und Mystiker, in deren Leben Kontemplation einen hohen Stellenwert einnahm, doch all dies vollzog sich beinahe unter Ausschluss der Öffentlichkeit, höchstens von einer Schar Jünger und Pilger begafft, unter dem wachsamen Auge der jeweiligen Amtskirche. Auch die zahlreichen Abteien des Mittelalters waren geschlossene Gemeinschaften, den Laien blieben die *exercitia spiritualia* eines Ignatius von Loyola oder die *Übungen für das geistliche Leben* des spanischen Abtes Garcia de Cisneros verborgen.

Ganz anders dagegen die Traditionen des Ostens: Selbstverständlich zogen sich die Anhänger Lao Tses zu tiefer Versenkung in die Berge zurück, selbstverständlich wurden die Laienanhänger des Erhabenen zu täglicher Versenkung als »einzigem Weg« zum »Erwachen« angehalten; selbstverständlich erlernten die jungen Hindus aus höherer Kaste in ihrem ersten Lebensabschnitt, dem Leben als Brahmanenschüler, als Brahmacharya, die Kunst der Versenkung, um sich schließlich, wenn man im zweiten Lebensstadium als Hausvater (Grihastha) seine Pflicht gegenüber Ahnen und Gesellschaft erfüllt hatte, im dritten und vierten Lebensstadium, als Waldeinsiedler (Vānaprastha) und schließlich völligem Entsager (Sannyāsa) gänzlich der Versenkung hinzugeben ...[166]

Der westliche Weg der Meditation dagegen wurde mehr und mehr zu einem Nachsinnen über die lectio, die Lesungen der Heiligen Schrift. Im Vierschritt lectio (Lesung), meditatio (Nachdenken), oratio (Gebet) und contemplatio (Versenkung) nahm die Meditation im Abendland ihren Ausgang beim Text, betrachtete diesen, mündete ins innere Gebet und schließlich in die innere Schau.

Zwar gingen immer wieder große Mystikerinnen und Mystiker aus den kontemplativen Orden hervor – Hildegard von Bingen, Bernhard von Clairvaux, Bonaventura, Teresa von Avila, Franz von Sales, um nur einige wenige zu nennen –, doch die Mehrzahl der Gläubigen blieb von diesen Strömungen weitgehend unberührt. Reformation und Aufklärung schließlich drängten Mystik und meditatives Erleben vollends an den Rand, und unser modernes Leben mit all seiner Hektik, all seinem Stress, seiner Jagd nach immer Neuem, ließ den Strom der Meditation im Westen mehr und mehr versanden, bis die ersten Exemplare eines postmateriellen, postindustriellen Menschen dieses Mangels gewahr wurden, eine leichte Unruhe verspürten und sich auf die Suche machten ...

Und der Weg führte – nach einigen Schlingerbewegungen und zum Teil folgenschweren Unfällen – nach Osten. Die Suche führte nicht in die Vergangenheit der eigenen Geschichte, Kultur und Religion, sondern in die noch höchst lebendige – und für manchen ach so herrlich exotische – Meditationskultur Asiens. Schafgarbenorakel und die Weisheiten des *I Ging*, Zen und die Kunst des Bogenschießens, Tai Chi Chuan und *Tao te king*, und immer wieder: Buddhismus und Yoga.

Hier fand man den Gegenpol zu der einseitig verstandesmäßig ausgerichteten Moderne, die Verbindung von Bauch und Verstand, die Kunst der Versenkung.

Die Beschaffenheit des Geistes

In Asien wird der menschliche Geist häufig mit einem Affen verglichen – einem betrunkenen, berauschten, von einem Skorpion gestochenen und darüber hinaus noch von Dämonen besessenen Affen. Von Natur aus unruhig und zur Unrast neigend, springt der Affe von Ast zu Ast, von Baum zu Baum. Bald interessiert ihn dies, bald das, nie kommt er zur Ruhe. Wie dieser Affe (und wen erinnert er nicht an King Louie und seine Bande aus Kiplings *Dschungelbuch!*) ist der menschliche Geist: ruhelos, unbeständig – vierundzwanzig Stunden am Tag, selbst im Schlaf noch findet er keine Ruhe, der »rastlose, alles zergliedernde Verstand«, wie ihn Max Frisch einmal charakterisierte. Doch zu allem Überfluss scheint der menschliche Geist auch noch »angeregt« von Wein, dem Stich eines Skorpions und einem rasenden Dämon, wie dies die Weisen des Osten bezeichnen. Je nach philosophischem oder religiösem Hintergrund werden die drei Gifte unterschiedlich benannt. Sind sie für den Hindu meist Begierde, Neid und Stolz, so sind sie für die Buddhisten die drei Geistesplagen, die all unser Handeln bestimmen, Ursachen für alles Leiden sind: Hass, Gier und Verblendung.

Das Beruhigen des Geistes ist die erste Aufgabe jeder Form der Meditation. Wie ein See ist unser Geist, ein von den Wellen der Geistestätigkeit getrübter See. Getrübt von scheinbaren Erfahrungen und Erkenntnissen, Erlerntem und Anerzogenem, Konditioniertem. Doch sie alle haben eines gemeinsam: Sie stimmen nicht, sind nicht wirklich! – Wenigstens nicht im Licht absoluter Erkenntnis. Die wahrhafte Erkenntnis aber entzieht sich standhaft unseren Worten, kann nicht durch Worte mitgeteilt werden; sie lässt sich nur in der Meditation erfahren (Laotse stellt im *Tao te king* lapidar fest: »Wer redet, weiß nicht; wer weiß, redet nicht!«). Es gilt daher, alles scheinbare Wissen zu ignorieren und die Welt so zu sehen, wie sie ist. Deshalb muss die Gedankentätigkeit zum Schweigen gebracht werden, damit das Reine Bewusstsein frei von allen Überlagerungen zutage tritt.

»Mein« Kloster in Nepal, wo ich in die buddhistische Gemeinschaft aufgenommen wurde. (Nächste Doppelseite)

Dogo, ein großer Zenmeister der Tang-Dynastie, hatte einen jungen Schüler. Eines Tages nun, als dieser schon geraume Zeit bei seinem Meister verbracht hatte, beklagte er sich bei Dogo: »Nun diene ich Euch schon so lange, und doch wurde mir noch keine Unterweisung zuteil!« »Wie!«, erwiderte da der Meister. »Unterrichte ich dich nicht schon ohne Unterlass, seit du gekommen bist?« Doch der Schüler protestierte: »Nie bemerkte ich etwas von Unterweisung! So sagt mir doch bitte, worin diese Unterweisung bestand!« – »Wenn du mich am Morgen grüßt, erwidere ich deinen Gruß freundlich«, sagte der Meister, »und wenn du mir die Mahlzeit gebracht hast, nehme ich sie dankbar an! Was mehr könnte ich dich lehren?« Darauf senkte der Schüler das Haupt und vertiefte sich in die Worte des Meisters. Dogo aber sprach: »Wenn du anfängst, darüber nachzudenken, ist es dir schon entschlüpft!«

Eine Geschichte aus Indien verdeutlicht ebenfalls diese Funktion eines unklaren, von Vorurteilen getrübten Bewusstseins: Ein Wanderer suchte bei einem Unwetter spät in der Nacht in einer einsamen Hütte Zuflucht vor dem Sturm. Als die Tür hinter ihm zufiel, sah er im Zucken der Blitze eine zusammengerollte Schlange am Boden liegen. Vor Schrecken starr verbrachte er die ganze Nacht stehend auf einer Stelle, um das Reptil nur ja nicht zu wecken. Als die ersten Strahlen der Morgensonne aber das Zimmer erhellten, sah der Gepeinigte zu seinem Erstaunen, dass die vermeintliche Schlange nur ein achtlos zur Seite geworfenes Stück Tau war ... Wie oft unterliegen wir wohl solchen Täuschungen, verbringen Tage und Wochen, ja Monate und Jahre in Angst und Schrecken, um schließlich zu erfahren, dass die Angst vollkommen unbegründet war!

Wir müssen also den verhängnisvollen Dreischritt, Wahrnehmung – Interpretation – Emotion, überwinden, wenn wir die Welt in all ihrer ursprünglichen Größe erfahren wollen. In unserem Alltagsbewusstsein verschmilzt jede Wahrnehmung augenblicklich mit einer Interpretation eben dieser Wahrnehmung, die wiederum sofort eine Emotion – positiv, negativ oder indifferent – hervorruft. Wahrnehmung, Interpretation und die damit verbundene Emotion werden so für das verschleierte Bewusstsein zu einer einzigen Sache: unserer subjektiven Wirklichkeit. Wir verwechseln somit ständig unsere ganz persönliche Wirklichkeit mit der Wahrheit, sehen nicht das, was ist, sondern das, was wir erwarten zu sehen. Wollen wir jedoch die Wahrheit erkennen, müssen wir unser Bewusstsein von falschen Vorstellungen befreien, aus unseren – manchmal – liebgewordenen Träumen erwachen.

Diesen Sachverhalt beschreibt das indische Gleichnis von einem Mann, der das Spiegelbild des Mondes in einem Teich betrachtet und der dieses Spiegelbild für den Mond selbst hält. Auch Platon verdeutlicht diesen Umstand in seiner Erkenntnislehre, in dem berühmten Höhlengleichnis im 7. Buch der *Politeia*: Tief im Innern einer Höhle sitzen die Menschen gefesselt, und zwar so, dass sie den Blick nicht zum Höhleneingang wenden können. Das einzig Sichtbare ist die Höhlenwand, auf der die Schatten von Gegenständen und Figuren, die an einem hell lodernden Feuer vorbeigetragen werden, zu sehen sind. Alsbald halten die Höhlenbewohner diese Schatten für die Wirklichkeit. Nach einiger Zeit gelingt es einem der Gefangenen, auszubrechen und sich aus der Höhle ans Tageslicht zu flüchten. Das Sonnenlicht macht es ihm nunmehr möglich, zum ersten Mal die Welt so zu sehen, wie sie wirklich ist. Er kehrt in die Höhle zurück und überbringt seinen Genossen die Botschaft, dass alles, was sie bisher gesehen hätten, nichts weiter sei als bloße Schatten; Schatten, hervorgerufen nicht einmal von dem übermächtigen Licht der Sonne, sondern nur von dem flackernden Schein eines Feuers am Höhleneingang! Die wirkliche Welt jedoch erwarte die, die gewillt seien, sich von ihren Fesseln zu befreien ... Bei Platon symbolisiert die Schattenwelt der Höhle die physische Welt der Erscheinungen. Der Ausbruch aus der Höhle in die sonnendurchflutete Außenwelt bedeutet den Übergang in die wirkliche Welt, die Welt des vollkommen Seienden.

Die Technik, die Fesseln falscher Vorstellungen und Erwartungen zu sprengen, ist die regelmäßige Meditation. Zwar sollte uns »Meditation« mit zunehmender Praxis bei allen Tätigkeiten begleiten, sollten wir jede Handlung voll bewusst tun, doch wird uns dies ohne vorangehende regelmäßige spezielle Meditationspraxis wohl kaum gelingen. Patanjali, der Verfasser der berühmten *Yoga Sūtras* des *Rāja Yoga*, nach Meinung einiger Gelehrter ein Zeitgenosse des Buddha, beschreibt dies zu Beginn seines Werkes so:

Yogash chittavritti nirodhah
Tadā drastuh svarūpe vastānam.

Yoga ist das Zur-Ruhe-Kommen der Geisteswellen.
Dann ruht der Sehende in seinem wahren Selbst.

Yoga Sutras I/2-3

Dieses »Zur-Ruhe-Kommen der Geisteswellen« ist für den heutigen Menschen noch ungleich wichtiger als für die Menschen zu Zeiten eines Buddha, eines Mahavir oder eines Patanjali, da wir heute von Reizen geradezu überflutet werden. Mangelndes Konzentrationsvermögen und Desorientierung sind der Preis dieser optisch-akustischen Umweltverschmutzung.

Bewusstseinszustände

Der Mensch hat Zugang zu einer ganzen Reihe unterschiedlicher Bewusstseinszustände: dem »normalwachen« Bewusstsein den verschiedenen »unterwachen« Bewusstseinszuständen des Schlafs und des Traumes, den »überwachen« Bewusstseinszuständen der Erregung, des Ergriffenseins, der Exaltation und der Ekstase und – last but not least – den »außerwachen« Bewusstseinszuständen der Hypnose, des Rausches, des religiösen und meditativen Erlebens. Und all jene Bewusstseinszustände werden von demjenigen, der sie durchlebt, als vollkommen real erlebt. So schreibt Tschang-Tse, jener taoistische Dichter-Philosoph des dritten vorchristlichen Jahrhunderts: »Heute

Nacht träumte mir, ich sei ein Schmetterling. Woher weiß ich nun, ob ich ein Mensch bin, der geträumt hat, ein Schmetterling zu sein, oder ob ich ein Schmetterling bin, der jetzt träumt, ein Mensch zu sein?« Den »außerwachen« Bewusstseinszuständen – den pathologischen Rauschzuständen eines Drogensüchtigen ebenso wie denen eines nach Erkenntnis strebenden Asketen – ist eines gemeinsam: die Abwesenheit von Zeit, Raum und Kausalität. Ramakrishna, ein großer bengalischer Heiliger und Erneuerer des Hinduismus des neunzehnten Jahrhunderts, erzählte seinen Schülern immer wieder die Variation einer mittelalterlichen Sage:

Nārada, der mustergültige, hatte durch lange Askese und frommen Lebenswandel Gnade gefunden vor Vishnus Augen. Und eines Tages erschien der Herr in Nāradas Einsiedelei und gewährte ihm die Erfüllung eines Wunsches »Zeig mir die Macht Deiner Māyā«, bat Nārada, und da Vishnu es ihm versprochen hatte, gewährte er ihm diese Bitte. »Komm mit mir«, wandte er sich an Nārada, »und ich will dir die Macht meiner Māyā zeigen!« Und von Nārada gefolgt, verließ der Gott die Einsiedelei und den schützenden Wald. Bald schon glühte die Erde unter ihren nackten Sohlen, und die Luft flimmerte unter den sengenden Strahlen der Sonne. Da tauchten aus dem flirrenden Gleißen in der Ferne die strohgedeckten Hütten eines Dorfes aus. »Willst du nicht gehen und uns etwas Wasser holen?«, fragte der Herr da Nārada, und Nārada erwiderte: »Gewiss, Herr!«, und eilte davon, den Hütten zu, während der Gott sich im Schatten eines überhängenden Felsens niederließ.

Im Weiler angekommen, klopfte Nārada an die erstbeste Tür, um nach Wasser zu fragen. Ein Mädchen öffnete ihm, und als er ihr in die Augen sah, vergaß er alles: sein bisheriges Leben und warum er an jene Schwelle gekommen war. Die Stimme des Mädchens jedoch, die ihn willkommen hieß, klang angenehm und sanft in seinen Ohren. Sie bat ihn ins Innere, und die Bewohner des Hauses empfingen ihn voller Höflichkeit und Ehrfurcht, wie es so einem heiligen Mann gebührte. Ein ums andere Mal – wann immer er aufbre-

135

chen wollte – baten sie ihn, zu verweilen, und als er nach einer gewissen Zeit den Vater um die Hand des Mädchens anhielt, war dies nicht mehr, als jedermann erwartet hatte. Nārada wurde ein Mitglied der Familie und ging völlig auf in seinem neuen Stand und seinen neuen Pflichten. Nie kam ihm sein früheres Leben und der wartende Gott auch nur in den Sinn. Jahre vergingen so im Lauf der Gestirne und im Wechsel der Jahreszeiten. Längst war Nārada Vater von drei prächtigen Kindern geworden, und als sein Schwiegervater verstarb, wurde Nārada das Oberhaupt der Familie. Abermals gingen Jahre so ins Land, und als zwölf Jahre vergangen waren, überzog der Monsun das Dorf mit einer heftigen Flut, heftiger als alle, die irgendeiner der Bewohner je erlebt hatte. Sturzbächen gleich donnerte das Wasser vom Himmel, und als es Nacht wurde, trieben die Hütten und die Kadaver der ertrunkenen Tiere im Strom, der alles mit sich riss, das sich ihm in den Weg stellte. Nārada floh mit den Seinen, das kleinste der Kinder auf den Schultern tragend, die beiden anderen und seine Frau an den Händen gefasst, um höheres Land zu erreichen. Doch plötzlich stolperte er, vom heftigen Sog des Wassers aus dem Gleichgewicht gebracht, und sein Jüngster glitt von seinen Schultern und verschwand im wirbelnden Wasser, und als er seine Frau und die beiden anderen losließ, um nach dem Kleinen zu greifen, verschwanden auch sie in der tosenden Flut. Da riss das Wasser auch Nārada mit sich, peitschte ihn wie einen abgestorbenen Ast und schleuderte ihn schließlich bewusstlos gegen einen kleinen Felsen, der sich aus den Fluten erhob. Als Nārada aus seiner Ohnmacht erwachte, sah er nichts weiter als eine gleißende Fläche trüben Wassers, die sich bis zum Horizont erstreckte. Und Nārada bettete den Kopf auf die Knie und weinte um all das, was er verloren hatte. »Aber mein Kind!«, hörte er da plötzlich eine vertraute Stimme wie tönendes Erz. »Wo ist das Wasser, das du mir bringen wolltest? Ich warte nun schon mehr als eine halbe Stunde!« Und als Nārada sich

Kleiner Mönch am Großen Stupa von Bodhnath in Nepal.

umwandte, sah er an Stelle des Wassers nur die in der Mittagssonne dösende Wüste, und Vishnu stand lächelnd neben ihm und fragte: »Verstehst du nun das Geheimnis meiner Māyā?«

Was ist nun also Meditation, Versenkung?

In der Meditation, der Versenkung, wird versucht, die verschiedenen Bewusstseinszustände ebenso zu tranzendieren wie alle Lehren, alles Wissen, bis schließlich die letzte Wirklichkeit erreicht ist, die sich allen Beschreibungen entzieht; daher die meist ›negierenden‹ Beschreibungsversuche all derjenigen, die »hinter den Schleier« schauten. »Wo alle Dhammas[167] aufgehoben sind, sind auch alle Pfade der Rede aufgehoben«, erklärt Buddha in der *Sutta Nipāta*, einem der ältesten Teile der kanonischen buddhistischen Literatur; und der upanishadische Weisheitslehrer Yanjnavalkya beschreibt Ātman, das unsterbliche Selbst des Menschen, in der Brihad-Aranyaka-Upanishad mit den lapidaren Worten: »Neti, neti!« – »Nicht so und nicht so«.

Wenn wir trotzdem versuchen, das Wesen der Meditation zu beschreiben, so bezeichnen wir alle Formen religiöser oder spiritueller Kontemplation als Meditation. Das Individuum wendet sich für eine mehr oder weniger lange Dauer von der Betriebsamkeit der Außenwelt ab und wendet seine Aufmerksamkeit nach innen. Ziel ist es, jene transzendente Wirklichkeit zu erfahren, die die Grundlage aller Erscheinungen in der Welt, auch der menschlichen Existenz, ist. Die Erfahrung dieser unio mystica ist das »Ziel mit den hunderttausend Namen«, wie es im Osten häufiger genannt wird: Erleuchtung, Bodhi, Nibbana, Ātman, Brahman, Reines Sein, um nur einige zu nennen. »Ekām Sat Vipra Bahudha Vadanti«, heißt es dazu im *Rig Veda*. »Es gibt nur eine Wahrheit, die Weisen aber nennen sie mit verschiedenen Namen.« Die Trennung zwischen Subjekt, Objekt und dem Prozess des Erkennens verschwindet, wird zu einem einzigen Akt des Erfahrens und unterscheidet sich hierin wirklich grundlegend von allen anderen Bewusstseinszuständen des Wachens, Schlafens und Träumens. Während all unsere Erfahrungen durch Raum, Zeit und Kausalität bedingt und begrenzt sind, ist der Zustand der Versenkung frei von solcherlei Begrenzungen, frei von Raum, Zeit und Bedingtheit. Dies ist wohl die herausragendste Erfahrung jeglicher Versenkung: grenzenlose Freiheit. Zwar ist auch im absoluten Tiefschlaf eine Freiheit von Zeit, Raum und Kausalität gegeben, doch wer nimmt diese Freiheit bewusst wahr? Wo ist der Erkennende? Der Zustand der Versenkung dagegen wird vollkommen wach, klar und bewusst erlebt, ja, er stellt das eigentliche Erwachen nach langem, traumschwerem Schlaf dar.

Dass Meditation darüber hinaus von gesundheitlichem Nutzen ist, wird durch eine Vielzahl von wissenschaftlichen Untersuchungen belegt: Hirnströme und Hautwiderstand verändern sich positiv, die Atemfrequenz sinkt, der anabolische Prozess des Aufbaus, des Wachstums und der Regeneration wird verstärkt, der katabolische Prozess des Abbaus und Niedergangs reduziert, sodass die beiden Prozesse in Gleichklang gebracht werden. Die Körperzellen werden aktiviert, der Alterungsprozess verlangsamt, Körper und Geist regenerieren sich, werden leistungsfähiger und verjüngt.

All die verschiedenen Arten der Meditation haben ein gemeinsames Ziel: das »Erwachen« des Übenden, die »Befreiung«; einen nicht-dualistischen Bewusstseinszustand, in dem der Unterschied zwischen Subjekt und Objekt, individuellem und absolutem Sein verschwindet, und Zeit und Raum transzendiert werden, das letzte Abenteuer: die Reise zum wahren Selbst. Hierzu ist es notwendig, den Geist des Übenden zu »reinigen«, zu »klären« und zu »sammeln«. Die Wege hierzu sind – je nach religiösem oder philosophischem Hintergrund – Legion. Grundsätzlich kann die Kunst der Versenkung, der Meditation, zwar ebenso wenig gelehrt und erlernt werden wie die Kunst des Schlafens – beides sind Zustände, die dem Menschen spontan zufallen – und doch können wir einiges dazu tun, diese Bewusstseinszustände zu ermöglichen. So wie der gestresste Mensch unserer Tage unter Umständen sogar das richtige Schlafen erst wieder lernen muss, ist ihm auch die Fähigkeit zur Versenkung weitgehend abhandengekommen.

Vier

Grundlagen
buddhistischer Meditation

Zentral ist die Aussage des Buddha zum Nibbana im *Itivuttaka*, einem der wohl ältesten Teile des Pali-Kanons. Emphatisch, geradezu euphorisch beginnt diese Sūtra:

Atthi bhikkhave ajatam …
»Es gibt, ihr Mönche, ein Ungeborenes, Ungewordenes, Ungeschaffenes, Ungestaltetes. Wenn es, ihr Mönche, dieses Ungeborene, Ungewordene, Ungeschaffene, Ungestaltete nicht gäbe, so wäre ein Ausweg aus dem Geborenen, Gewordenen, Geschaffenen, Gestalteten nicht zu erkennen. Weil es nun aber, ihr Mönche, ein Ungeborenes, Ungewordenes, Ungeschaffenes, Ungestaltetes gibt, deshalb ist ein Entrinnen aus dem Geborenen, Gewordenen, Geschaffenen, Gestalteten zu erkennen.«[168]

Doch wie erreicht man nun dieses Ungeborene, Ungewordene, Ungeschaffene? – Durch Beschreiten des Edlen Achtfachen Pfades, vor allem aber – nach meinen Erfahrungen – durch Achtsamkeit, Versenkung, Meditation.

Sie erinnern sich an Buddhas Antwort auf die Frage, ob man durch Wandern das Ende der Welt erreichen könne, wo es kein Entstehen und Vergehen gäbe? Dass das Ende der Welt nur in diesem mit Bewusstsein erfüllten Körper mit seinem Wahrnehmen und Denken erreicht werden könne? Wir müssen also »das Ende der Welt« in uns selbst erreichen. Doch was ist die Welt, deren »Ende« es zu erreichen gilt, wie ist sie beschaffen? Auch hier gibt uns der Erhabene eine recht klare, eindeutige Antwort: »Was ist, ihr Mönche, das All? Das Auge und die Formen, das Ohr und die Töne, die Nase und die Gerüche, die Zunge und die Geschmäcke, der Körper und die Empfindungen des Berührens, der Geist und die Geistesobjekte. Wenn da jemand sagte: ›Ich erkenne dies nicht an! Ich würde das All anders erklären!‹ So wäre dies nur eine Angelegenheit von Worten, denn er wäre nicht imstande, sein Vorhaben auszuführen.«[169]

Zu einem späteren Zeitpunkt werden wir sehen, wie es uns tatsächlich mithilfe der Meditation, und zwar nur mittels der zutiefst buddhistischen Vipassanā-Meditation, gelingen kann, der »Welt Ende«, das Nibbana, zu erreichen.

Was ist nun aber das Besondere der buddhistischen Meditation? Ja, gibt es dies überhaupt, eine typische, rein buddhistische Meditation? Ist nicht Meditation etwas Allgemeingültiges, jenseits aller Systeme? Wie wir schon zuvor gesehen haben, gab es auch schon vor dem historischen Buddha die Kunst der Meditation, betont er doch selbst immer wieder, dass er nur ein uraltes System neu entdeckt und gelehrt habe.

Schon das Leben des jungen Prinzen nach seinem Auszug in die Hauslosigkeit zeigt uns die Vielzahl der miteinander konkurrierenden Systeme jener Zeit: Flechthaarasketen, Feuerkultler, Fersensitzer, Dornenschläfer … Yogis und Bettelmönche. Auch heute noch bestimmen sie das Bild der nach Erlösung Suchenden in Indien. Und aus vielerlei Textstellen des Kanons wird deutlich, wie tief der Buddha in jene Welt der Asketen eintauchte, wie er sich in vielerlei Yoga-Techniken übte, die bis heute angewandt werden. Doch immer wieder erkannte er sie als »unedel, nicht zum Ziele führend«, wandte sich von ihnen ab, suchte seinen eigenen Weg, bezeichnete sie als »Narrenlehre«.

Neben dem Buddha werden König Ajātasattu von Rājagaha nicht weniger als sieben Schuloberhäupter mit einer ansehnlichen Gefolgschaft genannt, die sich gerade in der Stadt befinden, als dieser in einer Vollmondnacht das Bedürfnis nach einem geistlichen Gespräch äußert, um das »Gemüt zur Ruhe kommen zu lassen«: Pūrana Kassapa, Makkhali Gosāla, Ajita Kesakambalī, Pakudha Kaccāyana, Sañjaya Belatthiputta und Nigantha Nātaputta (Aggivessana), möglicherweise der spätere Mahāvīr, der Begründer des Jainismus.[170] Eine Vielzahl von Erlösungssuchenden durchstreifte das Land, ebenso eine Vielzahl von Lehrern; die unterschiedlichsten Lehrmeinungen wurden diskutiert, gerade in Bezug auf Meditation und Yoga. Der Buddha konnte also bei seinen Anhängern vieles als hinreichend bekannt voraussetzen, und er konnte bei den meisten auf ein hohes Maß an Selbstverwirklichungspraxis zurückgreifen.

Natürlich zeigt sich hier auch ein gesellschaftlicher Wandel: die Erstarkung der Kriegerkaste, der Kshatryas, gegenüber der bisher übermächtigen Kaste der Opferpriester, der Brāhmanen, die das gesamte gesellschaftliche Leben jener Zeit dominierten.

Doch der Buddha fand und wies seinen eigenen Weg, und wenn auch heute noch viele Gemeinsamkeiten gefunden werden können, wenn auch heute noch einer Vielzahl von Meistern von mehreren Systemen (insbesondere des Yoga und des tantrischen Buddhismus in Nepal und Tibet) gleichermaßen Ehrfurcht gezollt wird, für die weitere Praxis sollten Sie sich bewusst entscheiden; ein einfaches, wohlgefälliges Sowohl-als-Auch bietet die Gefahr des Abgleitens und Scheiterns und ist daher – ohne geeigneten Lehrer– »unedel, nicht zum Ziele führend« ...

Alle außerbuddhistischen Meditationsformen haben – aus buddhistischer Sicht eines gemeinsam: Sie führen nicht zum endgültigen Verlöschen, zum *Nibbana*. Insbesondere die Vipassanā-Meditation jedoch ist ohne eine Kenntnis der Grundlagen der buddhistischen Lehre schlecht vorstellbar.

Die Sammlung (Samādhi)

Wenden wir uns nun etwas ausführlicher den Gliedern des Edlen Achtfachen Pfades zu, die sich mit der Hinwendung zur Meditation als Weg zur Aufhebung des Leidens beschäftigen, den Gliedern sechs bis acht, der Schulung des »Geistes«, der »Sammlung«: Rechtes Streben, Rechte Achtsamkeit und Rechte Versenkung.

Rechtes Streben

Das Rechte Streben bildet die Gelenkstelle zwischen den Geboten der Sittlichkeit und der Sammlung, wie sie insbesondere in der Vipassanā-Meditation deutlich wird. Das Rechte Streben, das Rechte Bemühen, das sechste Glied des Achtfachen Pfades, sollte die vorangegangenen fünf Glieder stets »korrigierend begleiten«, all unser Tun hinterfragen – in Gedanken, Worten und Taten. Nach einiger Zeit der Übung sollte sie uns schließlich stets begleiten, bei allem, was wir tun, zu jeder Zeit. Jeder Kontakt unserer sechs Sinne (Auge, Ohr, Nase, Zunge, Körper und Geist/Denken) kann zu Hass (Dosa), Gier (Lobha) und Verblendung (Moha) führen, den drei Grundübeln › den drei Kardinalgiften, den Wurzeln (Mūlas) des Unheilsamen. Deshalb ist es notwendig, »die Sinnestore zu bewachen«.

DIE VIER KÄMPFE

Vier Anstrengungen oder Kämpfe bestimmen dieses Glied des Pfades:

1. Die Anstrengung zur Vermeidung der Sinne,
2. die Anstrengung zur Überwindung,
3. die Anstrengung zur Erweckung und
4. die Anstrengung zur Erhaltung.

»Vier Kämpfe, ihr Mönche, gibt es. Welche vier? – Den Kampf zur Vermeidung, den Kampf zur Überwindung, den Kampf zur Erweckung, den Kampf zur Erhaltung.

Was aber, ihr Mönche, ist der **Kampf zur Vermeidung?** – Erblickt da, ihr Mönche, ein Mönch mit dem Auge eine Form, so haftet er weder am Ganzen noch an den Einzelheiten. Denn da, unbewachten Auges weilend, Begierde und Trübsal und andere üble, unheilsame Dinge auf ihn eindringen mögen, so wacht er darüber, hütet das Auge, wacht über das Auge. Vernimmt er mit dem Ohr einen Ton [...], riecht er mit der Nase einen Duft [...], schmeckt er mit der Zunge einen Saft [...], empfindet er mit dem Körper einen Eindruck, wird er sich im Geiste eines Dinges bewusst, so haftet er weder am Ganzen noch an den Einzelheiten. Denn da, unbewachten Geistes weilend, Begierde und Trübsal und andere üble, unheilsame Dinge auf ihn eindringen mögen, so wacht er darüber, hütet den Geist, wacht über den Geist. Das, ihr Mönche, nennt man den Kampf zur Vermeidung.

Was aber, ihr Mönche, ist der **Kampf zur Überwindung?** – Da lässt, ihr Mönche, ein Mönch einen aufgestiegenen Gedanken der Begierde nicht Fuß fassen, überwindet, vertreibt, vernichtet ihn und bringt ihn zum Schwinden. Er lässt einen aufgestiegenen Gedanken des Hasses, einen aufgestiegenen Gedanken der Grausamkeit nicht Fuß fassen, lässt aufgestiegene üble, unheilsame Dinge nicht Fuß fassen, überwindet, vertreibt, vernichtet sie und bringt sie zum Schwinden. Das, ihr Mönche, nennt man den Kampf zur Überwindung.

Was aber, ihr Mönche, ist der **Kampf zur Erweckung?** – Da erweckt, ihr Mönche, ein Mönch die auf Entsagung, Loslösung und Erlöschen gerichteten, zur Befreiung führenden Erleuchtungsglieder, wie Achtsamkeit, Ergründen der Wahrheit, Willenskraft, Verzückung, Ruhe, Sammlung und Gleichmut. Das, ihr Mönche, nennt man den Kampf zur Erweckung.

Was aber, ihr Mönche, ist der **Kampf zur Erhaltung?** – Da hält, ihr Mönche, ein Mönch einen aufgestiegenen Gegenstand der Vertiefung im Geiste fest, wie die Vorstellung eines Knochengerippes, die Vorstellung eines von Würmern zernagten Leichnams, die Vorstellung eines blau verfärbten Leichnams, eines in Fäulnis übergegangenen Leichnams, eines zerstückelten, aufgedunsenen Leichnams. Das, ihr Mönche, nennt man den Kampf zur Erhaltung.[171]

Es gilt also, mithilfe einer Zügelung der Sinne unheilsame Gedanken wie Gier und Hass nicht aufsteigen zu lassen, bereits aufgestiegene unheilsame Gedanken zum Schwinden zu bringen, die sieben Erleuchtungsglieder – Achtsamkeit, Wahrheitsergründung, Willenskraft, Verzückung, Ruhe, Sammlung und Gleichmut – zu erwecken und heilsame Vorstellungen im Geist festzuhalten.

Einst, so habe ich es gehört, weilte der Erhabene bei Sāvatthī im Osthaine auf der Terrasse der Mutter Migāras. Da nun begab sich ein Priester, Rechner Mogallāno, dorthin wo der Erhabene weilte, tauschte höflichen Gruß und freundliche denkwürdige Worte mit dem Erhabenen und setzte sich zur Seite nieder. Zur Seite sitzend sprach nun Rechner Mogallāno, der Priester, zum Erhabenen: »Gleichwie man da, o Gotama, bei dieser Terrasse der Mutter Migāras den allmählichen Ansatz, den allmählichen Fortschritt, den allmählichen Aufstieg erkennen kann, und zwar von der untersten Treppenstufe an, kann man gewiss auch, o Gotama, bei unseren Priestern den allmählichen Ansatz, den allmählichen Fortschritt, den allmählichen Aufstieg erkennen. [...] Ist es nun, o Gotama, möglich, auch in dieser Lehre und Ordnung etwa ebenso einen allmählichen Ansatz, einen allmählichen Fortschritt, einen allmählichen

Ein Mönch schlägt den Gong zur Sammlung in Bodhnath, Nepal.

Aufstieg nachzuweisen?« – »Es ist möglich, Priester, auch in dieser Lehre und Ordnung einen allmählichen Ansatz, einen allmählichen Fortschritt, einen allmählichen Aufstieg nachzuweisen. Gleichwie etwa, Priester, ein gewandter Rossebändiger, wenn er ein edles Ross erhalten hat, eben erst am Gebiss Übungen ausführen lässt und es dann weiteren Übungen zuführt, ebenso nun auch, Priester, weist der Vollendete, wenn er einen Menschen zur Bändigung erhalten hat, ihn erst folgendermaßen zurecht: ›Willkommen, o Mönch, sei tugendhaft, in reiner Zucht richtig gezügelt bleibe lauter in Handel und Wandel; vor geringstem Fehl auf der Hut, kämpfe beharrlich weiter, Schritt für Schritt.‹ Sobald nun, Priester, der Mönch tugendhaft ist, in reiner Zucht richtig gezügelt lauter im Handel und Wandel bleibt; vor geringstem Fehl auf der Hut beharrlich weiterkämpft, Schritt für Schritt[172], dann weist ihn der Vollendete weiter zurecht: ›Willkommen, o Mönch. Bewache die Tore deiner Sinne: Hast du mit dem Gesicht eine Form erblickt, so fasse keine Absicht, keine Neigung, da Begierde und Missmut, böse und schlechte Gedanken gar bald denjenigen überwältigen, der unbewachten Auges verweilt. Übe diese Bewachung, hüte das Gesicht, wache über das Gesicht. Hast du mit dem Gehör einen Ton gehört, mit dem Geruchssinn einen Duft gerochen, mit der Geschmackssinn einen Saft geschmeckt, mit dem Tastsinn eine Berührung verspürt, mit dem Denken ein Denkobjekt erkannt – so magst du keine Absicht, keine Neigung fassen, da Begierde und Missmut, böse und schlechte Gedanken gar bald denjenigen überwältigen, der unbewachten Gedankens verweilt. Übe diese Bewachung, hüte das Denken, wache eifrig über das Denken ...‹«[173]

DIE FÜNF HEMMNISSE

Vor allem anderen gilt es, die fünf Hemmungen zu überwinden, die Haupthindernisse spirituellen Strebens, die fünf Nīvaranas, die Stolpersteine auf dem Weg zur Erleuchtung:

1. Sinnliches Begehren, Gier
2. Bosheit, Übelwollen
3. Stumpfheit und Trägheit
4. Erregung und Reue
5. Zweifel

Diese fünf Haupthindernisse auf dem Weg zur Erleuchtung führen zu Ich-Haftigkeit und Anhaften, von dem es frei zu werden gilt. Sie behindern beides gleichermaßen: Geistesruhe und Klarblick.

Einst, so habe ich es gehört, weilte der Erhabene in Rājagaha in Jivaka Kombarabhaccas Mangohain zusammen mit einer großen Schar von Mönchen, zwölfeinhalb Hundert an der Zahl. Damals nun saß der Magadha-König Ajātasattu Vedehiputta an eben diesem Tag, einem Festtag, einem fünfzehnten, einem Vollmondtag im Monat Kattika von seinem Hofstaat umgeben auf dem Dach des Palastes, seinem Lieblingsplatz. Da nun brach der Magadhakönig Ajāatasattu Vedehiputta an eben diesem Tage, dem Festtage, in die feierlichen Worte aus: »Entzückend, wahrlich, ist dies klare Nacht! Schön, wahrlich, ist diese klare Nacht! Herrlich, wahrlich, ist diese klare Nacht! Lieblich, wahrlich, ist diese klare Nacht! Glückverheißend, wahrlich, ist diese klare Nacht! Welchem Büßer oder Brahmanen wollen wir heute unsere Ehrfurcht bezeugen, auf dass er unser Herz beruhige?«[174]

Die Höflinge nennen einige in und nahe der Stadt gerade anwesende Oberhäupter von Asketenschulen. Auch der Buddha befindet sich mit seinen Jüngern nahe der Stadt, und der König beschließt, dem Erhabenen seine Fragen zu stellen. Im Laufe dieses Gesprächs über den »Lohn der Büßerschaft« erläutert ihm der Buddha die Prinzipien der Versenkung und die Überwindung der fünf Hemmnisse:

»Da begibt sich, o Großkönig, ein Mönch zu einer abgelegenen Stätte: in einen Wald, an den Fuß eines Baumes, in eine Felsenhöhle, eine Gebirgsschlucht, auf einen Friedhof, in das Dickicht des Waldes, einen freien Platz, einen Strohhaufen. Nach dem Mittagsmahl, vom Almosengang zurückgekehrt, lässt er sich mit gekreuzten Beinen nieder, den Körper gerade aufgerichtet, die Achtsamkeit voll gewärtig haltend. Er hat das Gieren nach der Welt aufgegeben; begehrlichkeitsfreien Gemüts weilt er, von Begehrlichkeit reinigt er den Geist, Bosheit und Übelwollen hat er aufgegeben; wohlgesinnten Geistes weilt er. Um das Wohl aller Lebewesen besorgt, reinigt er den Geist von Bosheit und Übelwollen. Trägheit und Starrheit hat er aufgegeben, frei von Trägheit und Starrheit weilt er. Klar wahrnehmend, achtsam, besonnen, reinigt er den Geist von Trägheit und Starrheit. Erregung und Reue hat er aufgegeben; frei von Erregung und Reue weilt er, innerlich beruhigt, reinigt er den Geist von Erregung und Reue. Das Zweifeln hat er aufgegeben; dem Zweifel entronnen weilt er. Nicht schwankend in dem, was gut ist, reinigt er den Geist vom Zweifel ...«[175]

Für Ihre tägliche Praxis bedeutet dies: Seien Sie sich so oft wie möglich Ihrer Gedankenaktivitäten bewusst – mit zunehmender Praxis stets. Entstehen im Hinblick auf ein Objekt negative Tendenzen wie Ablehnung, Hass, Neid etc., ergründen Sie die Ursachen dieser Gefühle, machen Sie sich die unterschiedlichen Abhängigkeiten dieser Gefühle bewusst. Richten Sie Ihre Gedanken bewusst auf die gegenteiligen, positiven Gefühle. Bauen Sie in der gleichen Art und Weise schon vorhandenes Negative ab. Lassen Sie bewusst heilsame Gedanken wie Liebe und Mitgefühl entstehen. Richten Sie Ihre Achtsamkeit auf vorhandene heilsame Strömungen, und stärken und entwickeln Sie diese.

Rechte Achtsamkeit und Rechte Versenkung

Auf zwei Säulen hat der Buddha seine Lehre errichtet: der Versenkung, dem Ruhigen Verweilen – Samatha – und der Erkenntnis, dem Klarblick – Vipassanā. Die Glieder sieben und acht des Edlen Achtfachen Pfades sollen deshalb hier gemeinsam behandelt werden, da sie auch in der Praxis zumeist eine Einheit bilden. Alle vorangegangenen Glieder münden in diesen, verdeutlichen, wie die Sammlung erreicht werden kann.

Zwar lehrte der Buddha, um seinen höchst unterschiedlichen Schülern gerecht zu werden, eine Vielzahl unterschiedlicher Meditationsformen, doch lassen sie alle sich auf diese zwei grundsätzlichen Arten der Meditation zurückführen: Samatha-Bhāvanā und Vipassanā-Bhāvanā. All die vielen Meditationstechniken lassen sich hier eingliedern. Nach Ansicht des Mahāyāna lehrte der Buddha 84 000 Meditationstechniken, lehrte Atem- und Körperübungen, Techniken zur Schärfung des Verstandes und zur Öffnung des Herzens, lehrte Visualisierung und Kontemplation, den Gebrauch von Mudras, Mantras, Mandalas und Yantras, von Thangkas (Rollbildern) und Statuen. Und doch dienen sie alle dem »Ruhigen Verweilen«, der Beruhigung des Geistes (Samatha) oder einem unverstellten Blick auf die Realität allen Seins (Vipassanā).

Ruhiges Verweilen und Klarblick

Den Gliedern sieben und acht des Edlen Achtfachen Pfades entsprechen die beiden großen Meditationsarten: Samatha-Bhāvanā und Vipassanā-Bhāvanā, die Beruhigung des Geistes und die Klarblicksmeditation.

Beide Formen der Versenkung sollten parallel angewandt werden, denn eine gezielte Entwicklung beider verspricht ein Höchstmaß an Erfolg.

Beide Formen der Meditation haben viele Gemeinsamkeiten, sodass Missverständnisse und Irritationen in diesem Bereich nicht gerade selten sind. Das

Ruhige Verweilen bringt den Geist zur Ruhe, die Klarblicksmeditation führt zur Wahrnehmung der »wahren Wirklichkeit«. Ein immer wieder gebrauchtes Bild vergleicht das Ruhige Verweilen mit einem ruhigen Bergsee, in dem sich der »Fisch des Klarblicks« tummelt. Das Ruhige Verweilen zielt auf einen Zustand äußerster Konzentration, Geistesruhe und mentalen Friedens, die Klarblicks-Meditation verhilft letztendlich zur intuitiven Einsicht in die Wirklichkeit, die drei Merkmale des Daseins: Vergänglichkeit, Leidhaftigkeit, ohne inhärentes Selbst.

Die Samatha-Meditation ist identisch mit Samādhi-Bhāvanā, der »Entfaltung der Sammlung«, und dient der Geistesberuhigung, der Beruhigung von Leidenschaften, Sinneswahrnehmungen und Empfindungen und führt zu den unterschiedlichen Vertiefungsstufen; die Vipassanā-Meditation ist identisch mit der »Entfaltung des Wissens« und verhilft zu Klarblick, einem Wechsel des Blickwinkels bei der Betrachtung der Welt und des Seins, bekämpft und beseitigt die Verblendung. In aller Regel wird durch diese konzentrative Schulung die Sinnestätigkeit zunächst kontrolliert, dann reduziert, schließlich sogar weitgehend ausgeschaltet. Die Praxis der Versenkung, des Ruhigen Verweilens (Samatha) war zu den Zeiten des Buddha in den Kreisen der Sinnsucher und Asketenschulen durchaus gebräuchlich. Auch der Buddha erlernte sie bei seinen Lehrern, doch er erkannte, dass auch diese Erfahrung ihm nicht die endgültige, vollkommene Befreiung brachte. Auch die Erfahrung des Ruhigen Verweilens – so wunderbar sie auch sein mag – ist ihrem Wesen nach vergänglich, führt nicht vollständig aus dem Leid allen Seins. Diesen letzten Schritt zur Freiheit, zum Licht, bringt einzig und allein die Klarblicksmeditation (Vipassanā).

Einst, so habe ich es gehört, weilte der Erhabene bei Rajāgaha im Bambushaine, am Hügel der Eichhörnchen. Da nun begab sich Visākha, ein Jünger, zur Nonne Dhammadinnā, begrüßte sie höflich und setzte sich seitwärts nieder. [...]

»Was, o Ehrwürdige Dhammadinnā, ist Sammlung? Was sind die Objekte der Sammlung, was die Erfordernisse, was die Entfaltung der Sammlung?« – »Was da, Bruder Visākha, die Einspitzigkeit des Geistes ist, das gilt als Sammlung. Die vier Grundlagen der Achtsamkeit – Körper, Gefühl, Geist und Geistesobjekte – sind die Objekte der Sammlung. Die vier rechten Kämpfe sind die Erfordernisse der Sammlung. Was da aber Übung, Entfaltung und Pflege all dieser Dinge ist, das ist die Entfaltung der Sammlung (Samādhi-Bhāvanā).«[176]

Die Samatha-Meditation ist im Gegensatz zur Vipassanā-Meditation keine rein buddhistische Meditationsform, vielmehr ist sie in nahezu allen Religionssystemen und spirituellen Richtungen bekannt. Alle außerbuddhistischen Meditationsformen dienen Samatha, führen zur Beruhigung des Geistes; sie führen allerdings nicht zum Nibbana. Nur die Klarblicksmeditation (Vipassanā) ist hierzu geeignet. Besonders zu Beruhigung des Geistes geeignet gelten nach der Lehre des Buddha die folgenden vierzig Übungsobjekte, die auch bei der Vipassanā-Meditation verwendet werden können:

- Die zehn Kasinas oder »Allheiten«: 1. Erd-Kasina, 2. Wasser-Kasina, 3. Feuer-Kasina, 4. Wind-Kasina, 5. Blau-, 6. Gelb-, 7. Rot-, 8. Weiß-, 9. Licht- und 10. Raum-Kasina.
- Die zehn Unreinheiten (weitgehend identisch mit der »Leichenbetrachtung«): 1. Eine aufgedunsene Leiche, 2. eine blauverfärbte Leiche, 3. eine eiternde Leiche, 4. eine aufgespaltene Leiche, 5. eine angenagte Leiche, 6. eine umhergestreute Leiche, 7. eine zerstückelte und umhergestreute Leiche, 8. eine blutige Leiche, 9. eine mit Würmern bedeckte Leiche, 10. ein Knochengerippe.
- Die zehn Betrachtungen: 1. des Buddha, 2. der Lehre, 3. der Gemeinde, 4. der Sittlichkeit, 5. der Freigebigkeit, 6. der Himmelswesen, 7. des Todes, 8. des Körpers, 9. der Ein- und Ausatmung, 10. des Friedens.

- Die vier göttlichen Verweilzustände (Brahma-Vihāras): Güte (Metta), Mitleid (Karuna), Mitfreude (Mudita) und Gleichmut (Upekkha).
- Die vier unkörperlichen Gebiete: 1. Raum-Unendlichkeit, 2. Bewusstseins-Unendlichkeit, 3. Gebiet der »Nichtheit«, 4. Gebiet der »Weder-Wahrnehmung-noch-Nichtwahrnehmung«.
- Die Vorstellung von der Widerlichkeit der Nahrung.
- Die Analyse der vier (fünf) Elemente: des Wasser-Elements, des Erd-Elements, des Feuer-Elements, des Wind-Elements, (des Raum-Elements).

Haben Sie sich einmal für eines dieser Übungsobjekte entschieden, sollten Sie für längere Zeit dabei bleiben; ein ständiges Hin und Her verwirrt – meiner Erfahrung nach und nach Meinung meiner Lehrer – den Geist, ist »unedel, nicht zum Ziele führend«. Wir wenden uns hier vor allem der Betrachtung der Ein- und Ausatmung (Ānāpānasati) zu, da sie sich für eine Vielzahl von Personen als besonders hilfreich erwiesen hat.

Das Gleichnis vom Torwächter

Gleichwie, o Mönch, wenn da eine königliche Grenzfestung wäre, fest gebaut mit Wällen und Türmen, mit sechs Toren und einem weisen, klugen, verständigen Torhüter, der Fremde abweist und Bekannte einlässt. Da kämen von Osten zwei Eilboten und sprächen zu dem Torhüter: »Wo, lieber Mann, ist der Herr dieser Stadt?« Der Torhüter würde antworten: »Er wohnt in der Mitte, wo die vier Wege sich treffen.« Nachdem nun die beiden Eilboten die wirklichkeitsgemäße Botschaft dem Herrn der Grenzfestung übergeben hätten, würden sie auf demselben Weg, auf dem sie gekommen, auch wieder zurückgehen. Das gleiche würde mit Boten von Westen, von Norden, von Süden geschehen.

Ein Gleichnis habe ich, o Mönch, gegeben, um den Sinn zu erläutern. Dies aber ist der Sinn: Die Grenzfestung – das ist eine Bezeichnung für diesen Körper aus den vier Hauptstoffen, von Vater und Mutter gezeugt, durch Reis und Grütze genährt, der Unbeständigkeit, dem Untergang, der Aufreibung, Auflösung, Zerstörung verfallen. Die sechs Tore – das ist eine Bezeichnung für die sechs Sinne. Der Torhüter – das ist die Bezeichnung der Achtsamkeit. Die beiden Eilboten – das ist eine Bezeichnung für Ruhe und Klarsicht. Der Herr der Stadt – das ist eine Bezeichnung für das Bewusstsein. Die Mitte, wo die vier Wege sich treffen – das ist eine Bezeichnung der vier Elemente, des Erd-Elements, des Wasser-Elements, des Feuer-Elements und des Wind-Elements. Die wirklichkeitsgemäße Botschaft – das ist eine Bezeichnung für das Nibbana. Derselbe Weg, auf dem sie gekommen sind – das ist eine Bezeichnung für den Edlen Achtfachen Pfad: Rechte Einsicht, Rechter Entschluss, Rechte Rede, Rechtes Handeln, Rechter Lebensunterhalt, Rechtes Streben, Rechte Achtsamkeit und Rechte Versenkung.[177]

Die vier feinkörperlichen und die vier unkörperlichen Vertiefungen

Die Samatha-Meditation, das Ruhige Verweilen, die »Konzentration« auf ein einziges (Meditations-)Objekt führt zu tiefem innerem Frieden, zur Erreichung der vier feinkörperlichen Vertiefungen (Rūpa Jhānas). Bisweilen werden auch noch vier unkörperliche Sphären (Arūpa Jhānas) genannt, die nach anderer Lesart im Wesentlichen in der vierten Vertiefung enthalten sind.

Die Gruppe der feinkörperlichen Vertiefungen

Was ist nun aber, Brüder, Rechte Sammlung? – Da weilt, Brüder, ein Mönch gar fern von Begierden, fern von unheilsamen Dinge, in sinnend gedenkender, ruhegeborener, seliger Heiterkeit, in der Weihe der ersten Vertiefung. Nach Vollendung des Sinnens und Gedenkens erwirkt er die innere Meeresstille, die Einheit des Geistes, die von Sinnen, von Gedenken freie, in der Einigung geborene, von Verzückung und Glück erfüllte Weihe der zweiten Vertiefung. In heiterer Ruhe verweilt er gleichmütig, achtsam, klarbewusst, und er empfindet im Inneren ein Glück, von dem die Heiligen sagen: »Der gleichmütig Einsichtige lebt beglückt«, so gewinnt er die Weihe der dritten Vertiefung. Nach dem Schwinden von Freud und Leid, nach dem Untergang des früheren Frohsinns und Trübsinns erreicht er die Weihe der leidlos-freudlosen, gleichmütig-einsichtigen vollkommen reinen vierten Vertiefung. – Das nennt man, Brüder, Rechte Sammlung. Das nennt man, Brüder, die Edle Wahrheit von dem zur Leidensaufhebung führenden Pfad. Der Vollendete, Brüder, der Heilige, vollkommen Erwachte hat zu Benares, an der Sehersteige, im Gazellenhain die höchste Wahrheit dargelegt, und kein Asket, kein Priester und kein Gott, weder ein böser noch ein guter Geist noch irgendwer sonst in der Welt kann dies widerlegen: das Anzeigen, Aufweisen, Darlegen, Darstellen, Enthüllen, Entwickeln, Offenbarmachen der vier Edlen Wahrheiten.« Also sprach der Ehrwürdige Sāriputta. Zufrieden freuten sich die Mönche über die Worte des Ehrwürdigen Sāriputta.[178]

Sehr kurz und prägnant sind in dieser Stelle der »Mittleren Sammlung« die vier feinkörperlichen Vertiefungen zusammengefasst. Immer wieder tauchen

Der Große Stupa von Bodhnath, Nepal.

diese Erklärungen in den *Sūtren* auf, teils länger gefasst, teils kürzer, und es lohnt sich, die Beschreibung dieser Vertiefungszustände etwas näher zu betrachten, damit wir sie zu gegebener Zeit wahrnehmen und erkennen. Diese »Vertiefungen« entsprechen wohl am ehesten dem, was man im Westen landläufig unter dem Begriff der Meditation versteht.

DIE ERSTE VERTIEFUNG

»Da gewinnt, ihr Mönche, ein Mönch, ganz abgeschieden von den Sinnendingen, abgeschieden von den unheilsamen Geisteszuständen die in der Abgeschiedenheit geborene, von Verzückung und Glücksgefühl erfüllte erste Vertiefung und verweilt in ihr. Und diesen Körper da lässt er mit der in der Abgeschiedenheit geborenen Verzückung und Glückseligkeit durchströmen. Er durchsättigt, erfüllt und durchtränkt ihn damit, sodass an seinem ganzen Körper auch nicht eine Stelle undurchtränkt bleibt, von der in der Abgeschiedenheit geborenen Verzückung und Glückseligkeit.«[179]

Sie werden zweifellos – im Laufe der Zeit – in ihrer Meditation die »in der Abgeschiedenheit geborene Verzückung und Glückseligkeit« erfahren – eine Erfahrung, die vielen als das Endziel erscheinen mag – Verzückung und Glückseligkeit. Doch ist dies in Wirklichkeit erst der Anfang der »höchsten Wahrheit«, und es gilt, den Weg konsequent weiterzugehen. Diese erste Versenkungsstufe ist gekennzeichnet durch die Anwesenheit von fünf Faktoren und die gleichzeitige Abwesenheit von fünf Faktoren. Anwesend sind:

1. Aufmerken, Aufgreifen eines Gedankens
2. Diskursives Denken
3. Verzückung
4. Glücksgefühl

5. Sammlung bzw. Einspitzigkeit des Geistes

Abwesend, überwunden sind die fünf Hemmnisse, die fünf Nīvaranas:

1. Sinnliches Begehren, Gier
2. Bosheit, Übelwollen
3. Stumpfheit und Trägheit
4. Erregung und Reue
5. Zweifel

»Somit ist die erste Vertiefung frei von fünf Gliedern, und fünf Glieder sind zugegen: Da ist, o Bruder, ein Mönch, der die erste Vertiefung verwirklicht hat, frei von Begierde, frei von Gehässigkeit, frei von Stumpfheit und Trägheit, frei von Erregung und Reue, frei von schwankender Ungewissheit; er ist dem Sinnen und Gedenken hingegeben, der Verzückung, dem Glücksgefühl und der Sammlung.«[180]

Bei dieser ersten Vertiefungsstufe stehen die angenehmen körperlichen Empfindungen – ein angenehm wohliger Schauer, ein tiefes Gefühl inneren Friedens bis hin zu Glück und Entzücken – im Vordergrund. Der Körper wird dabei nicht mehr so differenziert wahrgenommen, sondern eher als Gesamtheit. Diese angenehmen Empfindungen können so stark sein, dass sie geradezu zum Stolperstein auf dem weiteren Weg zu werden scheinen. Doch auch dieses stetig strömende, fließende Glücksgefühl ist in Wahrheit: vergänglich, leidvoll, nicht das Selbst, Anicca, Dukkha, Anattā.

DIE ZWEITE VERTIEFUNG

Nach dem Zur-Ruhe-Kommen des Sinnens und Denkens erreicht der Mönch die innere Meeresstille, die Einheit des Geistes, die von Sinnen und Denken freie, in der Sammlung geborene, von Verzückung und Glücksgefühl erfüllte Weihe der zweiten Vertiefung. Und diesen Körper da durchdringt und durchdrängt er nun, erfüllt ihn und sättigt ihn mit der in der Vertiefung geborenen Verzückung und Glückseligkeit, sodass an seinem ganzen Körper auch nicht eine Stelle undurchtränkt bleibt, von der in der Vertiefung geborenen Verzückung und Glückseligkeit.[181]

Zwei Faktoren, die in der ersten Vertiefungsstufe noch anwesend waren, verlieren sich, drei werden beibehalten. So heißt es denn auch im *Visuddhi Magga* von dieser Vertiefung: »Somit hat er die von zwei Gliedern freie und von drei Gliedern begleitete, dreifach erhabene [...] zweite Vertiefung erreicht.« Sie wird deshalb häufig auch als »dreigliedrige« Vertiefung bezeichnet, und besteht aus:

1. Verzückung
2. Glücksgefühl
3. Sammlung bzw. Einspitzigkeit des Geistes

Der Hauptunterschied zwischen der ersten und der zweiten Vertiefungsstufe besteht darin, dass die letztere »aus der Sammlung geboren«, aus der in der ersten Vertiefung erreichten Versenkung entsteht (selbstverständlich sind daher auch die negativen Faktoren, die fünf Hemmnisse, ebenfalls überwunden). Weniger das körperbetonte Glücksgefühl steht hier im Vordergrund, vielmehr das emotionale. Während die erste Versenkungsstufe immer wieder verloren geht, nur für Augenblicke erhalten werden kann, besteht die zweite Versenkungsstufe länger, da sie »infolge der Lähmung und Abwesenheit von Gedankenfassung und diskursivem Denken gänzlich unerschütterlich und vollkommen gestillt ist.«[182]

DIE DRITTE VERTIEFUNG

Nach Aufhebung der Verzückung verweilt der Mönch in heiterer Ruhe, gleichmütig, achtsam, klarbewusst, und er fühlt in seinem Innern jenes Glück, von dem die Heiligen sagen: »Der gleichmütig Einsichtige lebt beglückt«, und so erwirkt er die Weihe der dritten Vertiefung. Und diesen Körper da durchdringt und durchdrängt er nun, erfüllt ihn und sättigt ihn mit verzückungsloser Glückseligkeit, sodass an seinem ganzen Körper auch nicht eine Stelle undurchtränkt bleibt von der verzückungslosen Glückseligkeit.[183]

Diese Versenkungsstufe »gibt also einen Faktor auf und besitzt zwei Faktoren«[184], sodass nur noch zwei Vertiefungsglieder diese dritte Versenkungsstufe bestimmen:

1. Glücksgefühl
2. Sammlung bzw. Einspitzigkeit des Geistes

Die Verzückung wurde aufgegeben. Obwohl mit der zweiten Vertiefungsstufe schon so viel erreicht wurde, die fünf Hemmnisse jeglichen spirituellen Strebens überwunden sind, man die »fünffache Meisterschaft« besitzt, gilt es doch, auch die zweite Versenkungsstufe zu transzendieren: zu nahe noch liegen Gedankenfassung und (diskursives) Denken, sodass die Vertiefungsglieder noch schwach ausgebildet sind. Vor allem aber lauert ein »Feind« auf dieser Ebene der zweiten Vertiefung: die Verzückung. Will man den wahren inneren Frieden finden, gilt es, auch sie hinter sich zu lassen.

Wegen jener Verzückung, die da im Aufschäumen des Geistes besteht, gilt diese zweite Vertiefung als grob geartet. Die dritte Vertiefung als friedvoll betrachtend, soll man das Verlangen nach der zweiten Vertiefung überwinden und nach Erreichung der dritten Vertiefung streben. […] Insofern aber trifft für einen solchen Mönch der Ausspruch zu: »Und nach Loslösung von der Verzückung verweilt er gleichmütig, achtsam, klarbewusst, und ein Glücksgefühl empfindet er in seinem Innern, von dem die Edlen sagen: ›Der Gleichmütige, Achtsame lebt glücklich; und so gelangt er in den Besitz der dritten Vertiefung.‹« Damit aber hat er die von einem Glied freie und von zwei Gliedern begleitete, dreifach erhabene, dritte Vertiefung erreicht.[185]

DIE VIERTE VERTIEFUNG

Nach Verwerfung der Freuden und Leiden, nach der schon früheren Vernichtung von Frohsinn und Trübsal, erwirkt der Mönch die Weihe der leidlos-freudlosen, gleichmütig einsichtigen völligen Reinheit der vierten Vertiefung. Er setzt sich hin und bedeckt diesen Körper da mit geläutertem, geklärtem Gemüt, sodass auch nicht der kleinste Teil seines Körpers von dem geläuterten, geklärten Gemüt unbedeckt bleibt.[186]

Insofern aber trifft für einen solchen Mönch der Ausspruch zu: »Nach dem Schwinden von Wohl und Wehe und dem schon früheren Erlöschen von Frohsinn und Trübsinn, tritt er ein in den Besitz der leidlosfreudlosen, in der völligen Reinheit der durch Gleichmut gezeugten Achtsamkeit bestehende vierte Vertiefung.« Damit aber hat er die von einem Gliede freie und von zwei Gliedern begleitete, dreifach erhabene […], vierte Vertiefung erreicht.[187]

Auch noch das Glücksgefühl muss schließlich abgelegt werden, um zu dieser tiefsten feinkörperlichen Versenkungsstufe vorzudringen. Auch sie ist also wiederum von einem weiteren Faktor frei und enthält einen zusätzlichen, sodass sie gekennzeichnet ist von

1. Sammlung/Einspitzigkeit des Geistes
und
2. Gleichmut.

Wegen jenes Glücksgefühls, das da im Hingeneigtsein des Geistes besteht, gilt diese dritte Vertiefung als grobgeartet. Und die vierte Vertiefung als friedvoll betrachtend, soll man das Verlangen nach der dritten
Vertiefung überwinden und nach Erreichung der vierten Vertiefung streben. Wenn einem dann, nach dem Heraustreten aus der dritten Vertiefung, während man achtsam, klarbewusst die Vertiefungsglieder prüft,
das im Frohsinn bestehende geistige Glücksgefühl als grobgeartet erscheint und bloß das Gefühl des Gleichmuts und die Einspitzigkeit des
Geistes als friedvoll, so steigt [...] die Aufmerksamkeit an der Geistes-
pforte auf, indem sie mit dem Gedanken: »Jetzt wird die vierte Vertiefung eintreten«, das Unterbewusstsein durchbricht [...][188]

Diese vierte Versenkungsstufe gilt im Allgemeinen als Ende des Vertiefungs-
weges, als letztmögliche Versenkungsstufe, in der auch die vier unkörperlichen
Vertiefungen enthalten sind. Man ist endlich »angekommen«, hat einen Zustand völligen Gleichmuts erreicht, frei von jeglicher Wertung und Bewer-
tung – die Reinheit der Achtsamkeit.

Die Gruppe der unkörperlichen Vertiefungen
(Arūpa Jhānas)

Die vierte Vertiefungsstufe stellt den Ausgangspunkt für die vier unkörperlichen Vertiefungen dar. Vielfach gelten diese vier unkörperlichen Vertiefungs-
gebiete aber auch als in der vierten Versenkungsstufe enthalten, besitzen sie
doch ebenfalls die Vertiefungsglieder, welche die vierte Versenkungsstufe
kennzeichnen: **Gleichmut und Sammlung.**

DIE FÜNFTE VERTIEFUNG

Die fünfte Vertiefung ist der Einstieg in die unkörperlichen, »formlosen« Vertiefungen. Sie ist gekennzeichnet durch das Erfahren räumlicher Unendlichkeit. Häufig erlebt der Meditierende das »Gefühl«, er würde »durchlässiger«, erstrecke sich geradezu ins Unendliche. Daher der Name dieser Versenkungsstufe: Der »grenzenlose Raum«, die »Raumunendlichkeit«.

Nach völliger Überwindung der Formwahrnehmungen, Vernichtung der Rückwirkungswahrnehmungen, Verwerfung der Vielheitwahrnehmungen erwächst in dem Mönch mit dem Gedanken: »Grenzenlos ist der Raum!« das Reich des unbegrenzten Raumes. Ein solcher, ihr Mönche, wird Mönch genannt: Geblendet hat er die Natur (Mara), spurlos vertilgt ihr Auge, entschwunden ist er der bösen.[189]

Was sind nun aber Formwahrnehmungen, Rückwirkungswahrnehmungen, Vielheitwahrnehmungen? – Als Formwahrnehmungen werden all jene Wahrnehmungen bezeichnet, die auf der Ebene der feinkörperlichen Wahrnehmungen noch existent sind; die Rückwirkungswahrnehmungen sind all diejenigen Wahrnehmungen, die aus der Rückwirkung unserer Sinnesorgane entstanden sind, die »Töne und Düfte, die Säfte und Körpereindrücke«; die Vielheitwahrnehmungen schließlich sind die vielerlei Wahrnehmungen eines nicht im Zustand der Vertiefung Befindlichen. Diese Vertiefungsebene gewährt die unendliche Erfahrung, das selbst das Bewusstsein einen separaten, von allem Übrigen getrennten Körper zu haben, nichts anderes ist als ein Konzept, das keinerlei Wirklichkeit besitzt. Wir sind Teil eines Ganzen, untrennbar verbunden, die Totalität all dessen, was existiert.

DIE SECHSTE VERTIEFUNG

Der Name der sechsten Vertiefungsstufe bedeutet das »grenzenlose Bewusstsein«, das »Bewusstseinsunendlichkeitsgebiet«.

Nach völliger Überwindung der Sphäre des unbegrenzten Raumes erwächst in dem Mönch mit dem Gedanken: »Grenzenlos ist das Bewusstsein!« das Reich des unbegrenzten Bewusstseins. Ein solcher, ihr Mönche, wird Mönch genannt: Geblendet hat er die Natur (Mara), spurlos vertilgt ihr Auge, entschwunden ist er der bösen.[190]

Nachdem der Meditierende sich in der ersten unkörperlichen Versenkungsstufe gefestigt hat, schreitet er weiter und wird sich sozusagen »der Bewusstheit bewusst«. Seine Achtsamkeit wendet sich vom Erleben der unendlichen Fülle des Raumes der Unendlichkeit des Bewusstseins zu, er erkennt, dass der unbeteiligte Zeuge dieser Beobachtung des unendlichen Raumes, das Bewusstsein, ja selbst grenzenlose Unendlichkeit ist. »Sein nur war dieses im Anfang, nur Eines ohne ein Zweites«, heißt es im *Rig Veda*. Es gibt keine von anderen abgegrenzte Person mit einem individuellen, abgegrenzten Bewusstsein, es gibt nur Bewusstsein, kosmisch, universell. Wir alle sind Teil des Ganzen – und für das Ganze verantwortlich!

DIE SIEBTE VERTIEFUNG

Nach völliger Überwindung der Sphäre des grenzenlosen Bewusstseins erwächst in dem Mönch mit dem Gedanken: »Nichts ist da!« das Nichtsheitsgebiet. Ein solcher, ihr Mönche, wird Mönch genannt: Geblendet hat er die Natur (Mara), spurlos vertilgt ihr Auge, entschwunden ist er der bösen.[191]

Auch die »Bewusstheit des Bewusstseins« schwindet mit Erreichen der siebten Vertiefungsstufe, und der Meditierende wird sich der absoluten »Leere« bewusst. Auch der Grund des Bewusstseins, der Urgrund, in dem alles enthalten ist, aus dem alles hervorgeht, ist Leere (Shūnyatā/Sunnatā). Doch ist diese »Leere« völlig verschieden von einem leblosen Nichts. Vielmehr ist sie der pulsierende Urgrund des Lebens selbst, die Basis allen Seins, die Leere eines Kruges, in dem doch alles enthalten ist.

DIE ACHTE VERTIEFUNG

Obwohl man die vorhergehende Vertiefungsstufe als zutiefst friedvoll empfunden hat, wendet sich der Geist dennoch ab, strebt weiter, Friedvollerem entgegen, Erhabenerem; denn noch immer ist ein Beobachter zugegen, eine »Bewusstheit der Nichtsheit«. Waren schon die vorangegangenen unkörperlichen Vertiefungsstufen nur sehr schwer in Worte zu fassen, so entzieht sich diese letztmögliche Vertiefungsebene endgültig jeglicher Logik, das Bewusstsein versinkt in sich selbst, der Geist kommt endgültig zur Ruhe, es entsteht ein Zustand der »Selbstvergessenheit«:

> Nach völliger Überwindung der Sphäre der Nichtsheit (der Leere) erreicht der Mönch die Grenzscheide möglicher Wahrnehmung, das Gebiet der Weder-Wahrnehmung-noch-Nichtwahrnehmung. Ein solcher, ihr Mönche, wird Mönch genannt: Geblendet hat er die Natur (Mara), spurlos vertilgt ihr Auge, entschwunden ist er der bösen.[192]

Wahrnehmung und Gefühl sind aufgehoben, erloschen Diese achte Versenkungsstufe ist der Absprungspunkt für den Sprung ins Absolute, denn auch diese letzte Vertiefungsebene gilt es noch zu überwinden, um in den Bereich einzugehen, den der Buddha Nibbana nannte:

Zusammenfassend lässt sich also Folgendes sagen: Samatha, das Ruhige Verweilen, die Beruhigung des unruhigen Geistes, verläuft in vier bzw. acht aufeinanderfolgenden **Stufen der Versenkung**:

Auf der **ersten Vertiefungsebene** sind die fünf Nīvaranas, die fünf Hemmnisse spirituellen Strebens überwunden; der Meditierende erlebt das Aufgreifen eines Gedankens, Diskursives Denken, Verzückung, Glücksgefühl und Sammlung.

Auf der **zweiten Vertiefungsebene** führt das Beenden des Nachdenkens zur »Einspitzigkeit« des Geistes; dieser »einspitzige«, auf ein Objekt gerichtete Geist bleibt gleichmütig, achtsam und klarbewusst, Glücksgefühle und Verzückung dauern an.

Auf der **dritten Vertiefungsebene** bleibt der Geist gleichmütig, achtsam und klarbewusst im Gefühl des Glücks, die emotional überladene Verzückung ist überwunden.

Auf der **vierten Vertiefungsebene** schwinden Wohlgefühl und Schmerz, der Geist tritt in einen freud- und leidlosen Zustand des Gleichmuts und der Geistesklarheit.

Auf der **fünften Vertiefungsebene** erreicht der Meditierende mit der völligen Überwindung der Körperlichkeitswahrnehmung die Raumunendlichkeit, dann – auf der **sechsten Vertiefungsebene** – die Bewusstseinsunendlichkeit, auf der **siebten Vertiefungsebene** das Gebiet der »Nichtsheit« (Leere) und schließlich auf der **achten Vertiefungsebene** die Stufe der »Weder-Wahrnehmung-noch-Nichtwahrnehmung«.

Nach völliger Überwindung der Grenzscheide möglicher Wahrnehmung erreicht der Mönch die Auflösung der Wahrnehmung und des weise Sehenden Wahn ist aufgehoben. Ein solcher, ihr Mönche, wird Mönch genannt: Geblendet hat er die Natur (Mara), spurlos vertilgt ihr Auge, entschwunden ist er der bösen, entronnen der Weltlichkeit. Gesichert geht er, gesichert steht er, gesichert sitzt er, gesichert liegt er, und zwar deshalb, weil er sich außerhalb des Bereichs des Bösen (Mara) hält.[193]

Mit dem Erreichen der achten Versenkungsebene, ist auch das Ziel erreicht – das Verwehen (Nibbana):

»Es gibt, ihr Mönche, ein Gebiet, wo weder Erde ist noch Wasser noch Feuer noch Luft noch Raum noch Bewusstsein, weder das Gebiet der Nicht-Etwasheit noch das Gebiet der Wahrnehmung noch das Gebiet der Nichtwahrnehmung oder das Gebiet der Weder-Wahrnehmung-noch-Nichtwahrnehmung, weder diese noch jene Welt, weder Sonne noch Mond. Dies, ihr Mönche, nenne ich weder Kommen noch Gehen noch Stehen noch Vergehen noch Entstehen. Ohne Grundlage, ohne Anfang, ohne Stütze ist es: Dies ist des Leidens Ende.«

Fünf

Buddhistische Meditationspraxis

Der Begriff der Meditation umfasst die beiden letzten Glieder des Edlen Achtfachen Pfades: Rechte Achtsamkeit und Rechte Versenkung. Die Rechte Achtsamkeit ist nicht ein bloßes Üben zu bestimmten Zeiten des Tages, vielmehr ist sie eine bewusste Geisteshaltung bei all unserem Tun, ein Verzicht auf jegliches Tagträumen, alles mechanische Tun. Vollbewusst sollten wir jeden Augenblick unseres Daseins erleben, was immer wir auch tun Das achte Glied des Edlen Achtfachen Pfades – Samādhi –, wird zumeist als »Sammlung« übersetzt und bedeutet wörtlich »fest zusammengefügt sein«. Damit bezeichnet es die »Einspitzigkeit des Geistes« (Ekāgrata/Ekāgattā), Alpha und Omega jeder wahrhaften Geistesschulung. Diese beiden, Achtsamkeit und Versenkung, sind zwei Glieder einer Kette, zwei Seiten derselben Medaille.

Wie wir gesehen haben, kennt der Buddhismus zwei grundlegende Elemente der Geistesentfaltung: Samatha und Vipassanā, die Entfaltung der Geistesruhe und die Entfaltung des Klarblicks, einander ergänzend, aufbauend auf einander, untrennbar beinahe, sodass häufig eine nähere Definition des einen ohne das andere schwerfällt. In der Praxis ist es am sinnvollsten, sie gemeinsam zu üben, zu einer einzigen Übung zusammenzufassen. Während die Entwicklung der Geistesruhe auch außerhalb des Buddhismus geübt wurde und wird, ist Vipassanā seinem Ursprung nach ohne die buddhistische Lehre eigentlich undenkbar, obgleich sie in unseren Tagen ganz selbstverständlich auch von Nicht-Buddhisten geübt wird. Und doch meine ich, dass eine gewisse Kenntnis der Lehre des Buddha für die richtige Praxis der Vipassanā-Meditation unumgänglich ist, führt sie doch zu der urbuddhistischen Einsicht in die drei Merkmale allen Seins: Vergänglichkeit, Leidhaftigkeit, Selbst-Losigkeit.

Das Ruhige Verweilen (Samatha)

Der *Dhammapada*, der »Der Pfad der Lehre«, eine der wichtigsten Schriften des Theravada-Buddhismus, beginnt mit den Worten:

> Vom Geiste gehn die Dinge aus,
> sind geistgeboren, geistgeführt ...

> Wer weiß, dass das Wirkliche wirklich ist und das Unwirkliche unwirklich,
> kommt zum Wirklichen, denn er befindet sich im Bereich
> richtigen Denkens.

> Wer das Unwirkliche für wirklich hält und das Wirkliche für unwirklich,
> kann das Wirkliche nicht erreichen, da er sich im Bereich
> fehlerhaften Denkens befindet.[194]

> Was es auch an schlechten Dingen gibt,
> die dem Schlechten verbunden sind,
> dem Schlechten angehören – sie alle gehen vom Geiste aus.
> Was immer es auch an guten Dingen gibt,
> die dem Guten verbunden sind,
> dem Guten angehören – sie alle gehen vom Geiste aus.[195]

»Vom Geiste gehen die Dinge aus ...«, da unser Geist aber unruhig ist, aufgewühlt wie ein tobendes Meer von den Stürmen des Kreislaufs der Wiedergeburten (Saṃsāra), geht es zunächst einmal darum, den unruhigen Geist zu beruhigen, bis wir in ruhiger See auf den Grund blicken können, denn nur ein ruhiger Geist, ungetrübt von allen Wellen unseres individuellen Seins, ist zu einem klaren Blick auf die letztendliche Wirklichkeit in der Lage. Diese Technik der Beruhigung des Geistes ist die Samatha-Meditation, wie sie schon lange vor Buddha praktiziert wurde, wie der Erhabene sie erstmals willkürlich erfuhr unter dem Rosenapfelbaum im Garten seines Vaters, wie er sie systematisch erlernte bei Āḷāra Kālāma und Udraka Rāmaputra.

Bei dieser Meditationstechnik fokusiert der Meditierende seine Achtsamkeit auf ein einziges Objekt und erreicht so – durch den Ausschluss aller anderen Gedanken – die Einspitzigkeit des Geistes.

Diese »Konzentration« auf ein einziges (Meditations-)Objekt führt zu tiefem innerem Frieden, zur Erreichung der vier feinkörperlichen Vertiefungen und der vier unkörperlichen Sphären. Der Buddha selbst unterschied zwischen einem mühsamen spirituellen Weg und einem eher mühelosen, je nachdem, ob ein schnelles oder ein langsames Verständnis vorausgesetzt werden könne. Der mühelose(re) Weg aber sei der Weg der Vertiefungen ...

Ob einer, der den »Weg beschreitet« eher den mühevollen oder den mühelosen Weg zu gehen hat, hängt in erster Linie von der Entwicklung und der Balance der **Fünf Großen Fähigkeiten** ab:

1. Unerschütterliches **Vertrauen** in den Vollendeten,
2. Unerschütterliches Streben (**Willenskraft/Tatkraft**), Unheilsames zu überwinden und Heilsames zu erwecken,
3. Unerschütterliche **Achtsamkeit**,
4. Unerschütterliche **Sammlung**, die durch die Vertiefungen gewonnen wird,
5. Unerschütterliche **Wissen/Weisheit/Einsicht** in die Vergänglichkeit allen Seins.

Hierbei sollten sich insbesondere die Paare Vertrauen und Wissen/Weisheit sowie Willenskraft und Sammlung die Waage halten. Während Achtsamkeit nie im Übermaß vorhanden sein kann, führt zu viel Vertrauen ohne den entsprechenden Gegenpart an Weisheit zu blindem Glauben, zu viel Wissen ohne das entsprechende Vertrauen zu intellektuellem Hochmut, zu viel Tatkraft ohne entsprechende Sammlung zu blindem Aktionismus, zu viel Sammlung ohne entsprechende Tatkraft zu Trägheit.

Die Klarblicksmeditation (Vipassanā)

»Entfaltet, ihr Mönche, die Sammlung! Der gesammelte Mönch, ihr Mönche, erkennt die Dinge der Wirklichkeit gemäß! Welche Dinge erkennt er der Wirklichkeit gemäß? – Er erkennt das Entstehen und Hinschwinden der Körperlichkeit der Wirklichkeit gemäß, erkennt das Entstehen und Hinschwinden des Gefühls der Wirklichkeit gemäß, erkennt das Entstehen und Hinschwinden der Wahrnehmung der Wirklichkeit gemäß, erkennt das Entstehen und Hinschwinden der Geistesreaktionen der Wirklichkeit gemäß, erkennt das Entstehen und Hinschwinden des Bewusstseins der Wirklichkeit gemäß.[196]

»Entfaltet, ihr Mönche, die Sammlung ...« Aller Vipassanā-Meditation geht Samatha voraus, die Beruhigung des Geistes, denn nur ein ruhiger Geist kann den Klarblick entfalten. »Entfaltet, ihr Mönche, die Sammlung ...« Solange der See unseres Geistes noch von den Stürmen des Kreislaufs der Geburten aufgewühlt ist, entzieht sich uns der Blick auf den Grund. Wollen wir die Dinge aber »der Wirklichkeit gemäß« erkennen, müssen sich die Wogen glätten.

Zwei Eigenschaften, ihr Mönche, führen zum Wissen. Welche zwei? Geistesruhe und Klarblick. Wird, ihr Mönche, die Geistesruhe geübt, welchen Vorteil gewinnt man dadurch? – Der Geist entfaltet sich. Hat sich aber der Geist entfaltet, welchen Vorteil gewinnt man dadurch? – Was da an Gier vorhanden ist, schwindet. Wird aber, ihr Mönche, Klarblick geübt, welchen Vorteil gewinnt man dadurch? – Weisheit entfaltet sich. Hat sich aber die Weisheit entfaltet, welchen Vorteil gewinnt man dadurch? – Was an Verblendung vorhanden ist, das schwindet. Der von Gier getrübte Geist erlangt nicht die Befreiung, noch kommt die von Verblendung getrübte Weisheit zur Entfaltung. So entsteht durch die Loslösung von der Gier die Gemütserlösung, durch Loslösung von der Verblendung die Weisheitserlösung.«[197]

»Vier Arten von Menschen, ihr Mönche, sind in der Welt anzutreffen. Welche vier? – Da besitzt einer die innere Geistesruhe, besitzt aber nicht den hohen Klarblick. Da besitzt einer den hohen Klarblick, aber nicht die innere Geistesruhe. Da besitzt einer weder die innere Geistesruhr noch den hohen Klarblick. Da besitzt einer sowohl die innere Geistesruhe als auch den hohen Klarblick.

So hat sich nun jener, der die innere Geistesruhe besitzt, aber nicht den hohen Klarblick, gegründet auf die innere Geistesruhe, sich um den hohen Klarblick zu bemühen. Dann wird er in der Folgezeit sowohl die innere Geistesruhe besitzen als auch den hohen Klarblick.

Jener, der zwar den hohen Klarblick besitzt, aber nicht die innere Geistesruhe, gegründet auf den hohen Klarblick, muss sich um die innere Geistesruhe bemühen. Dann wird er in der Folgezeit sowohl den hohen Klarblick als auch die innere Geistesruhe besitzen ...«[198]

Die Vipassanā-Meditation lehrt uns, die Wirklichkeit zu sehen, wie sie ist: vergänglich (anicca), leidvoll (dukkha), ohne ewiges, unveränderliches Selbst (anattā).

Doch sollte es bei der Vipassanā-Meditation nicht dabeibleiben, sie während zweier Meditationssitzungen am Morgen und Abend des Tages zu praktizieren, vielmehr geht sie schließlich mit zunehmender Praxis in unseren gesamten Tagesablauf ein, begleitet und bestimmt all unser Tun in Gedanken, Worten und Werken:

»Und wie, o Großkönig, ist ein Mönch gerüstet mit Achtsamkeit und Besonnenheit? – Wenn da, o Großkönig, ein Mönch kommt, und wenn er geht, so tut er es besonnen; wenn er hinblickt und umherblickt, so tut er es besonnen; wenn er sich beugt oder streckt, so tut er es besonnen; wenn er seine Gewänder und die Almosenschale trägt, so tut er es besonnen; wenn er isst oder trinkt, kaut oder schluckt, so tut er es besonnen, wenn er das Werk natürlicher Notdurft verrichtet, so tut er es besonnen, wenn er geht oder steht oder sitzt, schläft oder wacht, redet oder schweigt, so tut er es besonnen. So, o Großkönig, ist ein Mönch gerüstet mit Achtsamkeit und Besonnenheit.«[199]

Vorbemerkungen für die Praxis

1. Denken Sie immer daran, dass dies die wichtigste Verabredung des Tages für Sie ist: die Verabredung mit sich selbst, mit Ihrem wahren Selbst! – Selbst wenn das »wahre Selbst« Nicht-Selbst (Anātman/Anattā), leer (shūnyatā/sunnatā) ist ...

2. Sitzhaltungen: Versuchen Sie – vor allem am Anfang – Körper und Geist zu konditionieren, auf die Meditation einzustimmen, sodass sie ganz von selbst ohne allzu große Verzögerung zur Ruhe kommen. Setzen Sie sich deshalb regelmäßig zur selben Zeit in lockerer, weiter Kleidung aufrecht in einer der Meditationsstellungen – Lotussitz (Padmasana), Vollkommene

Stellung (Siddhasana), Diamantsitz (Vajrasana), Einfache Stellung (Sukkhasana) an denselben Platz. Der Kopf ist ganz leicht nach vorne geneigt, die Ohren bilden eine Parallele zu den Schultern, die Nase eine gerade Linie mit dem Nabel. Die rechte Hand liegt mit der Handfläche nach oben ca. vier Fingerbreit unterhalb des Nabels in der linken (die »Geste der Meditation«, Dhyāna Mudrā). Auch jede andere Körperhaltung, die anstrengungslos, ohne sich anzulehnen, über einen längeren Zeitraum hinweg gehalten werden kann, eignet sich für die Versenkung, solange der Oberkörper aufrecht und gerade ist. Ein einfacher, gerader Stuhl, ein Meditationsschemel oder ein Meditationskissen leisten – vor allem zu Beginn – gute Dienste. Meditation im Liegen ist nicht empfehlenswert, da man in dieser Haltung zu leicht einschläft. Eine Abwechslung zwischen Meditation im Sitzen und im Gehen ist – falls räumlich möglich – durchaus empfehlenswert.

Viele Meditationsmeister der Mahāyāna-Tradition empfehlen – mit zum Teil etwas obskuren Begründungen – bei der Meditation »die Zunge an den Gaumen zu legen und die Zähne bzw. die Lippen fest zusammen zu pressen«. Auch in einigen Passagen der Sutren des Pali-Kanons wird hierauf hingewiesen. Es handelt sich hierbei offensichtlich um eine – vorbuddhistische – Mudrā des Yoga (Khechari Mudrā), wie sie Buddha während seiner Suche nach dem Rechten Weg kennen lernte. Denken Sie an die zuvor erörterte Maxime, die beiden Systeme Yoga und Buddhismus nicht leichtfertig zu vermengen, doch schadet meiner Ansicht nach das Einnehmen dieser Mudrā bei der Meditation keinesfalls, wenngleich auch hierzu – obwohl im Pali-Kanon erwähnt – meine ceylonesischen Theravada-Meditationsmeister nur lapidar bemerkten: »Nicht die wahre Lehre!«

Kleiner Mönch beim Kehren im Höhlenkloster von Varana, Sri Lanka.
(Nächste Doppelseite)

175

Dennoch soll Wesentliches dieser Übung für den Interessierten anschließend kurz erwähnt werden.

3. Die beste **Zeit für die Versenkung** ist die Zeit der Morgen- und Abenddämmerung (Skrt. Sandhya). Allerdings gilt diese Forderung vor allem für Indien, da dort der Tagesrhythmus wesentlich gleichmäßiger ist als im Westen (Tag- und Nachtwechsel entsprechen in etwa unserem Frühlings- und Herbstverlauf). Der Meditierende des Westens sollte seine Meditationszeit in seinen individuellen Tagesablauf einbauen. Am besten hierfür geeignet ist die Zeit nach der Morgentoilette und am Abend vor der Abendmahlzeit.

4. **Der Ort der Meditation.** Stille und Abgeschiedenheit erleichtern einem – vor allem zu Anfang – den Einstieg in die Meditation Ein separates Zimmer oder ein abgeschirmter Raum sind daher recht hilfreich. (»Da begibt sich, ihr Mönche, ein Mönch in den Wald, an den Fuß eines Baumes oder in ein leeres Haus ...«) Auch die Schriften des Yoga betonen immer wieder die Bedeutung eines ruhigen Platzes für die Meditation. So schreibt die *Shvetāshvatara Upanishad*: »An einem ebenen, sauberen, von Kiesel, Feuer und Sand freien Platz, der durch liebliche Laute und Teiche den Geist einlädt, jedoch das Auge nicht belästigt, an einer höhlenreichen, dem Wind nicht ausgesetzten Stelle soll sich der Yogin dem Yoga hingeben.« Und die *Hatha Yoga Pradīpikā*, eine Yoga-Schrift aus dem 15. Jahrhundert, bemerkt: »In einem wohlregierten Land, wo gute Menschen wohnen, an einem ruhigen, mit Lebensmitteln wohl versehenen Ort, in einer einsamen Klause, die auf eine Entfernung von einer Bogenlänge von Felsen, Wasser und Feuer entfernt liegt, soll sich der Yogin dem Hatha Yoga widmen.« Der Dalai Lama empfiehlt in diesem Zusammenhang: »Weiter braucht man einen völlig abgeschiedenen, ruhigen Ort, der frei von Lärm und Unruhe ist.« Und Dōgen, ein Zen-Meister des 13. Jahrhunderts, empfiehlt: »Dein Meditationsplatz sollte sauber und ruhig sein. Denke nicht

ständig an das, was gut und schlecht ist. Entspanne dich einfach und vergiss, dass du meditierst.«

5. Auch **Dunkelheit** oder das **Schließen der Augen** erleichtern einem am Anfang, in den Zustand der Versenkung einzutauchen, da sie die Abkehr von den Außenreizen erleichtern.

6. Vorangegangene leichte **Körper- und Atemübungen** tun ein Übriges, um Körper und Geist auf die Meditation vorzubereiten, sind jedoch keineswegs notwendig.

7. Viele buddhistische Meister empfehlen, sich bei der Meditation – wenn möglich – mit dem **Gesicht nach Norden oder Osten** zu setzen – die erste Ausfahrt des späteren Buddha führte den jungen Prinzen durch das *östliche* Stadttor hinaus, seine vierte Ausfahrt, bei der er dem Einsiedler begegnete, der ihn an seine wahre Bestimmung erinnerte, führte durch das *nördliche* Tor.

8. Lassen Sie zunächst für einige Minuten Ihren Gedanken freien Lauf – wenn Sie, den »Geist« zu früh zur Ruhe bringen wollen, sträubt »er« sich nur noch mehr. Dōgen, unser Zen-Meister aus dem 13. Jahrhundert, meint hierzu: »Es werden dir viele Gedanken durch den Kopf schießen, beschäftige dich nicht mit ihnen, lass sie einfach los. Wenn sie nicht vergehen, nimm sie wahr in einem Bewusstsein, das nicht denkt. Mit anderen Worten: Denke, ohne zu denken.« Wenden Sie sich schließlich dem von Ihnen gewählten **Meditationsobjekt** zu.

9. **Beginnen Sie mit fünf bis zehn Minuten** je Meditationssitzung und steigern Sie die Meditationsdauer mit zunehmender Praxis. Der ehrwürdige Meister Ajahn Chah wurde einmal gefragt, ob es notwendig sei, lange Zeit in der Meditation zu sitzen. »Stundenlanges, ununterbrochenes Sitzen ist nicht notwendig«, sagte er. »Manche Leute glauben, je länger sie sitzen können, umso weiser müssten sie sein. Ich habe Hühner tagelang auf ihrem Nest sitzen sehen …« Und mein Freund und Lehrmeister Kalyanasiri wendete immer wieder Buddhas Gleichnis von der Laute auf die Medi-

tation an: Eines Tages kam ein Jünger zu dem Erhabenen, Sona mit Namen, der sich für einen der eifrigsten Jünger hielt. »Obwohl ich mich stets mühe«, beklagt er sich bei dem Erhabenen, »habe ich noch keine geistige Befreiung gefunden.« Da Sona Lautenspieler war, fragte ihn der Buddha nach der Straffung der Saiten, um einen optimalen Ton zu erzeugen: »Und, klang deine Laute gut, ließ sie sich leicht spielen, wenn die Saiten zu straff gespannt waren?« Der Lautenspieler verneinte. »Und klang deine Laute gut, ließ sie sich leicht spielen, wenn die Saiten zu schlaff waren?« Auch dies verneinte Sona. »Hatte deine Laute den richtigen Klang, war sie leicht zu spielen, wenn sie richtig gestimmt war?« Als Sona dies bejahte, erklärte ihm der Buddha, dass eine Laute nur dann gut klingt, wenn die Saiten nicht zu schlaff oder zu straff gespannt sind. Ebenso sollte es sich mit seinen »Anstrengungen« verhalten. »Zu viel Anspannung führt zu Ruhelosigkeit, zu wenig Anspannung führt zu Trägheit. Halte deine Kräfte im Gleichgewicht! Sorge für ein Ebenmaß deiner Fähigkeiten!«[200] »Die Leute sagen oft: ›Eine wirklich tiefe Meditation!‹«, meinte Kalyanasiri, »Was ist das? Was soll das sein, tief? Zum Herzen sind es von jeder Seite aus kaum sechs Zoll, zum Hirn noch weitaus weniger. Ist das tief? Sorge für ein Ebenmaß deiner Fähigkeiten … – gehe den Mittleren Weg«

10. Beenden Sie Ihre täglichen Meditationssitzungen, indem Sie sich ca. fünf Minuten völlig **entspannt auf den Rücken legen** (Shavasana), ehe Sie (wieder) Ihr Tagewerk aufnehmen.

Der Verschluss des Gaumens (Khechari Mudrā)

»Einst, so habe ich es gehört, weilte der Erhabene in Vaishali, im Mahāvāna, in der Türmchenhalle. Zu jener Zeit war der Erhabene schon frühzeitig fertig angekleidet und nahm Mantel und Almosenschale, mit der Absicht, auf den Bettelgang nach Vaishali zu gehen. Da nun begab sich der Wahrheitssucher Nigantha Nātaputta (Aggivessana)[201], zu Fuß hin und her wandelnd, zum

Mahāvāna, zur Türmchenhalle.« Er beginnt ein Gespräch mit dem Buddha über die rechte Art der Ausbildung von Körper und Geist, in dessen Verlauf der Buddha eben auch diese Khechari Mudrā erwähnt: »Und es kam mir, Aggivessana, der Gedanke: ›Sollte ich nicht, die Zähne aufeinanderpressend, die Zunge an den Gaumen legend, durch Denken den Geist herunterzwingen, herunterkämpfen, herunterquälen?‹ Und ich, Aggivessana, die Zähne aufeinanderpressend, die Zunge an den Gaumen legend, ich zwang durch Denken den Geist herunter, ich kämpfte ihn herunter, ich quälte ihn herunter. Und während ich, so die Zähne aufeinanderpressend, die Zunge an den Gaumen legend, durch Denken den Geist herunterzwang, herunterkämpfte, herunterquälte, ergossen sich mir Ströme von Schweiß aus den Achselhöhlen [...] Rege zwar, Aggivessana, war da meine Kraft, aufrecht; bereit die Aufmerksamkeit, unverwirrt, völlig rege aber auch mein Körper, nicht beruhigt ...«[202], und der Buddha fährt fort, sein angestrengtes Bemühen um die letztendliche Befreiung zu beschreiben, seine Atemübungen, seine Askese und doch bleibt alles Bemühen »unedel, nicht zum Ziele führend«, bis er sich seiner ersten Meditation unter dem Rosenapfelbau erinnert, wieder Nahrung zu sich nimmt und unter dem Feigenbaum in Uruvela zum vollständig Erwachten wird, zum Buddha.

Der Sanskritname dieser vom Buddha beschriebenen Übung lautet eben Khechari Mudrā. Dies bedeutet »Schweben durch den Raum«. Mit diesem Namen wird eine der Wirkungen dieser Haltung angedeutet: die Erfahrung grenzenloser Leere in tiefer Meditation.

In der *Hatha Yoga Pradīpikā,* der »Kleinen Leuchte des Hatha Yoga«, steht über dieser Mudrā, dieses »Siegel«:

> Wer die Khechari Mudrā kennt,
> wird nicht von Krankheit geplagt,
> nicht vom Karma befleckt,
> nicht vom Tod getötet.
>
> *Hatha Yoga Pradīpikā* III/40

Und in der Gheranda Samhitā steht hierzu:

> Wer diese Übung ausführt, kennt weder Schwäche
> noch Hunger, Durst oder Trägheit.
> Ihm nähert sich weder Krankheit, noch Verfall und Tod.
> Sein Körper wird göttlich.
>
> *Gheranda Samhitā* III/28

Diese Übung hat eine sehr subtile gesundheitsfördernde Wirkung auf den gesamten Menschen. Verschiedene Druckpunkte und Drüsen in der hinteren Gaumenhöhle werden durch die nach hinten gebogene Zunge stimuliert. Ihre Sekretabsonderung wirkt sich positiv auf den gesamten Körper aus. Speichelflüssigkeit wird produziert, sodass Hunger- und Durstgefühle verschwinden.

Sie sollten sich allerdings darüber im Klaren sein, dass diese Übung ursprünglich aus der Praxis des Yoga kommt, für buddhistische Meditationen also keinesfalls erforderlich ist!

Sitzhaltungen

Auch die meditativen Sitzhaltungen gehen offensichtlich auf Vorbuddhistisches, Yoga-haftes zurück. Doch werden diese Sitzhaltungen von allen Schulen des Buddhismus als wesentlicher Bestandteil buddhistischer Meditationspraxis gelehrt.

Wann immer in den *Sūtren* die »Rechte Versenkung« erklärt wird, folgt ein kurzer Hinweis auf die richtige Art des Sitzens:

> »Da begibt sich, ihr Mönche, ein Mönch in den Wald oder an den Fuß
> eines Baumes oder in ein leeres Haus und lässt sich mit gekreuzten Bei-

nen nieder, den Körper gerade aufgerichtet, die Aufmerksamkeit voll gewärtig haltend ...«

Eine klare, einfache Beschreibung: Gekreuzte Beine, gerade aufgerichteter Oberkörper. Unschwer lassen sich hier die typischen Meditationshaltungen des Ostens erkennen: der Lotussitz (Padmāsana) mit all seinen Variationen. Doch auch der Diamantsitz (Vajrāsana) ist heute vielerorts üblich. Nyānaponika Mahāthera[203] schreibt in seinem Werk *Geistestraining durch Achtsamkeit*: »Die Sitzweise mit voll verschränkten Beinen, der Lotussitz (Padmāsana), wie man ihn bei Buddhastatuen sieht, ist freilich für die meisten Europäer schwierig und schmerzhaft und kann ohne Training darin, nur für kurze Zeit beibehalten werden. [...] In jedem Falle wähle man eine Sitzweise, die eine gerade Körperhaltung ermöglicht, und die man möglichst lange unverändert beibehalten kann ...«

Vorübungen

SCHMETTERLING UND HALBER SCHMETTERLING
Die beiden folgenden Übungen sind keine für die eigentliche Meditation bestimmten Sitzhaltungen, vielmehr dienen Sie dazu, auf die Sitzhaltungen mit gekreuzten Beinen vorzubereiten.

DER HALBE SCHMETTERLING
(ARDHA TITALI)
* Setzen Sie sich mit ausgestreckten Beinen und aufrechtem Oberkörper auf den Boden.
* Beugen Sie das rechte Bein, und legen Sie den rechten Fuß auf den linken Oberschenkel, die Ferse möglichst nahe der Leiste.
* Legen Sie die linke Hand auf den rechten Fuß, die rechte auf das gebeugte rechte Knie.

- Entspannen Sie die Muskulatur des gebeugten Beines so weit wie möglich, bewegen Sie es sanft einige Male auf und nieder. Mit der Zeit sollte es Ihnen anstrengungslos möglich sein, hierbei mit dem Knie den Boden zu berühren.
- Wiederholen Sie nun diese Übung mit dem linken Knie.

DER VOLLSTÄNDIGE SCHMETTERLING (PURNA TITALI)

- Setzen Sie sich mit aufrechtem Oberkörper auf den Boden.
- Pressen Sie die Fußsohlen gegeneinander; umfassen Sie sie mit verschränkten Händen (Handrücken auf dem Boden), und bringen Sie die Fersen möglichst nahe zum Damm.
- Bewegen Sie mehrere Male sanft die Knie so weit wie möglich auf und nieder. Verwenden Sie auf keinen Fall Arme oder Hände, um Druck auf die Bewegungen der Knie auszuüben!

Der Lotussitz mit seinen Variationen

DIE EINFACHE STELLUNG (SUKHĀSANA)

Diese Übung wird oft auch als Schneidersitz bezeichnet, da die Schneider früherer Tage in dieser Sitzhaltung ihrer Arbeit nachgingen.

Diese Position ist die ideale Meditationshaltung für Anfänger. Sind Sie erst einmal in der Lage, eine der anderen Sitzhaltungen (Vollkommene Stellung oder Lotussitz) über einen längeren Zeitraum anstrengungslos einzuhalten, können Sie auf die »Leichte Stellung« verzichten.

- Setzen Sie sich mit gestreckten Beinen auf den Boden.
- Beugen Sie den rechten Fuß unter den linken Oberschenkel, den linken Fuß unter den rechten (oder bringen Sie Ihre Fußsohlen aneinander).
- Legen Sie die Hände auf die Knie (Handflächen nach unten).
- Halten Sie Kopf, Nacken und Rücken gerade.
- Schließen Sie die Augen, und entspannen Sie sich. Atmen Sie langsam und vollständig tief aus und ein. Richten Sie ihre Achtsamkeit einzig und allein auf den Atem, ohne sich »einzumischen«. Werden Sie zum stillen Betrachter, zum reinen Zeugen.

LOTUSSITZ UND HALBER LOTUS

Die Lotuspflanze dient in fast allen Religionen Asiens als Symbol für Reinheit und Erleuchtung. Götter werden auf einem Lotusthron sitzend dargestellt, Buddhas usw. So wie die Lotuspflanze im Schlamm wurzelt, sich durch das Wasser windet und schließlich im klaren Licht der Sonne erblüht, ist das Leben des nach Befreiung Strebenden: »In dieser Welt, aber nicht von dieser Welt.« (Ramakrishna) So wundert es kaum, dass diese Übung als das Sinnbild der Versenkung gilt.

Die *Hatha Yoga Pradīpikā* sagt zu dieser Übung:

> Dies ist Padmāsana, die alle Krankheiten vernichtet.
> Sie ist nicht für jeden leicht ausführbar; doch wird sie
> von den Weisen schon in dieser Welt erlangt.
> *Hatha Yoga Pradīpikā* I/49

Und die *Shiva Samhitā* bemerkt:

Der Yogin, der in Padmasana sitzend den Atem reguliert,
der die Bewegungen von Prana und Apana[204] kennt, erlangt Befreiung.
Ich sage euch die Wahrheit, wirklich, ich sage euch die Wahrheit.

Shiva Samhitā III/91

DER LOTUSSITZ (PADMĀSANA)

- Setzen Sie sich mit gestreckten Beinen aufrecht auf den Boden.
- Beugen Sie das rechte Bein, und legen Sie den rechten Fuß auf den linken Oberschenkel, die Fußsohle zeigt nach oben, die Ferse liegt am Schambein.

- Beugen Sie das linke Bein, und legen Sie den linken Fuß in der selben Weise auf den rechten Oberschenkel.
- Legen Sie die Hände in der »Geste der Versenkung« (Dhyāna Mudrā) in den Schoß. Halten Sie Rücken, Nacken und Kopf gerade.
- Verharren Sie in dieser Position und wenden Sie sich Ihrer Meditationstechnik zu.

DER HALBE LOTUS (ARDHA PADMĀSANA)

Bereitet es Ihnen – zu Beginn – noch Schwierigkeiten, längere Zeit im Lotussitz zu verweilen, üben Sie zunächst den »Halben Lotus«. Die Wirkungen die-

ser Position sind dieselben wie beim Lotussitz, nur in etwas abgeschwächter Form.

- Setzen Sie sich aufrecht mit gestreckten Beinen auf den Boden.
- Beugen Sie das linke Bein, und legen Sie den linken Fuß neben den rechten Oberschenkel, die Ferse am Damm.
- Beugen Sie das rechte Bein, und legen Sie den rechten Fuß auf den linken Oberschenkel.
- Schließen Sie die Augen, und entspannen Sie sich, halten Sie Rücken, Nacken und Kopf gerade, legen Sie die Hände in der »Geste der Versenkung« (Dhyāna Mudrā) in den Schoß, und wenden Sie sich Ihrer Meditationstechnik zu.

Die Vollkommene Stellung/Der Meistersitz (Siddhāsana)

Der indische Name dieser Haltung lautet Siddhāsana. Siddha bedeutet »vollkommen, vollendet« und bezeichnet jemanden, der das höchste Ziel, die Befreiung vom Kreislauf des »Stirb-und-Werde«, erreicht hat.

- Setzen Sie sich aufrecht mit gestreckten Beinen auf den Boden. Beugen Sie das rechte Knie, und legen Sie die Sohle des rechten Fußes gegen den linken Schenkel. Die Ferse drückt zwischen Anus und Genitalien gegen den Damm.
- Beugen Sie das linke Bein, und legen Sie den linken Fuß auf die rechte Wade. Die Ferse drückt unmittelbar über den Genitalien gegen das Schambein.
- Bringen Sie die Zehen und das vordere Ende des linken Fußes zwischen Oberschenkel und Wade des rechten Beines, ziehen Sie die Zehen des rechten Fußes zwischen den linken Oberschenkel und die linke Wade.
- Sitzen Sie aufrecht und gerade, legen Sie die Hände in der »Geste der Versenkung« (Dhyāna Mudrā) in den Schoß, und wenden Sie sich Ihrer Meditationstechnik zu.

Bei allen Sitzhaltungen mit gekreuzten Beinen empfiehlt es sich, ein Meditationskissen oder eine zusammengefaltete Decke so unter das Gesäß zu legen, dass man hinten etwas höher sitzt als vorne, um so den Druck auf die Wirbelsäule zu vermindern.

Der Diamantsitz (Vajrāsana)

Diese Sitzhaltung empfiehlt sich für all diejenigen, die beim Sitzen mit gekreuzten Beinen Probleme bekommen.

- Knien Sie sich nieder, und setzten Sie sich aufrecht auf ihre Füße. Die Großen Zehen berühren sich, die Fersen sind leicht geöffnet, sodass Sie zwischen den Fersen sitzen.
- Legen Sie die Hände in der »Geste der Versenkung« (Dhyāna Mudrā) in den Schoß. Halten Sie Rücken, Nacken und Kopf gerade, und wenden Sie sich Ihrer Meditationstechnik zu.

Sollte zu Beginn diese Übung nicht lange genug eingehalten werden können, leistet eine Meditationsbank oder eine zusammengerollte Decke zwischen Oberschenkeln und Waden gute Dienste.

Grundlagen der Achtsamkeit

Einst, so habe ich es gehört, weilte der Erhabene im Lande der Kuru; Kammassadhamma hieß der betreffende Ort. Da nun redete der Erhabene die Mönche an: »Ihr Mönche!« »Herr!«, erwiderten da die Mönche. »Dies, ihr Mönche, ist der einzigartige Weg zur Reinigung der Wesen, zur Überwindung von Kummer und Jammer, zur Vernichtung des Leidens ...«[205] .

So beginnt die in ganz Asien wohl am meisten geschätzte Lehrrede des Buddha, die *Mahā Satipatthāna Suttanda*, die »Große Lehrrede von den Grundlagen der Achtsamkeit«, die Meditationsanleitung schlechthin, verkündet da, wo sich heute der große Lotustempel der *Baha'i* in Delhi erhebt, »im Lande der Kurus«, der Kauravas, wo die große Schlacht stattfand zwischen den Kauravas und den Pandavas, niedergelegt in dem Großen Epos Indiens, dem Mahābhārata, berühmt wie die Lehrrede selbst in ganz Indien. Und jedermann ist dort willkommen zu Andacht und Meditation; ganz so, wie jedermann dazu eingeladen ist, größten Nutzen zu ziehen aus dieser einmaligen Rede über die Grundlagen der Achtsamkeit, die Grundlagen der Meditation. An zwei Stellen des Pali-Kanons findet sich diese Lehrrede: In der »Mittleren Sammlung« *(Majjhima Nikāya)*[206], der Sammlung mittellanger Reden, und in der »Langen Sammlung« *(Dīgha Nikāya)*[207], der Sammlung der längeren Reden. Die längere Version unterscheidet sich von der kürzeren vor allem dadurch, dass hier auch noch eine ausführliche Behandlung der Vier Edlen

Wahrheiten vorgenommen wird. Die Rede genießt so hohe Verehrung in Asien, dass man ihr geradezu überall begegnet: Sie wird in den Klöstern rezitiert, in den Familien, in den Tempeln. An hohen Feiertagen und an den Betten der Sterbenden, damit sie einen besseren Übergang finden in jene andere Welt ...

> »Dies, ihr Mönche, ist der einzigartige Weg zur Reinigung der Wesen, zur Überwindung von Kummer und Jammer, zur Vernichtung des Leidens, zur Erreichung der Rechten Lebensführung, zur Verwirklichung des Verlöschens, des Nirvana, die vier Grundlagen der Achtsamkeit. Welche vier? – Da weilt, ihr Mönche, ein Mönch beim Körper in genauer Betrachtung des Körpers, eifrig, besonnen, einsichtig, nachdem er das Elend weltlicher Gier überwunden hat. Er weilt bei den Empfindungen in genauer Betrachtung der Empfindungen, eifrig, besonnen, einsichtig, nachdem er das Elend weltlicher Gier überwunden hat. Er weilt beim Bewusstsein in genauer Betrachtung des Bewusstseins, eifrig, besonnen, einsichtig, nachdem er das Elend weltlicher Gier überwunden hat. Er weilt bei den Geistesobjekten in genauer Betrachtung der Geistesobjekte, eifrig, besonnen, einsichtig, nachdem er das Elend weltlicher Gier überwunden hat.«[208]

In einer anderen Lehrrede wird die hohe Wertschätzung, die diesen Übungen entgegengebracht wird, noch deutlicher. In ihr geht die Konzeption dieses Weges zur Entfaltung der Achtsamkeit unmittelbar auf die Zeit kurz nach der Erleuchtung des Buddha zurück, und die Sutta beschreibt, wie selbst die Götter die vier Grundlagen der Achtsamkeit erkennen:

> Da erkannte Brahmā Sahampati (der hinduistische Schöpfergott) in seinem Geiste des Erhabenen Gedanken, und wie ein starker Mann den gebeugten Arm strecken oder den gestreckten Arm beugen möchte, so ent-

schwand er aus der Brahmā-Welt und erschien vor dem Erhabenen. Er ordnete sein Obergewand über die eine Schulter, faltete, zum Erhabenen gewandt, verehrend die Hände und sprach:

»So ist es, Erhabener! So ist es, Gesegneter! Der einzige Weg ist dies, o Herr, zur Läuterung der Wesen, zur Überwindung von Kummer und Jammer, zum Ende von Schmerz und Trübsal, zur Gewinnung des rechten Weges, zur Verwirklichung des Nibbāna – die vier Grundlagen der Achtsamkeit.« so sprach Brahmā Sahampati. Und weiter noch sprach er danach:

> Den einzigen Weg kennt Er, der Mitleidsvolle,
> Er, der das Ende von Geburt und Tod geschaut.
> Auf diesem Wege kreuzte früher man die Flut,
> Wird man sie künftig kreuzen, und man kreuzt sie heut.[209]

Auch unmittelbar vor seinem endgültigen Verlöschen, dem Maha Parinirvāna in Kushinagara, hob der Buddha in einer seiner letzten Reden nochmals die Einzigartigkeit dieses Meditationsweges hervor. Dies begab sich der Überlieferung zufolge etwa zehn Monate vor dem Hinscheiden des Buddha. In diese zehn Monate fiel auch der Tod Sariputtas und Moggallanas, jener herausragenden Mönche des Erhabenen. Als man dem Buddha das Hinscheiden Sariputtas meldete, wiederholte er den Hinweis auf diesen »einzigartigen Weg«:

Die letzte Regenzeit vor seinem Hinscheiden verbrachte der Buddha in einem Dörfchen namens Beluva. Dort befiel ihn eine schwere Krankheit; heftige Schmerzen setzten ein, lebensbedrohende. Im Wunsche aber, der an anderen Orten weilenden Mönchsgemeinde Gelegenheit zu geben, ihn noch vor seinem Tode zu sehen, unterdrückte der Erhabene mit seinem Willen die Krankheit und gab den Lebenskräften erneuten Raum. Er erhob sich von seinem Krankenlager und setzte sich an einem schattigen Platze nieder. Dort näherte sich ihm der Ehrwürdige Ānanda, der ihm seit vielen Jahren getreulich aufwartende Jünger. Er gab seiner Freude über die Genesung des Meisters Ausdruck und sagte, dass ihn der Gedanke getröstet habe, der Meister würde nicht dahinscheiden, bevor er Anweisungen hinsichtlich der Mönchsgemeinde gegeben habe. Der Buddha aber sagte:»Was, Ānanda, erwartet denn die Mönchsgemeinde von mir? Gezeigt habe ich, o Ānanda, die Lehre, ohne einen Unterschied zwischen Innen und Außen zu machen. Nicht kennt der Vollendete die geschlossene Lehrerfaust hinsichtlich seiner Lehren. Wer so denkt: ›Ich will die Mönchsgemeinde führen. Meiner Führung soll sie folgen‹, ein solcher mag noch irgendwelche Anordnung hinsichtlich der Mönchsgemeinde zu treffen haben. Der Vollendete aber, Ānanda, denkt nicht so [...] Seid euch selbst eine Insel, Ānanda, seid euch selbst Zuflucht, habt keine andere Zuflucht! Die Lehre sei euch Insel, die Lehre sei euch Zuflucht, habt keine andere Zuflucht!

Wie nun, Ānanda, ist der Mönch sich aber selbst eine Insel, sich selbst eine Zuflucht, ohne andere Zuflucht? Wie hat er die Lehre als Insel, die Lehre als Zuflucht und keine andere Zuflucht? – Da weilt, Ānanda, ein Mönch beim Körper in genauer Betrachtung des Körpers, eifrig, besonnen, einsichtig, nachdem er das Elend weltlicher Gier überwunden hat. Er weilt bei den Empfindungen in genauer Betrachtung der Empfindungen, eifrig, besonnen, einsichtig, nachdem er das Elend weltlicher Gier überwunden hat. Er weilt beim Denken in Betrachtung des Denkens, eifrig, besonnen, einsichtig, nachdem er das Elend weltlicher Gier überwunden hat. Er weilt bei den Geistesobjekten in genauer Betrachtung der Geistesobjekte, eifrig, besonnen und achtsam, nachdem er das Elend weltlicher Gier überwunden hat. So, Ānanda, ist der Mönch sich selbst eine Insel, sich selbst eine Zuflucht, ohne andere Zuflucht. So hat er die Lehre als Insel, die Lehre als Zuflucht, hat keine andere Zuflucht. Die da, Ānanda, jetzt oder nach meinem Hinscheiden sich selbst Insel, sich selbst Zuflucht sind, keine andere Zuflucht haben, die die Lehre als Insel, die Lehre als Zuflucht haben, keine andere Zuflucht, – hinausgelangt über die dunklen Bereiche werden all diese Mönche sein, die da gewillt sind, sich so zu üben!«[210]

So bilden die Grundlagen der Achtsamkeit quasi Anfang und Ende der buddhistischen Lehre, Alpha und Omega ... Diese vier Grundlagen der Achtsamkeit sind:

* Die Betrachtung des Körperlichen
* Die Betrachtung der Gefühle
* Die Betrachtung des Bewusstseins/Denkens
* Die Betrachtung der letztendlichen Wahrheit, der Geistesobjekte

Unter diesen aber ist die **Betrachtung des Körpers** die wichtigste, folgt man dem *Visuddhi Magga*, dem »Weg der Reinheit«, die nur von den Buddhas gelehrt würde und allen anderen Schulen fremd sei (*Vis* 8). Diese Körperbetrachtung kann an einer Vielzahl von Objekten praktiziert werden, als:

* Betrachtung der vier Körperhaltungen
* Betrachtung der vier Elemente, aus denen der Körper sich zusammensetzt
* Betrachtung der 32 Körperteile
* vierfache Bewusstseinsklarheit/Wissensklarheit über alle Aktivitäten des Körpers
* Leichenfeldbetrachtungen
* Atmungsachtsamkeit

Mönche im Waldkloster von Thoppigala, Sri Lanka. (Nächste Doppelseite)

Wenden wir uns zunächst einmal, bevor wir ausführlicher auf die für die tägliche Praxis wichtigste dieser Körperbetrachtungen – die Atmungsachtsamkeit (Ānāpānasati) – eingehen, kurz diesen einzelnen Meditationsobjekten zu:

Die Betrachtung der vier Körperhaltungen

»Und weiter, ihr Mönche, weiß da ein Mönch, wenn er geht: ›Ich gehe‹; weiß, wenn er steht: ›Ich stehe‹; weiß, wenn er sitzt: ›Ich sitze‹; weiß, wenn er liegt: ›Ich liege‹. Und wie immer seine Körperhaltung ist, dementsprechend weiß er es. So weilt er innen beim Körper in genauer Betrachtung des Körpers; er weilt außen beim Körper in genauer Betrachtung des Körpers. Sowohl innen als auch außen weilt er beim Körper in genauer Betrachtung des Körpers. In genauer Betrachtung der Entstehensbedingungen weilt er beim Körper; in genauer Betrachtung der Vergehensbedingungen weilt er beim Körper; in genauer Betrachtung der Entstehens-Vergehens-Bedingungen weilt er beim Körper. ›Da ist der Körper‹, vergegenwärtigt er sich, so weit es dem Erkennen dient, der Achtsamkeit dient. Und unabhängig lebt er, und an nichts in der Welt haftet er. So, ihr Mönche, weilt ein Mönch beim Körper in genauer Betrachtung des Körpers.«[211]

Die Betrachtung der Körperhaltungen geht aber weit über ein bewusstes Gehen, Stehen, Liegen und Sitzen hinaus – wenngleich schon dieses voll bewusste Gehen, Stehen, Liegen und Sitzen äußerst erstrebenswert erscheint, angesichts einer Zeit, in der die meisten Tätigkeiten höchst unbewusst ausgeführt werden. Und dennoch: Betreibt man die Körperbetrachtung als Weg der Meditation, so geht diese Betrachtung tiefer. Der Meditierende erkennt schließlich, dass es gar kein reales, unabhängiges, eigenständiges Ich gibt, das da geht, steht, sitzt oder liegt; dass es sich vielmehr um bloße Feststellungen handelt, bloße Redensarten, wenn wir sagen: »Ich gehe«, »ich stehe«, »ich sitze«, »ich liege« etc. Im

Kommentar zur »Großen Lehrrede von den Grundlagen der Achtsamkeit«, der im 4.–5. Jahrhundert von dem großen buddhistischen Gelehrten Buddhaghosha auf Grundlage älterer Texte zusammengestellt wurde, steht hierzu:

Wenn man die Körperhaltungen in solcher Weise verstanden hat, dann weiß man dies: Wohl sagt man – entweder aufgrund einer falschen, die Wirklichkeit verkennenden Einstellung oder aufgrund des konventionellen Sprachgebrauchs : »Ein Wesen geht, ein Wesen steht«, doch in Wirklichkeit gibt es kein gehendes oder stehendes Wesen. Man sagt auch: »Ein Wagen fährt, ein Wagen hält an«; doch in Wirklichkeit gibt es keinen fahrenden oder anhaltenden Wagen. Wenn vier Ochsen angeschirrt und von einem geschickten Wagenlenker angetrieben werden, so heißt es in einer konventionellen Ausdrucksweise: »Der Wagen fährt, der Wagen hält an.« So ist der Körper, weil er aus eigener Kraft unbeweglich ist, dem Wagen gleich. Den Ochsen entspricht in diesem Vergleich das geistgeborene Wind-Element (Vgl. Kap.2 Die Lehre vom Nicht-Selbst und den fünf Daseinsfaktoren). Der Geist entspricht dem Wagenlenker. Nachdem der Gedanke aufgestiegen ist: ›Ich will gehen oder stehen‹, entsteht das Wind-Element, das seinerseits diesen körperlichen Ausdruck bewirkt [...] Wenn der Übende in solcher Weise über den sich nur auf Grund von bestimmten Ursachen und Bedingungen vollziehenden Vorgang des Gehens usw. nachdenkt, dann gilt von ihm das Textwort: Gehend weiß er: »Ich gehe«.[212]

Die Betrachtung der vier Elemente

»Und weiter noch, ihr Mönche, da betrachtet ein Mönch eben diesen Körper in seiner jeweiligen Stellung und Haltung auf die Elementarbestandteile, die Elemente hin: ›Es gibt da in diesem Körper das Erd-Element, das Wasser-Element, das Hitze-Element und das Wind-Element.«« Und der Buddha wählt zur Verdeutlichung vom Vorhandensein der vier (fünf) Elemente das Beispiel eines Schlachters, der die Teile einer geschlachteten Kuh auf den vier Straßen einer Kreuzung niederlegt.

Gleich wie da, ihr Mönche, ein geschickter Kuh-Schlachter oder Kuh-Schlachtergeselle, der eine Kuh geschlachtet und in Stücke zerlegt hat, sich an der Kreuzung der vier Straßen (vier Straßen = die vier Elemente;) niedersetzt, ebenso, ihr Mönche, betrachtet ein Mönch eben diesen Körper da, in seiner jeweiligen Stellung und Haltung auf die Elementarteile, die Elemente hin: »Es gibt da in diesem Körper das Erd-Element, das Wasser-Element, das Feuer-Element und das Wind-Element.« So weilt er innen beim Körper in genauer Betrachtung des Körpers, er weilt außen beim Körper in genauer Betrachtung des Körpers. Sowohl innen als auch außen weilt er beim Körper in genauer Betrachtung des Körpers. In genauer Betrachtung der Entstehensbedingungen weilt er beim Körper; in genauer Betrachtung der Vergehensbedingungen weilt er beim Körper; in genauer Betrachtung der Entstehens-Vergehens-Bedingungen weilt er beim Körper. »Das ist der Körper«, vergegenwärtigt er sich nun aufmerksam, soweit es eben dem Erkennen, der Achtsamkeit dient. Und unabhängig lebt er, und an nichts in der Welt haftet er. Und so, ihr Mönche, weilt ein Mönch beim Körper in genauer Betrachtung des Körpers.[213]

Und die neunte Rede des zwölften Teils des *Majjhima Nikāya,* der Sammlung der mittellangen Reden, fährt hier fort: »Ihm, der so unermüdlich, eifrig und entschlossen weilt, schwinden die weltlichen Erinnerungen und Neigungen, und durch ihr Schwinden festigt sich in seinem Inneren der Geist, beruhigt, einigt und sammelt sich. So auch, ihr Mönche, entfaltet der Mönch die auf den Körper gerichtete Achtsamkeit.«[214]

Diese Übung wird vor allem angewendet, um den Glauben an die Substanzhaftigkeit und die falsche instinktive Identifizierung mit einem »persönlichen« Körper zu überwinden. So, »wie beim Schlachter, sobald er die Kuh zerteilt hat, die Vorstellung ›Kuh‹ schwindet und die Vorstellung ›Fleisch‹ eintritt« (*Visuddhi Magga*), überwindet man durch diese Übung die Identifikation mit dem Körper, erkennt mit zunehmender Vertiefung, dass auch dieser scheinbar höchst »persönliche«, individuelle Teil dieses Systems, das wir gemeinhin mit unserem Namen belegen, sich in Wahrheit aus völlig »unpersönlichen« Bestandteilen – eben den vier bzw. fünf Elementen – zusammensetzt, bis wir letztendlich erkennen, dass auch dieser Teil unseres Seins in letzter Konsequenz völlig instabil, sich ständig verändernd – eben vergänglich (anicca) – ist, ein ständiges Entstehen und Vergehen und daher – so lange wir an unseren falschen Vorstellungen und Bindungen haften – leidvoll (dukkha), nicht das Selbst (anattā), bis wir schließlich erkennen: »Das bin ich nicht, das gehört mir nicht, das ist nicht mein Selbst!«

> Keiner vollbringt eine Tat,
> Keiner den Lohn davon hat,
> Nur reine Dharmas rollen hin,
> Kausal bedingt von Anbeginn.
>
> *Buddhaghosha*

Die Betrachtung der 32 Körperteile

»Und weiter noch, ihr Mönche, betrachtet da ein Mönch eben diesen Körper von den Fußsohlen aufwärts und von den Haarspitzen abwärts, den von Haut umschlossenen, mit vielerlei Unreinheit gefüllten: ›Da sind in diesem Körper Kopfhaare, Körperhaare, Nägel, Zähne, Haut, Fleisch, Sehnen, Knochen, Knochenmark, Nieren, Herz, Leber, Zwerchfell, Milz, Lunge, Darm, Weichteile, Magen, Kot, Galle, Schleim, Eiter, Blut, Schweiß, Fett, Lymphe, Tränen, Gewebesaft, Speichel, Nasenschleim, Gelenkschmiere, Urin‹. Gleichwie da, ihr Mönche, ein beiderseitig offener Sack wäre, gefüllt mit verschiedenerlei Korn, wie Hülsenreis des Hoch- und Tieflands, Mungo- und Masa-Bohnen, Sesamkörnern und enthülstem Reis. Den würde ein scharfsichtiger Mann öffnen und betrachten: ›Dies ist Hülsenreis des Hoch- und Tieflands, dies sind Mungo- und Masa-Bohnen, Sesamkörner und enthülster Reis.‹ Ebenso, ihr Mönche, betrachtet ein Mönch eben diesen Körper von den Fußsohlen aufwärts und von den Haarspitzen abwärts, den von Haut umschlossenen, mit vielerlei Unreinheiten gefüllten: ›Da sind in diesem Körper Kopfhaare, Körperhaare, Nägel, Zähne, Haut, Fleisch, Sehnen, Knochen, Knochenmark, Nieren, Herz, Leber, Zwerchfell, Milz, Lunge, Darm, Weichteile, Magen, Kot, Galle, Schleim, Eiter, Blut, Schweiß, Fett, Lymphe, Tränen, Gewebesaft, Speichel, Nasenschleim, Gelenkschmiere, Urin.‹ So weilt er innen beim Körper in genauer Betrachtung des Körpers, er weilt außen beim Körper in genauer Betrachtung des Körpers. Sowohl innen als auch außen weilt er beim Körper in genauer Betrachtung des Körpers. In genauer Betrachtung der Entstehensbedingungen weilt er beim Körper; in genauer Betrachtung der Vergehensbedingungen weilt er beim Körper; in genauer Betrachtung der Entstehens-Vergehens-Bedingungen weilt er beim Körper. ›Das ist der Körper‹, vergegenwärtigt er sich nun aufmerksam, so weit es eben dem Erkennen, der Achtsamkeit dient. Und unabhängig lebt er, und an nichts in der Welt haftet er. Und so, ihr Mönche, weilt ein Mönch beim Körper in genauer Betrachtung des Körpers.«[215]

Und auch hier fährt die neunte Rede des zwölften Teils des *Majjhima Nikāya* fort:

»Ihm, der so unermüdlich, eifrig und entschlossen weilt, schwinden die weltlichen Erinnerungen und Neigungen, und durch ihr Schwinden festigt sich in seinem Inneren der Geist, beruhigt, einigt und sammelt sich.

So auch, o Mönche, entfaltet der Mönch die auf den Körper gerichtete Achtsamkeit.«[216]

Wie »mit einem Seziermesser öffnet man die Haut des Körpers« (Nyānaponika) und sieht vorurteilsfrei und nüchtern, was sich in ihm verbirgt: Fleisch, Gekröse, Schleim ... und so zeigt sich erneut die Substanzlosigkeit dieser scheinbaren »Schönheit« und die Neigung, sich mit diesem »mit vielerlei Unreinheiten« gefüllten Hautsack zu identifizieren, schwindet.

Auch eine Verbindung zwischen der Betrachtung der Elemente und der Betrachtung der 32 Körperteile wird häufig gepflegt. Hierzu werden die einzelnen Körperteile in ihrer Beziehung zu den Grundelementen, aus denen sich alles in der »Wandelwelt« Existierende zusammensetzt, betrachtet. Allerdings geht der Buddha an dieser Stelle nicht von vier, sondern von fünf Grundelementen aller Gestaltungen aus. Auch der *Ayur Veda*, das »Wissen vom Leben«, dieses uralte Gesundheits- und Heilsystem Asiens, kennt diese Einteilung in fünf Elemente. Die Elemente Erde, Feuer, Wasser und Luft werden durch ein fünftes Element – Raum/Äther (Ākāsha) – ergänzt.

RĀHULAS ERMAHNUNG

Einst, so habe ich es gehört, weilte der Erhabene bei Shrāvasthī im Siegerwalde, im Klostergarten des Ānāthapindika. Und der Erhabene, zeitig gerüstet, nahm Mantel und Schale und ging nach Shrāvasthī um Almosenspeise zu erbitten. Auch der Ehrwürdige Rāhula, zeitig gerüstet, nahm Mantel und Schale und folgte dem Erhabenen Schritt für Schritt. Da wendete der Erhabene den Blick und sprach den Ehrwürdigen Rāhula an:

»Was es auch, Rāhula, für eine Form sei, vergangene, zukünftige, gegenwärtige, eigene oder fremde, grobe oder feine, gemeine oder edle, ferne oder nahe: alle Form ist – der Wahrheit gemäß – mit vollkommener Weisheit so zu betrachten: ›Das bin ich nicht; das gehört mir nicht, das ist nicht mein Selbst.‹ – »Nur etwa die Form, Erhabener, nur etwa die Form, Willkommener?« – »Die Form, Rāhula, und das Gefühl, Rāhula, und die Wahrnehmung, Rāhula, und der unterscheidende Geist (das Denken), Rahula, und das Bewusstsein, Rāhula ...«

Rāhula kehrte – so belehrt – um, kehrte in den Klostergarten zurück und setzte sich »um der Einsicht zu pflegen« unter einen Baum. Als ihn Sariputta so sitzen sah, ging er zu ihm und riet ihm die bedachtsame Ein- und Ausatmung zu üben. Am Abend, als Rāhula seine Meditation beendet hatte, begab er sich zum Buddha, um diesen über die richtige Art und Weise dieser Meditationsform zu befragen:

»Wie muss da, o Herr, die bedachtsame Ein- und Ausatmung praktiziert werden, damit sie hohen Lohn, hohe Förderung verleiht?«

Und der Buddha erläutert ihm, wie er diese Meditation ausüben sollte:

»Was sich, Rāhula, im Innern einzeln fest und hart dargestellt hat, wie Kopfhaare, Körperhaare, Nägel, Zähne, Haut, Fleisch, Sehnen, Knochen, Mark, Nieren, Herz, Leber, Zwerchfell, Milz, Lunge, Magen, Eingeweide, Weichteile und Kot, oder was sich sonst innerlich einzeln fest und hart dargestellt hat – das nennt man, Rāhula, innerliche Erdenart. Was es nun aber an innerlicher oder äußerer Erdenart auch geben mag, Rāhula, ist eben Erdenart: ›Das gehört mir nicht, das bin ich nicht, das ist nicht mein Selbst.‹ So hat man das – der Wahrheit gemäß – mit vollkommener Weisheit zu betrachten. Hat man das aber – der Wahrheit gemäß – mit vollkommener Weisheit erkannt, wird man der Erdenart satt, löst seinen Sinn von der Erdenart. Was ist nun aber, Rāhula, die Wasserart? – Die Wasserart mag innerlich sein oder äußerlich. Was ist nun aber,

Rāhula, die innerliche Wasserart? – Was sich im Innern einzeln flüssig und wässrig dargestellt hat, wie Galle, Schleim, Eiter, Blut, Schweiß, Fett, Lymphe, Tränen, Gewebesaft, Speichel, Nasenschleim, Gelenkschmiere und Urin, oder was sich sonst im Innern einzeln flüssig und wässrig dargestellt hat – das nennt man, Rāhula, innerliche Wasserart. Was es nun aber an innerlicher oder äußerer Wasserart auch geben mag, Rāhula, ist eben Wasserart: ›Das gehört mir nicht, das bin ich nicht, das ist nicht mein Selbst.‹ So hat man das – der Wahrheit gemäß – mit vollkommener Weisheit zu betrachten. Hat man das aber – der Wahrheit gemäß – mit vollkommener Weisheit erkannt, wird man der Wasserart satt, löst seinen Sinn von der Wasserart. Was ist nun aber, Rāhula, die Feuerart? – Die Feuerart mag innerlich sein oder äußerlich. Was ist nun aber, Rāhula, die innerliche Feuerart. Was sich innerlich einzeln flammend und feurig dargestellt hat, wodurch Wärme erzeugt wird, wodurch man verdaut, wodurch man sich erhitzt, wodurch gekaute Speise und geschlürfter Trank vollkommener Umwandlung unterliegen, oder was sich sonst im Innern einzeln flammend und feurig dargestellt hat – das nennt man, Rāhula, innerliche Feuerart. Was es nun aber an innerlicher oder äußerer Feuerart auch geben mag, Rāhula, ist eben Feuerart: ›Das gehört mir nicht, das bin ich nicht, das ist nicht mein Selbst.‹ So hat man das – der Wahrheit gemäß – mit vollkommener Weisheit zu betrachten. Hat man das aber – der Wahrheit gemäß – mit vollkommener Weisheit erkannt, wird man der Feuerart satt, löst seinen Sinn von der Feuerart. Was ist nun aber, Rāhula, die Luftart? – Die Luftart mag innerlich sein oder äußerlich. Was ist nun aber, Rāhula, die innerliche Luftart? – Was sich im Innern einzeln flüchtig und luftig dargestellt hat, wie die aufsteigenden und absteigenden Winde, die Winde des Bauches und des Darmes, die Winde, die jedes Glied durchströmen[217], die Einatmung und die Ausatmung, oder was sich sonst im Innern einzeln flüchtig und luftig dargestellt hat – das nennt man, Rāhula, innerliche Luftart. Was es nun aber an innerlicher oder äußerer Luftart auch geben mag, Rāhula, ist eben Luftart:»Das gehört mir nicht, das bin ich nicht, das ist nicht mein Selbst.« So hat man das – der Wahrheit gemäß – mit vollkommener Weisheit zu betrachten. Hat man das aber – der Wahrheit gemäß – mit vollkommener Weisheit erkannt, wird man der Luftart satt, löst seinen Sinn von der Luftart. Was ist nun aber, Rāhula, die Raumart? – Die Raumart mag innerlich sein oder äußerlich. Was ist nun aber, Rāhula, die innerliche Raumart? – Was sich im Innern einzeln räumlich und örtlich dargestellt hat, wie die Ohrhöhle, die Nasenhöhle, die Mundöffnung, wodurch man gekaute Speise und geschlürften Trank einnimmt, wo gekaute Speise und geschlürfter Trank sich aufhält, wodurch gekaute Speise und geschlürfter Trank unten abgeht, oder was sich sonst im Innern einzeln räumlich und örtlich dargestellt hat – das nennt man, Rāhula, innerliche Raumart. Was es nun aber an innerlicher oder äußerer Raumart auch geben mag, Rāhula, ist eben Raumart: ›Das gehört mir nicht, das bin ich nicht, das ist nicht mein Selbst.‹ So hat man das – der Wahrheit gemäß – mit vollkommener Weisheit zu betrachten. Hat man das aber – der Wahrheit gemäß – mit vollkommener Weisheit erkannt, wird man der Raumart satt, löst seinen Sinn von der Raumart.

Der Erde gleich, Rāhula, sollst du die Übung üben; denn übst du, Rāhula, der Erde gleich, so kann dein Gemüt, angenehm oder unangenehm berührt, nicht erregt werden. Gerade so, wie wenn man da, Rāhula, Reines hinwirft auf die Erde oder Unreines, Kotiges hinwirft oder Harniges, Schleimiges hinwirft oder Eitriges oder Blutiges und die Erde sich hierüber weder entsetzt noch empört noch sträubt. Ebenso sollst du, Rāhula, der Erde gleich üben, denn übst du, Rāhula, der Erde gleich, so kann dein Gemüt, angenehm oder unangenehm berührt, nicht erregt werden.

Dem Wasser gleich, Rāhula, sollst du die Übung üben; denn übst du, Rāhula, dem Wasser gleich, so kann dein Gemüt, angenehm oder unangenehm berührt, nicht erregt werden. Gerade so, wie wenn man da, Rāhula, im Wasser Reines wäscht oder Unreines, Kotiges wäscht oder Harniges, Schleimiges wäscht oder Eitriges oder Blutiges und das Wasser sich hierüber weder entsetzt noch empört noch sträubt. Ebenso sollst du, Rāhula, dem Wasser gleich üben, denn übst du, Rāhula, dem Wasser gleich, so kann dein Gemüt, angenehm oder unangenehm berührt, nicht erregt werden.

Dem Feuer gleich, Rāhula, sollst du die Übung üben; denn übst du, Rāhula, dem Feuer gleich, so kann dein Gemüt, angenehm oder unangenehm berührt, nicht erregt werden. Gerade so, wie wenn da, Rāhula, das Feuer Reines brennt oder Unreines, Kotiges brennt oder Harniges, Schleimiges brennt oder Eitriges oder Blutiges und das Feuer sich hierüber weder entsetzt noch empört noch sträubt. Ebenso sollst du, Rāhula, dem Feuer gleich üben, denn übst du, Rāhula, dem Feuer gleich, so kann dein Gemüt, angenehm oder unangenehm berührt, nicht erregt werden.

Der Luft gleich, Rāhula, sollst du die Übung üben; denn übst du, Rāhula, der Luft gleich, so kann dein Gemüt, angenehm oder unangenehm berührt, nicht erregt werden. Gerade so, wie wenn da, Rāhula, die Luft Reines anweht oder Unreines, Kotiges anweht oder Harniges, Schleimiges anweht oder Eitriges oder Blutiges und die Luft sich hierüber weder entsetzt noch empört noch sträubt. Ebenso sollst du, Rāhula, der Luft gleich üben, denn übst du, Rāhula, der Luft gleich, so kann dein Gemüt, angenehm oder unangenehm berührt, nicht erregt werden.

Der Raume gleich, Rāhula, sollst du die Übung üben; denn übst du, Rāhula, dem Raume gleich, so kann dein Gemüt, angenehm oder unangenehm berührt, nicht erregt werden. Gerade so, wie wenn da, Rāhula, der Raum durch nichts begrenzt wird, ebenso sollst du, Rāhula, dem Raume gleich üben, denn übst du, Rāhula, dem Raume gleich, so kann dein Gemüt, angenehm oder unangenehm berührt, nicht erregt werden.

Voller Liebe, Rāhula, sollst du die Übung üben; denn übst du, Rāhula voller Liebe, so wird, was da an Hass ist, vergehen. Voller Erbarmen, Rāhula, sollst du die Übung üben; denn übst du, Rāhula voller Erbarmen, so wird, was da an Wut ist, vergehen. Voll Freude, Rāhula, sollst du die Übung üben; denn übst du, Rāhula voll Freude, so wird, was da an Unlust ist, vergehen. Voll Gleichmut, Rāhula, sollst du die Übung üben; denn übst du, Rāhula, voller Gleichmut, so wird, was da an Widerstreit ist, vergehen.

Des Ekels eingedenk, Rāhula, sollst du die Übung üben; denn übst du, Rāhula, des Ekels eingedenk, so wird, was da an Reiz ist, vergehen. Der Vergänglichkeit eingedenk, Rāhula, sollst du die Übung üben; denn übst du, Rāhula, der Vergänglichkeit eingedenk, so wird, was da an Dünkel der Ichhaftigkeit ist, vergehen.

Bedachtsam übe, Rāhula, die Ein- und Ausatmung; denn die Ein- und Ausatmung bedachtsam gepflegt, Rāhula, lässt hohen Lohn erlangen, hohe Förderung. Wie muss aber, Rāhula, bedachtsam die Ein- und Ausatmung geübt, wie gepflegt werden, auf dass sie hohen Lohn, hohe Förderung verleihe?‹«

Und nun folgen die Worte, die der Buddha in so vielen Lehrreden gebrauchte, wann immer es um die Rechte Sammlung geht (vgl. hierzu Kapitel 6 Atmungsachtsamkeit – Ānāpānasati):

»Da begibt sich, Rāhula, ein Mönch in den Wald oder an den Fuß eines Baumes oder in ein leeres Haus und lässt sich mit gekreuzten Beinen nieder ...«[218]

Die Vierfache Wissensklarheit

»Da ist, ihr Mönche, ein Mönch beim Vorgehen und Zurückgehen sich dieses Tuns voll bewusst. Beim Hinsehen und Wegsehen ist er sich dieses

Tuns voll bewusst. Beim Beugen und Strecken ist er sich dieses Tuns voll bewusst. Beim Tragen der Gewänder und der Almosenschale ist er sich dieses Tuns voll bewusst. Beim Essen und Trinken, beim Kauen und Schlucken ist er sich dieses Tuns voll bewusst. Beim Entleeren von Kot und Urin ist er sich dieses Tuns voll bewusst. Beim Gehen und Stehen und Sitzen, beim Schlafen und Wachen, beim Reden und Schweigen ist er sich dieses Tuns voll bewusst. So weilt er innen beim Körper in genauer Betrachtung des Körpers, er weilt außen beim Körper in genauer Betrachtung des Körpers. Sowohl innen als auch außen weilt er beim Körper in genauer Betrachtung des Körpers. In genauer Betrachtung der Entstehensbedingungen weilt er beim Körper; in genauer Betrachtung der Vergehensbedingungen weilt er beim Körper; in genauer Betrachtung der Entstehens-Vergehens-Bedingungen weilt er beim Körper. ›Das ist der Körper‹, vergegenwärtigt er sich nun aufmerksam, soweit es eben dem Erkennen, der Achtsamkeit dient. Und unabhängig lebt er, und an nichts in der Welt haftet er. Und so, ihr Mönche, weilt ein Mönch beim Körper in genauer Betrachtung des Körpers.«[219]

Und die entsprechende Lehrrede im *Majjhima Nikāya* fährt wiederum fort:

»Ihm, der so unermüdlich, eifrig und entschlossen weilt, schwinden die weltlichen Erinnerungen und Neigungen, und durch ihr Schwinden festigt sich in seinem Inneren der Geist, beruhigt, einigt und sammelt sich. So auch, ihr Mönche, entfaltet der Mönch die auf den Körper gerichtete Achtsamkeit.«[220]

»Da begibt sich, ihr Mönche, ein Mönch in den Wald […] oder in ein leeres Haus …«
(Nächste Doppelseite)

Die vierfache Wissensklarheit besteht darin, jede einzelne Handlung, alle Verrichtungen des Körpers voll bewusst zu verrichten. Jedes Denken, Sprechen und Handeln sollte zweckbewusst und zweckdienlich sein – dem Zweck unserer wahren Bestimmung, dem Weg zum Nibbana. Die Wissensklarheit gilt als vierfach hinsichtlich:

- des Zwecks und des Nutzens solchen Tuns
- der Angemessenheit von Ort und Zeit
- der gewählten Meditationsmethode
- der Unverblendung

Sie fragt nach

- dem Sinn und Zweck unserer Handlungen, ihrer Übereinstimmung oder Nichtübereinstimmung mit unserem Ziel,
- der Angemessenheit von Ort und Zeit unserer Handlungen,
- der Beibehaltung der einmal gewählten Meditationsmethode während der Handlungen, der allmählichen Einordnung unseres gesamten Lebens in unsere Geistesschulung,
- der wahren Natur unserer Handlungen, ihrer Vergänglichkeit, Leidhaftigkeit und »Selbst-Losigkeit«.

Die Leichenfeldbetrachtungen

Es war auf einer meiner »Reisen zum Selbst« in Sri Lanka, als ich auf eine jener Waldeinsiedeleien stieß, wie man ihnen noch hin und wieder in Asien begegnet: »[...] nicht zu fern und nicht zu nah, zum Gehen und Kommen geeignet. Bei Tage wenig belebt, des Nachts ohne Geräusch und Lärm.«[221] Eine Ansammlung kleiner, peinlich sauber gehaltener Hütten, durch Wege aus geharktem Sand verbunden, im sanften Zwielicht des Dschungels. Vögel und

Affen. Stille. Greifbar beinahe. Ein kleiner Tempel, ein Stūpa, unter einer riesigen Pipal, einem Bodhi-Baum. Gespräch mit dem Abt und die Erlaubnis, den Klosterhain zu betreten. Achtsam, still. Es war gegen zehn, und die Mönche hatten sich in ihre Klausen zurückgezogen, meditierten. Und so lag das Kloster scheinbar verlassen da im verwunschenen Wald. Ein kleiner Junge aus dem nahen Ort hatte sich mir angeschlossen, begierig, dem Fremden alles zu zeigen. Und so führte er mich auf verschlungenen Pfaden zum Bad der Mönche, zu den Meditationsplätzen im Wald, den eingefriedeten schnurgeraden Sandbeeten – wohl an die zwanzig Meter lang –, die beinahe hinter jedem der kleinen Häuschen angelegt waren; zur Gehmeditation der Mönche, an einem steinernen Meditationssitz endend. Wispernd zog er mich zur Veranda einer der Klausen: Ein großes Gemälde – die einzelnen Stufen der Leichenfeldmeditation darstellend (s. u.). Plastisch und detailgetreu. Die langsame Auflösung eines menschlichen Körpers in den verschiedenen Stufen des Zerfalls. Am Ende des Meditationsweges aber ein kleiner Schrein mit gläserner Front. Und beim Näherkommen erkannte ich dessen Inhalt: ein grinsendes Skelett, wartend auf jeden Schritt des sich Nähernden auf dem geharkten Pfad, ihn an die Vergänglichkeit allen Seins gemahnend, den eigenen Tod: vergänglich, leidvoll, nicht das Selbst ...

Die *Mahā Satipatthāna Suttanda*, die »Große Lehrrede von den Grundlagen der Achtsamkeit« beschreibt diese Meditationsform folgendermaßen:

»Und weiter noch, ihr Mönche: als sähe da ein Mönch einen Körper, auf ein Leichenfeld geworfen, einen Tag nach dem Tode, zwei Tage nach dem Tode oder drei Tage nach dem Tode, aufgedunsen, blau verfärbt, verfaulend. Er wendet eben dies auf seinen eigenen Körper an. – Auch dieser Körper ist ja von solcher Natur, solches steht ihm bevor, solchem kann er nicht entgehen! So weilt er innen beim Körper in genauer Betrachtung des Körpers, er weilt außen beim Körper in genauer Betrachtung des Körpers. Sowohl innen als auch außen weilt er beim Körper in genauer Betrachtung des Körpers. In genauer Betrachtung der Entstehensbedingungen weilt er beim Körper; in genauer Betrachtung der Vergehensbedingungen weilt er beim Körper; in genauer Betrachtung der Entstehens-Vergehens-Bedingungen weilt er beim Körper. »Das ist der Körper«, vergegenwärtigt er sich nun aufmerksam, soweit es eben dem Erkennen, der Achtsamkeit dient. Und unabhängig lebt er, und an nichts in der Welt haftet er. Und so, ihr Mönche, weilt ein Mönch beim Körper in genauer Betrachtung des Körpers.[222]

»Ihm, der so unermüdlich, eifrig und entschlossen weilt, schwinden die weltlichen Erinnerungen und Neigungen, und durch ihr Schwinden festigt sich in seinem Inneren der Geist, beruhigt, einigt und sammelt sich. So auch, o Mönche, entfaltet der Mönch die auf den Körper gerichtete Achtsamkeit.«[223]

»Und weiter noch, ihr Mönche: als sähe da ein Mönch einen Körper, auf ein Leichenfeld geworfen, von Krähen zerfressen, von Raubvögeln zerfressen, von Geiern zerfressen, von Hunden zerfressen, von Schakalen zerfressen, von allerlei kleinen Lebewesen zerfressen. Er wendet eben dies auf seinen eigenen Körper an. – Auch dieser Körper ist ja von solcher Natur, solches steht ihm bevor, solchem kann er nicht entgehen! So weilt er innen beim Körper in genauer Betrachtung des Körpers, er weilt außen beim Körper in genauer Betrachtung des Körpers. Sowohl innen als auch außen weilt er beim Körper in genauer Betrachtung des Körpers. In genauer Betrachtung der Entstehensbedingungen weilt er beim Körper; in genauer Betrachtung der Vergehensbedingungen weilt er beim Körper; in genauer Betrachtung der Entstehens-Vergehens-Bedingungen weilt er beim Körper. »Das ist der Körper«, vergegenwärtigt er sich nun aufmerksam, soweit es eben dem Erkennen, der Achtsamkeit dient. Und unabhängig lebt er, und an nichts in der Welt haftet er. Und so, ihr Mönche, weilt ein Mönch beim Körper in genauer Betrachtung des Körpers.

Und weiter noch, ihr Mönche: als sähe da ein Mönch einen Körper, auf ein Leichenfeld geworfen, ein Knochengerippe, fleischbehangen, blutig, von den Sehnen zusammengehalten – ein Knochengerippe, fleischentblößt, blutbeschmiert, von den Sehnen zusammengehalten – ein Knochengerippe, ohne Fleisch, ohne Blut, von den Sehnen zusammengehalten – die Knochen nicht mehr von Sehnen zusammengehalten, in alle Richtungen verstreut: hier ein Handknochen, da ein Fußknochen, da ein Beinknochen, da ein Schenkelknochen, da ein Hüftknochen, da ein Rückenwirbel, da der Schädel [...] Die Knochen gebleicht, muschelfarbig – die Knochen zuhauf, jahrelang daliegend – die Knochen modernd, zu Staub geworden. Er wendet eben dies auf seinen eigenen Körper an. – Auch dieser Körper ist ja von solcher Natur, solches steht ihm bevor, solchem kann er nicht entgehen! So weilt er innen beim Körper in genauer Betrachtung des Körpers, er weilt außen beim Körper in genauer Betrachtung des Körpers. Sowohl innen als auch außen weilt er beim Körper in genauer Betrachtung des Körpers. In genauer Betrachtung der Entstehensbedingungen weilt er beim Körper; in genauer Betrachtung der Vergehensbedingungen weilt er beim Körper; in genauer Betrachtung der Entstehens-Vergehens-Bedingungen weilt er beim Körper. »Das ist der Körper«, vergegenwärtigt er sich nun aufmerksam, soweit es eben dem Erkennen, der Achtsamkeit dient. Und unabhängig lebt er, und an nichts in der Welt haftet er. Und so, ihr Mönche, weilt ein Mönch beim Körper in genauer Betrachtung des Körpers.«[224]

Diese Leichenfeldbetrachtungen decken sich mit den im *Visuddhi Magga* beschriebenen zehn sogenannten »Ekelübungen« (Ashubbha Kammatthāna). Diese Betrachtung der vergänglichen, unpersönlichen, leidhaften Struktur alles Körperlichen führt natürlich zur Einsicht, dass dies auch die letztendliche Struktur des eigenen, ach so hoch geschätzten Körpers ist: anicca, dukkha, anattā – »Das bin ich nicht, das gehört mir nicht, das ist nicht mein Selbst!«[225] Dieser innere Abstand zum eigenen Körper führt zu höchster Meisterschaft, zur Befreiung. Womit wir uns so lange identifiziert haben, das zerfällt nach unserem Tode, wird zum Futter der Würmer, zersetzt sich, zerfällt in seine Elemente. Und wie nahe der Tod uns ist, erfährt, wer danach fragt, ständig. Einer meiner Yoga-Lehrer in Indien fragte mich bei allem, was ich tat: »Was nützt dir dies – im Rachen des Todes!« Ständig sind wir – »im Rachen des Todes«. Er ist unser treuester Begleiter. Alles Leben mündet in ihm. *Memento mori.* Doch heutzutage verschließen wir unseren Blick vor dieser simplen Tatsache, verbannen Alter und Krankheit und Tod aus unserem Blickfeld, bauen Paläste der Einsamkeit für unsere Alten und Kranken und Sterbenden; in Asien jedoch sind sie noch stets gegenwärtig: an den Ufern der Ganga, in den Sterbehäusern Varanasis und Kali Ghats[226], in Tempeln und anderen heiligen Orten, im Dickicht der Städte ... Eng verwandt mit dieser Meditation der Leichenfeldbetrachtung ist Maranasati, die »Betrachtung über den Tod«.

Betrachtung über den Tod

Einst, so habe ich es gehört, weilte der Erhabene in Ginjakavasatha. Da wandte sich der Erhabene an die Mönche: »Mönche!« – »Ja, Herr!« »Die Betrachtung über den Tod, ihr Mönche, eifrig entfaltet und häufig geübt, bringt hohen Lohn, hohe Befriedigung, entspringt dem Todlosen, mündet im Todlosen. Sobald, ihr Mönche, der Tag zur Neige geht oder sobald die Nacht dem Tag weicht, denkt ein Mönch bei sich: ›Wahrlich, viele Möglichkeiten zu sterben, stehen für mich bereit! – Es könnte mich eine Schlange beißen, oder ein Skorpion oder ein Tausendfüßler könnte mich stechen, sodass ich dadurch ums Leben käme.

Das aber wäre für mich ein Hindernis! Ich könnte straucheln und fallen, oder die genossenen Speisen könnte mir schlecht bekommen, sodass Galle und Schleim und stechende Gase erregt würden, Menschen oder Unholde könnten mich anfallen, sodass ich dabei ums Leben käme. Das aber wäre für mich ein Hindernis!‹ Da hat nun ein Mönch, ihr Mönche, sich zu überlegen: ›Finden sich in mir noch unüberwundene üble, unheilvolle Dinge, die mir, wenn ich in der heutigen Nacht oder am heutigen Tag sterben sollte, zum Schaden gereichen könnten?‹ Wenn nun, ihr Mönche, ein Mönch bei dieser Betrachtung bemerkt, dass in ihm noch üble, unheilvolle Dinge anzutreffen sind, so hat er äußersten Willensentschluss, äußerste Tatkraft, äußerstes Streben, äußerste Ausdauer, äußerste Standhaftigkeit, äußerste Achtsamkeit und äußerste Geistesklarheit zu zeigen, um diese üblen, unheilvollen Dinge zu überwinden ...«[227]

»Alles, ihr Mönche, ist dem Tod unterworfen. – Was ist dies alles, das dem Tod unterworfen ist? – Das Auge, ihr Mönche, ist dem Tod unterworfen, die Formen sind dem Tod unterworfen, das Sehbewusstsein ist dem Tod unterworfen, der Seheindruck ist dem Tod unterworfen, und auch das, was aufgrund des Seheindrucks an Gefühlen entsteht, an freudvollen oder leidvollen oder weder freudvollen noch leidvollen – all dies ist dem Tod unterworfen. Das Ohr, ihr Mönche, ist dem Tod unterworfen, die Töne sind dem Tod unterworfen, das Hörbewusstsein ist dem Tod unterworfen, der Höreindruck ist dem Tod unterworfen, und auch das, was aufgrund des Hörens an Gefühlen entsteht, an freudvollen oder leidvollen oder weder freudvollen noch leidvollen (indifferenten) – all dies ist dem Tod unterworfen. Die Nase, ihr Mönche, ist dem Tod unterworfen [...] Die Zunge, ihr Mönche, ist dem Tod unterworfen [...] Der Körper, ihr Mönche, ist dem Tod unterworfen [...] Der Geist, ihr Mönche, ist dem Tod unterworfen ...«

CARPE DIEM – DIE GESCHICHTE VON MAKHĀDEVA

Und man sollte nicht zögern, mit der Übung zu beginnen, wie jung man auch sein mag. In den Jātakas, den Wiedergeburtsgeschichten des *Khuddaka Nikāya*, steht folgende Erzählung über eine der vorgeschichtlichen Existenzen des Buddha:

> Dies erzählte der Erhabene, als er im Jeta-Hain weilte. [...] »O Mönche, nicht nur jetzt übt der Vollendete große Entsagung; auch vormals schon hat er sie geübt!« [...], und der Erhabene machte die durch die zwischen den Existenzen liegende Zeitspanne verhüllte Begebenheit bekannt: Vor Zeiten herrschte in Mithilā im Videha-Land ein tugendhafter, gerechter König. Dieser hatte vierundachtzigtausend Jahre mit Knabenspiel, dann als Vizekönig schließlich als Großkönig verbracht. Nachdem er diese lange Zeit so zugebracht hatte, sagte er eines Tages zu seinem Barbier: ›Wenn du, lieber Barbier, auf meinem Kopf graue Haare entdecken solltest, dann teile es mir mit.‹ Nachdem wiederum eine lange Zeit verstrichen war, sah der Barbier eines Tages unter den pechschwarzen Haaren des Königs ein einziges graues und teilte ihm mit: ›Herr, an dir ist ein graues Haar zu sehen!‹ – ›Dann, mein Lieber, reiß es aus und zeig es mir!‹ Als er das gesagt hatte, zog der Barbier das Haar mit einer goldenen Pinzette heraus und legte es dem König in die Hand. Damals verblieb dem König noch eine weitere Lebensspanne von vierundachtzigtausend Jahren. Obwohl dem so war, meinte er, als er das graue Haar sah, Māra, der Totengott, sei gekommen und stehe schon in seiner Nähe, und er selbst sei in eine in Brand geratene Blätterlaube getreten. Von Aufregung ergriffen, dachte er: ›O Makhādeva, du Narr, nicht einmal bis zum Erscheinen eines grauen Haares vermagst du diese Laster zu unterdrücken!‹ Während er so über das Sichtbarwerden des ersten grauen Haares nachdachte, geriet er innerlich in Glut, Schweißtropfen

brachen aus dem Körper hervor, sodass ihn die Kleidungsstücke quälten und den Eindruck erweckten, als ließen sie sich nicht abstreifen. Und er dachte: ›Heute noch werde ich der Welt entsagen und als Mönch hinausziehen!‹ Dem Barbier aber gab er ein ausgezeichnetes, an die hunderttausend an Steuergeldern bringendes Dorf. Den ältesten Sohn ließ er rufen und sprach: ›Lieber, auf meinem Kopf ist ein graues Haar sichtbar geworden! Ein alter Mann bin ich nun. Genossen hab ich die menschlichen Freuden, jetzt werde ich die himmlischen suchen! Die Zeit der Entsagung ist gekommen! Übernimm du nun die Regierungsgewalt! Ich aber werde, im Makhādeva-Mangowald wohnend, das Leben eines Bettelmönchs führen.‹ Da begaben sich seine Minister zu ihm und fragten: ›Herr, was ist die Ursache, dass du als Mönch hinausziehen willst?‹ Der König fasste das graue Haar in der Hand und sprach zu seinen Ministern:

›Auf dem Haupt das Haar mir,

vom Alter gebracht,

offenbar geworden als Götterbote:

– zum Hinausziehen ist es Zeit für mich.‹

Nachdem er so gesprochen hatte, gab er noch am selben Tage die Königsherrschaft ab und zog als Bettelmönch hinaus. Vierundachtzigtausend Jahre im Makhādeva-Mangohain weilend, entwickelte er die vier seelischen Vollkommenheiten[228], verharrte in ununterbrochener Meditation, starb schließlich und wurde in der Brahmā-Welt wiedergeboren. Von dort wechselte er als König namens Nimi in neuerlicher Existenz nach Mithilā. Nachdem er dort sein niedergegangenes Geschlecht wieder geeint hatte, zog er wiederum als Mönch in den Mangohain, verwirklichte die vier seelischen Vollkommenheiten und fand erneut Zutritt zur Brahmā-Welt.« Und weiter sprach der erhabene Meister: »O Mönche, nicht nur jetzt übt der Vollendete große

Entsagung; auch vormals schon hat er sie geübt!« Nachdem er diese Lehrgeschichte herangezogen und dargelegt hatte, verkündete er die vier Edlen Wahrheiten. Einige der Zuhörer wurden bekehrt, einige wurden zu solchen, die nur noch einmal in eine neue Existenz eintreten, einigen wurde die Nichtmehrwiederkehr. Nachdem der Erhabene so diese beiden Begebenheiten erzählt hatte, verband er das Jātaka mit seinem jetzigen Dasein, indem er darlegte: »Der Barbier damals war Ānanda, der Sohn war Rāhula, der König Makhādeva aber war ich!«[229]

Und an anderer Stelle:

»Gar kurz, o Brahmane, ist das Leben der Menschen, begrenzt und flüchtig, voller Leiden und Qualen. Dies sollte man weise erkennen, Gutes tun und den heiligen Wandel pflegen; denn kein Geborener entrinnt dem Tode. Ebenso, o Brahmane, wie ein Tautropfen an der Spitze eines Grashalmes beim Aufgehen der Sonne rasch zergeht, nicht lange bleibt – ebenso, o Brahmane, ist das dem Tautropfen vergleichbare Leben der Menschen begrenzt und flüchtig ...«[230]

Und:

»Übt ihr nun auch, ihr Mönche, die Betrachtung über den Tod?« – Hierauf sprach einer der Mönche: »Ich, o Herr, übe die Betrachtung über den Tod!« – »Und wie, Mönch, übst du die Betrachtung über den Tod?« – »Ich denke, o Herr, vielleicht lebe ich nur noch diesen Tag, diese Nacht! Möchte ich doch die Lehre des Erhabenen beherzigen, möchte ich doch viel leisten!«

Auch andere Mönche melden sich zu Wort, schildern ihre Art der Betrachtung über den Tod:

»Ich denke, o Herr, vielleicht lebe ich nur noch diesen Tag! Ach, möchte ich doch die Lehre des Erhabenen beherzigen, möchte ich doch viel leisten!« [...] »Ich denke, o Herr, vielleicht lebe ich nur noch so lange, wie es dauert, diese Almosenspeise zu verzehren! Möchte ich doch die Lehre des Erhabenen beherzigen, möchte ich doch viel leisten!« [...] »Ich denke, o Herr, vielleicht lebe ich nur noch so lange, wie es dauert, vier, fünf Bissen zu kauen und zu mir zu nehmen! Ach, möchte ich doch die Lehre des Erhabenen beherzigen, möchte ich doch viel leisten!«

Doch über all jene bricht der Buddha den Stab: »Nachlässig leben sie! Schlaff üben sie die Betrachtung über den Tod zur Vernichtung der Triebe!« Nur die beiden letzten finden Gnade vor den Augen des Meisters:

»Ich denke, o Herr, vielleicht lebe ich nur noch so lange, wie es dauert, diesen einen Bissen zu kauen und zu mir zu nehmen! Möchte ich doch die Lehre des Erhabenen beherzigen, möchte ich doch viel leisten!« [...] »Ich denke, o Herr, vielleicht lebe ich nur noch so lange, wie ich nach dem Einatmen ausatme, nach dem Ausatmen einatme! Möchte ich doch die Lehre des Erhabenen beherzigen, möchte ich doch viel leisten!« – »Von diesen Mönchen, ihr Mönche, heißt es: ›Unnachlässig leben sie; straff üben sie die Betrachtung über den Tod zur Vernichtung der Triebe.‹

Und der Erhabene schließt mit den Worten: »So, ihr Mönche, müsst ihr euch üben.«[231]

Im *Visuddhi Magga*, dem »Weg zur Reinheit«, heißt es zu dieser Übung, der »Betrachtung über den Tod«: »Wer diese Übung zu entfalten gedenkt, der begebe sich in die Einsamkeit; und abgeschieden stelle er in gründlicher Weise die Erwägung an: ›Einst wird kommen der Tod; die Lebenskraft wird versiegen!‹ oder: ›Sterben muss ich, sterben muss ich!‹«

Im *Visuddhi Magga* folgen darauf achterlei Empfehlungen, wie der Tod zu betrachten sei: [232]

1. Als mit gezücktem Schwert vor einem stehender Mörder
2. Als Zerstörer unserer Erfolge
3. Im Vergleich mit anderen, unterliegen doch selbst die Mächtigsten dem Tode, war ja selbst der Buddha dem Tod unterworfen
4. In der Betrachtung, dass wir unseren Körper mit vielen »Bewohnern« teilen (»Mit Rücksicht darauf, dass der Körper vielen angehört«), einer nahezu unbegrenzten Anzahl unterschiedlicher Mikroben und Bakterien und anderer Mikroorganismen (»achtzig Würmerarten«)
5. Im Hinblick auf die Hinfälligkeit des Lebens (»Mit Rücksicht auf die Ohnmacht des Lebens«), die Abhängigkeit von Nahrung und Atmung, Körperhaltungen und Klima etc.
6. Im Hinblick auf die Unvorhersehbarkeit des Todes (»Mit Rücksicht auf das Fehlen von Anzeichen«)
7. Mit »Rücksicht auf die Begrenztheit der Lebensdauer«, denn: »Wer lange lebt, lebt hundert Jahre oder etwas mehr«[233]; und doch lauert der Tod überall (s. o.)
8. Mit »Rücksicht auf die Kürze des Bewusstseinsaugenblicks«, denn: In unendlich rascher Abfolge reiht sich Augenblick an Augenblick, sind wir ständiger Veränderung unterworfen: »Im höchsten Sinne haben die Wesen nur einen sehr kurzen Augenblick zu leben, nur so lange, wie ein Bewusstseinsmoment dauert. Gleichwie das Wagenrad beim Rollen wie beim Stillstand sich jedes Mal bloß auf einem einzigen Punkt der Peripherie befindet – genau so währt das Leben der Wesen nur für die Dauer eines einzigen Bewusstseinsmomentes. Sobald dieser Augenblick erloschen ist, ist auch das Wesen erloschen. Denn es heißt: ›Das Wesen des vergangenen Bewusstseinsmomentes hat gelebt, lebt jetzt nicht mehr, wird auch später nicht mehr leben. Das Wesen des zukünftigen Bewusstseinsmomentes hat noch

nicht gelebt, lebt jetzt noch nicht, wird erst später leben. Das Wesen des gegenwärtigen Bewusstseinsmomentes hat früher noch nicht gelebt, lebt nur jetzt, wird später nicht mehr leben.‹«[234]

Wie so gänzlich unerwartet der Tod über alles Leben hereinbrechen kann, wurde mir auf einer meiner »Reisen zum Selbst« recht drastisch vor Augen geführt. Es war an einem Christfestmorgen. Ein wahrhaft Glück verheißender Tag. Strahlender Sonnenschein, und doch: herrlich kühl, so früh noch am Tag. Kinder am palmengesäumten Strand. Scharen von Krähen in leichtem Wind. Weihnachten und Vollmond. Ein heiliger Tag, für Buddhisten wie Christen. Bilderbuchsonntag. Gegen sieben zum kleinen buddhistischen Schrein in der Temple Road. Viele Weißgekleidete bringen dem Buddha ihr morgendliches Opfer: Ātā-Sīla, die Beachtung von acht Sittlichkeitsgeboten der zehnfachen Mönchsethik, wie sie an Vollmond- und Neumondtagen von vielen Laienanhängern des Erhabenen gepflegt wird.[235] Ein langes Gespräch mit dem Meditationslehrer der Mönche, der mich einlädt, ihn zu besuchen. Glück verheißender Tag, wahrhaft Glück verheißend ... Als ich ins Hotel zurückkehre, herrscht das Chaos, blankes Entsetzen. Eine Flutwelle hatte die Küsten regelrecht zerfetzt, plötzlich, unerwartet. Die Zahl der Toten – wie sich später herausstellte – unvorstellbar hoch ...

Sechs

Ānāpānasati –
Die Atmungsachtsamkeit

Brennende Glut früh schon am Morgen. Ansonsten – Inselcharme pur: Südsee und und Gauguin – aus der Ferne betrachtet. Muscheln und Krebse und Müll. Ebbe. Die Fischfängerflotte ist vom Fang zurück. Rostige Seelenverkäufer mit Krebsreusen und Che-Guevara-Flagge im sanften Wind. Muschelsammlerinnen unter dem Pier im Watt. Das »Come! Come!« der Huren aus einer der Kneipen des Dorfes, der Schatten des Waldes sodann. Ein kleiner See am Ende eines langen sandigen Weges, ein Kloster. Kaum mehr als hölzerne Hütten, Wellblechdächer und Veranden mit glänzendem Boden. Teak, vielfach geschrubbt. Als ich im Schatten ruhe, kurz die Augen schließe, um den Frieden zu genießen, den dieser Ort ausstrahlt, den völligen Frieden, setzt sich einer der Mönche zu mir: vielfach tätowiert, Brille, das dunklere Kleid der Meditationsmöche. Er ist noch recht jung, kommt aus Chiang Mai, spricht nur wenig Englisch. Dennoch: Die Kommunikation klappt. Und er wird mein erster buddhistischer Lehrer in jenen Tagen. Täglich besuche ich ihn in seinem kleinen Kloster, dringe tiefer ein in die Technik der Atmungsachtsamkeit, wie sie schon der Buddha lehrte, folge dem Strömen des Atems. Von der Nase zum Herzen, zum Ende der Wirbelsäule (Mūlādhāra Chakra), und zurück. Wieder und immer wieder …

»Dies, ihr Mönche, ist der einzigartige Weg zur Reinigung der Wesen, zur Überwindung von Kummer und Jammer, zur Vernichtung des Leidens ...«[236] Ānāpānasati, die Atmungsachtsamkeit, ist das probateste Mittel zur Entwicklung der Rechten Achtsamkeit und der Rechten Versenkung. Sie führt – »richtig geübt« – zur Entfaltung der Geistesruhe (Samatha) und zur Entfaltung des Klarblicks (Vipassanā).

Einmal, vor vielen Jahren auf einer meiner Reisen durch Indien auf der Suche nach Yogis und Sadhus und allen möglichen Heiligen, kam ich nach Uttar Kashi, dem »Kashi (Benares) des Nordens«. Ein großer Yogi sollte in den nahen Bergwäldern wohnen, ein wahrhaft heiliger, sagenumwobener. Monate verbringe er in völliger Abgeschiedenheit in den eisigen Höhen ohne Kleidung und Nahrung, einzig dem Yoga hingegeben. Und so stieg ich mit Pratap Singh, meinem Führer und Freund, früh am anderen Morgen auf, durch Bambushaine zunächst, später dann Föhren und Zedern, Wacholder und Rhododendren mit mächtigem Stamm, an die zehn Meter hoch, Farne und Hanf. Stille. Eine Hütte aus unbehauenem Stein, windumtost. Ein Schüler umsorgte den heiligen Mann, fächelte ihm Luft zu, brachte uns Wasser. Dann wieder nur Stille. Einige Zeit saßen wir so, sprachlos, wunschlos. Was mich zu ihm geführt habe? Leise erklang seine Stimme, seltsam heißer. Gutturales Englisch. Stockend, wenn die Worte fehlten. »Stell deine Fragen!« Der neben mir sitzende Pratap riss mich aus meinen Gedanken. »Frag ihn, was immer du wissen willst!« Und so stellte ich meine Fragen, die Wege der Meditation betreffend, die Wege zum Selbst. Und Advaitananda – Glatze und langes strähniges Haar, korpulent und doch keineswegs fett, kompakt – hörte mir zu, rieb sich die Nase, lächelte. »Siehst du den Baum dort?«, zeigte er auf eine der Föhren im Tal. »Warum bewegt er sich? – Weil der Wind ihn berührt! Legt sich der Wind, steht der Baum still. Völlig unbeweglich und still. Warum sind wir stets in Bewegung, zumindest unsere Gedanken? – Es ist der Wind, der von unseren Wünschen entfacht wird. Keine Wünsche – keine Bewegung. Nur Stille und Frieden! Und was ist Meditation anderes? Doch wem kannst du da trauen? – Deinen Augen? – Wohl kaum! Sie wandern bald hierhin, bald dahin. Ruhelos, leicht zu verführen. Der Nase? Den Ohren? Der Zunge? Dem Körper gar? – Niemals. Doch du hast einen Freund, auf den du dich immer verlassen kannst, der nicht müde wird, abgelenkt, nicht einmal, wenn du schläfst: deinen Atem. Er ist stets bei dir. Unerschütterlich. Ein und aus. Unaufhörlich. Er ist dein vertrauenswürdigster Freund. Wenn er geht, gehst auch du! Beobachte also deinen Atem. Konzentriere deinen Geist auf das Ein- und Ausatmen, und du wirst Frieden finden.« – Meine erste Lektion in Ānāpānasati, noch ehe ich diesen Namen überhaupt kannte, und von nun an sollten mich Hinweise auf diese Übung überall auf meinen Reisen durch das spirituelle Asien begleiten, wohin auch immer ich kam …

»Wie aber, ihr Mönche, weilt ein Mönch beim Körper in genauer Betrachtung des Körpers? – Da begibt sich, ihr Mönche, ein Mönch in den Wald oder an den Fuß eines Baumes oder in ein leeres Haus und lässt sich mit gekreuzten Beinen nieder, den Körper gerade aufgerichtet, die Aufmerksamkeit voll gewärtig haltend. Aufmerksam atmet er ein, aufmerksam atmet er aus. Lang einatmend, weiß er: ›Ich atme lang ein!‹ Lang ausatmend, weiß er: ›Ich atme lang aus!‹ Kurz einatmend, weiß er: ›Ich atme kurz ein!‹ Kurz ausatmend, weiß er: ›Ich atme kurz aus!‹ ›Den ganzen Körper empfindend, werde ich einatmen‹, so übt er sich. ›Den ganzen Körper empfindend, werde ich ausatmen‹, so übt er sich. ›Den Körpervorgang beruhigend, werde ich einatmen‹, übt er sich. ›Den Körpervorgang beruhigend, werde ich ausatmen‹, übt er sich. [...] So weilt er innen beim Körper in genauer Betrachtung des Körpers; er weilt außen beim Körper in genauer Betrachtung des Körpers. Sowohl innen als auch außen weilt er beim Körper in genauer Betrachtung des Körpers. In genauer Betrachtung der Entstehensbedingungen weilt er beim Körper; in genauer Betrachtung der Vergehensbedingungen weilt er beim Körper; in genauer Betrachtung der Entstehens-Vergehens-Bedingungen weilt er beim Körper ›Da ist der Körper‹, vergegenwärtigt er sich, soweit es dem Erkennen dient, der Achtsamkeit dient. Und unabhängig lebt er, und an nichts in der Welt haftet er. So, ihr Mönche, weilt ein Mönch beim Körper in genauer Betrachtung des Körpers.«[237]

Ānāpānasati, die Atmungsachtsamkeit, wie sie an so vielen Stellen beschrieben wurde, insbesondere jedoch in der *Mahā Satipatthāna Suttanda* des *Dīgha Nikāya* und der achten Rede des zwölften Teils des *Majjhima Nikāya,* gilt als die beste Übung zur Erreichung der vier (acht) Vertiefungszustände, als die Samatha-Praxis, die Körperachtsamkeit schlechthin – und wird doch auch – vollständig durchgeführt – zur Vipassanā-Meditation (Vgl. hierzu Kapitel 8 Samatha und Vipassanā für die tägliche Praxis). Gerade für die Menschen von heute – insbesondere auch die des Westens – scheint mir diese Methode die am einfachsten zu praktizierende, erfolgversprechendste, »lässt hohen Lohn erlangen, hohe Förderung«.[238] Zwar sind selbstverständlich auch die anderen Arten der Körperbetrachtung überaus hilfreich, doch für die tägliche, regelmäßige Praxis ist meiner Ansicht (und der meiner Lehrer) nach Ānāpānasati unerreicht. Betrachten wir also eine der vielen Stellen, an denen der Erhabene auf diese Meditationspraxis eingeht[239], näher:

Einst, so habe ich es gehört, weilte der Erhabene bei Sāvatthī, im östlichen Klostergarten, in dem von der Mutter Migāros errichteten großen Gebäude, zusammen mit vielen wohlbekannten Älteren, wohlbekannten Jüngern, den Ehrwürdigen Sariputta, Mahā-Moggallana, Mahā-Kāshyapa, Mahā-Kaccāyana, Mahā-Kotthita, Mahā-Kappina, Mahā-Cunda, Anuruddha, Revata, Ānanda und noch mit anderen wohlbekannten Älteren, wohlbekannten Jüngern. Zu jener Zeit nun ermahnten und belehrten einige ältere Mönche etwa zehn neu aufgenom-

»Da begibt sich, ihr Mönche, ein Mönch in den Wald …«

mene Mönche, einige ermahnten und belehrten zwanzig, einige dreißig, einige vierzig. Und diese neuen Mönche, von den älteren Mönchen ermahnt und belehrt, erfuhren allmählich ein köstliches, stetig wachsendes Ergebnis.

Damals nun, es war am Uposatha, am fünfzehnten Tag des Monats, am Tag der Läuterungshandlung des Ordens, in einer Vollmondnacht, da hatte sich der Erhabene, von der Mönchsgemeinde umgeben, unter freiem Himmel niedergesetzt. Und der Erhabene ließ seinen Blick über die völlig lautlose Mönchsgemeinde schweifen und wandte sich an die Mönche:

»Vollendet, ihr Mönche, ward ich auf diesem Pfade, vollendet, ihr Mönche, ward mein Geist auf diesem Pfade. Daher, ihr Mönche, immer mehr noch setzt eure Kraft ein, um das Unerreichte zu erreichen, das Unerlangte zu erlangen, das Unverwirklichte zu verwirklichen. Nur noch den Vollmond des vierten Herbstmonats werde ich hier in Sāvatthī abwarten.«

Es vernahmen die Mönche, die in der Provinz lebten: »Der Erhabene, sagt man, wird dort in Sāvatthī nur noch den Vollmond des vierten Herbstmonats abwarten.« Da machten sich jene in der Provinz lebenden Mönche auf nach Sāvatthī, um den Erhabenen zu sehen. Und die älteren Mönche ermahnten und belehrten die jungen Mönche nur noch mehr. Einige ermahnten und belehrten zehn Mönche, einige zwanzig, einige dreißig, einige vierzig. Und diese neuen Mönche, von den älteren Mönchen ermahnt und belehrt, erfuhren allmählich ein köstliches, stetig wachsendes Ergebnis.

Damals nun, als die Zeit angebrochen war an jenem Fasttag, am fünfzehnten Tage des vierten Herbstmonats, in jener Vollmondnacht, da hatte sich der Erhabene, von der Mönchsgemeinde umgeben, unter freiem Himmel niedergesetzt. Und der Erhabene ließ seinen Blick über die völlig lautlose Mönchsgemeinde gehen und wandte sich an die Mönche:

»Nicht geschwätzig, ihr Mönche, ist diese Versammlung, frei von Geschwätzigkeit, ihr Mönche, ist diese Versammlung, nur an Kernhaftes sich haltend. Solcherart, ihr Mönche, ist diese Mönchsgemeinde, solcherart, ihr Mönche, ist diese Versammlung, dass sie Opfer und Spende, Gabe und Ehrerbietung verdient, ein unvergleichliches Feld des Verdienstes in der Welt. Solcherart, ihr Mönche, ist diese Mönchsgemeinde, solcherart, ihr Mönche, ist diese Versammlung, dass bei ihr geringe Gabe groß ist und große Gabe mehr. Solcherart, ihr Mönche, ist diese Mönchsgemeinde, solcherart, ihr Mönche, ist diese Versammlung, dass eine solche schwer zu finden ist in der Welt. Solcherart, ihr Mönche, ist diese Mönchsgemeinde, solcherart, ihr Mönche, ist diese Versammlung, dass es lohnend wäre, selbst viele, die Mitnahme von Reisezehrung erfordernde Meilen zu gehen, um ihres Anblicks willen. Solcherart, ihr Mönche, ist diese Mönchsgemeinde, solcherart, ihr Mönche, ist diese Versammlung. Es gibt Mönche in dieser Mönchsgemeinde, die Heilige sind, Triebversiegte, die vollendet, ihr Werk getan, die Last abgelegt, das Hohe Ziel erreicht, die Daseinsfesseln zerstört haben, in vollkommener Weisheit erlöst sind; solche Mönche gibt es in dieser Mönchsgemeinde. Es gibt Mönche in dieser Mönchsgemeinde, die nach Zerstörung der fünf niederen Fesseln als geistgeborene Wesen erlöschen, nicht mehr zurückkehren von jener Welt; auch solche Mönche gibt es in dieser Mönchsgemeinde. Es gibt in dieser Mönchsgemeinde Mönche, die nach Zerstörung von drei Fesseln und Abschwächung von Gier, Hass und Verblendung als Einmalwiederkehrer nur einmal noch zu dieser Welt gekommen, dem Leiden ein Ende machen werden; auch solche Mönche gibt es in dieser Mönchsgemeinde. Es gibt in dieser Mönchsgemeinde Mönche, die nach Zerstörung von drei Fesseln in den Strom eingetreten sind, nicht mehr der Geburt in niederen Welten unterworfen, gesichert der Vollen Erleuchtung entgegengehen; auch solche Mönche gibt es in dieser Mönchsgemeinde. Es gibt in dieser Mönchsgemeinde Mönche, die sich hingebungsvoll widmen der Entfaltung der vier Grundlagen der Achtsamkeit – der vier rechten Kämpfe – der vier Machtfährten – der fünf Fähigkeiten der fünf Kräfte – der sieben Erleuchtungsglieder des heiligen Achtfachen Pfades; auch solche Mönche gibt es in dieser Mönchsgemeinde. Es gibt Mönche in dieser Mönchsgemeinde, die sich hingebungsvoll der Entfaltung der Güte widmen, der Entfaltung des Mitleids, der Mitfreude, des Gleichmuts, der Vorstellung des Unreinen, der Vergänglichkeits-Vorstellung; auch solche Mönche gibt es in dieser Mönchsgemeinde. Es gibt in dieser Mönchsgemeinde Mönche, die sich hingebungsvoll widmen der Entfaltung der Achtsamkeit bei Ein- und Ausatmung; auch solche Mönche gibt es in dieser Mönchsgemeinde.

Die Achtsamkeit bei Ein- und Ausatmung, ihr Mönche, bedachtsam geübt und gepflegt, lässt hohen Lohn erlangen, hohe Förderung. Die Achtsamkeit bei Ein- und Ausatmung, ihr Mönche, bedachtsam geübt und gepflegt, bringt die vier Grundlagen der Achtsamkeit zur Vollendung; die vier Grundlagen der Achtsamkeit, bedachtsam geübt und gepflegt, bringen die sieben Erleuchtungsglieder zur Vollendung; die sieben Erleuchtungsglieder, bedachtsam geübt und gepflegt, bringen die Weisheits-Erlösung zur Vollendung.«

Die Atmungsachtsamkeit gliedert sich in vier Gruppen (Tetraden), die »vier Grundlagen der Achtsamkeit«, mit jeweils vier Schritten: **Die ersten vier Schritte** dienen der Entwicklung der Sammlung (Samādhi) durch eine lückenlose Betrachtung der Atmung, die **Achtsamkeit auf den Körper**; danach folgt mit den Schritten fünf bis acht **in der zweiten Tetrade** die Kontemplation der Freude und des Glückes, **die Achtsamkeit auf die Gefühle. In der dritten Tetrade** widmen wir uns der **Betrachtung des Geistes** selbst in seinen verschiedenen Erscheinungsformen, in der **vierten Tetrade** folgt die **Achtsamkeit auf die Geistesobjekte**, die **Welt der Erscheinungen**, der **Gesetzlichkeiten der Natur.** Dies stellt auch – »richtig geübt« – den Übergang zur Klarblicksmeditation (Vipassanā) dar, dem Betrachten der Vergänglichkeit und der vollständigen Befreiung.

Folgt man den Lehren des Yoga – und wir dürfen beruhigt annehmen, dass der Erhabene, geschmiedet in jahrelanger intensiver Yoga-Praxis, sehr wohl um diese Zusammenhänge wusste – teilt sich der Lebenshauch, Prāna, im menschlichen Körper in fünf sogenannte Winde: Prāna, Apāna, Samāna, Udāna und Vyāna.

Das Herz ist der Sitz Prānas, Apānas Sitz ist der Anus,
von Samāna die Region um den Nabel; Udāna sitzt in der Kehle,
während Vyāna sich im gesamten Körper bewegt.

Shiva Samhitā III/7

Prāna, der »nach vorne strebende Hauch«, strömt nach innen und regelt die Atmung. Er bewegt sich vor allem im Brust- und Kopfbereich und steuert die Nahrungsaufnahme und die Aufnahme der Luft und der Sinneseindrücke. Apāna, der »sich entfernende Hauch«, fließt nach unten und nach außen und regelt die Abgabe von Urin, Samen, Kot und Gasen. Er wirkt bei der Verdauung mit und harmonisiert die unteren Organe. Udāna, »der aufsteigende Hauch«, ist die vitale Energie im Kehlkopf- und Rachenbereich. Er steuert die Sprache und die Verbindung zwischen physischem und spirituellem Körper. Samāna, »der ausgleichende Hauch«, fließt von außen zur Mitte. Er ist die vitale Energie im Nabelzentrum und unterstützt die Verdauung und die Sauerstoffaufnahme. Vyāna, »der nach außen fließende Hauch«, strebt von der Mitte nach außen. Er ist die vitale Energie in der Lunge und im Herzen und steuert den Kreislauf. Er transportiert Nährstoffe, Wasser und Sauerstoff durch den Körper. Ohne Prāna ist der Körper nichts anderes als ein toter Klumpen Lehm. Erst durch Prāna, den göttlichen Hauch, den Odem, entsteht beseeltes Leben. Prāna ist die Energie, die alles durchdringt. Prāna ist Licht und Wärme, Schwerkraft und Elektrizität:

Prāna ist der Lebenshauch aller Wesen im Universum.
Er ist die Nabe im Rad des Lebens. In ihm hat alles seinen Grund.
Er ist Sein und Nichtsein und die Quelle aller Erkenntnis ...

B.K.S. Iyengar

Im Buddhismus bezeichnen wir den einströmenden Atem als Ānā, den ausströmenden als Apāna; daher der Name dieser Übung: Ānāpānasati – »Betrachtung (Sati) des ein- (Ānā) und ausströmenden (Apāna) Atems«.

Diese Übung bemüht sich im Gegensatz zu den Atemtechniken des Yoga
(Prānāyāma) allerdings nicht um eine bewusste »Zügelung« oder »Lenkung«
der Atmungsaktivitäten, vielmehr werden wir zum höchst aufmerksamen, unbeteiligten Zeugen dieses lebensspendenden Wunders. Man wendet seine
Achtsamkeit auf das ständige Kommen und Gehen des Atems, gleichgültig ob
lang oder kurz, tief oder flach. Entweder richtet man seine Aufmerksamkeit
auf das sanfte Heben und Senken der Bauchdecke im Rhythmus der Atmung,
oder man konzentriert sich auf den sanften Hauch, der unterhalb der Nasenlöcher beim Atmen entsteht.

Erste Tetrade –
Die Achtsamkeit auf den Körper

»Wie aber, ihr Mönche, wird die Achtsamkeit bei Ein- und Ausatmung
entfaltet, wie wird sie bedachtsam geübt und gepflegt, auf dass sie hohen
Lohn verleihe, hohe Förderung?

Da begibt sich, ihr Mönche, ein Mönch in den Wald oder an den Fuß
eines Baumes oder in ein leeres Haus und lässt sich mit gekreuzten Beinen nieder, den Körper gerade aufgerichtet, die Aufmerksamkeit voll gewärtig haltend.«[240]

»Da begibt sich, ihr Mönche, ein Mönch in den Wald ...« Wir haben schon früher gehört, wie ungeheuer hilfreich der richtige Platz der Meditation ist, sodass der Buddha nicht müde wurde, den Wert des »geeigneten Klosters« zu beschreiben. Und wer jemals eine der Waldeinsiedeleien Südostasiens betrat, weiß um deren hilfreiche Stille:

Gleichwie die wilde Pantherkatze
Vom Dickicht aus das Wild ergreift,
Genau so hält des Buddha Jünger,
Der eifrig strebend Einsicht übt,
Sich in dem Waldesdickicht auf;
Und dort erringt er höchstes Heil.[241]

Begeben Sie sich also an einen geeigneten Platz, setzen Sie sich in eine der Ihnen angenehmen Meditationshaltungen, sammeln Sie Ihre Achtsamkeit, und beginnen Sie mit Ānāpānasati, der »Achtsamkeit bei der Ein- und Ausatmung«, dieser vortrefflichsten aller Meditationsarten. Richten Sie Ihre Aufmerksamkeit so vollständig wie irgend möglich auf den Fluss Ihres Atems. Gedanken, die auftauchen, werden nicht unterdrückt, vielmehr schenkt man ihnen einfach keine Beachtung, bis sie von selbst verschwinden wie ungebetene Gäste. (Wir erinnern uns an den »Affengeist«, einen berauschten, von Skorpionen gebissenen Geist, der sich in seiner Hybris selbst als »Ich« wahrnimmt und nicht aufhört, zu rumoren, bis wir in Samatha den einen oder anderen Fortschritt erzielt haben.) Sollten Sie keinen geeigneten Ort für Ihre Meditation finden, machen Sie das Beste aus dem Platz, der Ihnen zur Verfügung steht. Und so kann auch ein Sitz im Zug oder Bus durchaus zur Meditationsklause werden! Über die Haltung der Hände und die Augen wird in dieser »Meditationsanleitung« des Erhabenen nichts erwähnt, und so haben sich – natürlich – unterschiedliche Verfahrensweisen herausgebildet. Die üblichste Art der Handhaltung ist, wie gesagt, Dhyāna Mudrā, die »Geste der

Meditation«. Sie können aber auch einfach die Hände auf den Knien ruhen lassen. Während es für den Anfänger sicher einfacher ist, zu Beginn mit geschlossenen Auge zu üben, empfehlen die meisten buddhistischen Meister (im Gegensatz zu den Meistern des Yoga), mit fortschreitender Praxis mit leicht geöffneten Augen zu üben, um so ein Schläfrigwerden zu vermeiden. Schauen Sie, wenn Sie mit »geöffneten« Augen üben, mit halbgeschlossenen Augen anstrengungslos in Richtung auf Ihre Nasenspitze. Nun folgen die vier Schritte der ersten Tetrade:

Aufmerksam atmet er ein, aufmerksam atmet er aus. Lang einatmend, weiß er: »Ich atme lang ein!« Lang ausatmend, weiß er: »Ich atme lang aus!« (1.1) Kurz einatmend, weiß er: »Ich atme kurz ein!« Kurz ausatmend, weiß er: »Ich atme kurz aus!« (1.2) »Den ganzen Körper empfindend, werde ich einatmen«, so übt er sich. »Den ganzen Körper empfindend, werde ich ausatmen«, so übt er sich. (1.3) »Den Körpervorgang beruhigend, werde ich einatmen«, übt er sich. »Den Körpervorgang beruhigend, werde ich ausatmen.« (1.4)²⁴²

Mit Schritt 1 und 2 der ersten Tetrade werden wir uns also der Art unseres Atmens bewusst, lang oder kurz, ohne den Atem zu beeinflussen. Ist er lang? Kurz? Mit dem Schritt 3 der ersten Tetrade werden wir uns unseres Körpers, des gesamten Körpers, bewusst. Mit Schritt 4 der ersten Tetrade beruhigen wir achtsam, keineswegs gewaltvoll – unsere Körpervorgänge.

Man beeinflusst bei der Atmungsachtsamkeit – anders als bei den Prānāyāma-Übungen des Yoga – die Atmung nicht; vielmehr betrachtet man sie nur als völlig unbeteiligter Zeuge: Ist die Atmung lang, nimmt man sie als lang wahr, ist sie kurz, empfindet man sie als kurz. Das ist alles! Mit der Zeit wird man sich des ganzen von Prāna durchströmten Körpers bewusst, fühlt, wie alle Körpervorgänge durch diesen gleichmäßig fließenden Strom mehr und mehr zur Ruhe kommen. Dies ist das Ende der ersten Tetrade der Atmungsachtsamkeit – die Entwicklung der Sammlung. Die Beruhigung des »Atemkörpers« beruhigt auch den »Fleischeskörper« und umgekehrt. Auch hier wird der enge Zusammenhang zwischen Yoga und Buddhismus deutlich: Auch im Yoga kennt man diesen Prozess des vom Groben zum Feineren Vordringens. In der »Kontemplation der fünf Hüllen« wird man sich schrittweise immer feinerer Zustände der »Umhüllungen« unseres wahren »Selbst« bewusst, dringt tiefer und tiefer ein in das Mysterium allen Seins, betrachtet zunächst die »Nahrungshülle« (Annamaya-Kosha), dann die »Atmungshülle« (Prānamaya-Kosha), wird sich der »Geisteshülle« (Manomaya-Kosha) bewusst, der »Bewusstseinshülle« (Vijñānamaya-Kosha) und schließlich der »Glückseligkeitshülle" (Ānandamaya-Kosha).

Zweite Tetrade –
Die Achtsamkeit auf die Gefühle

»Verzückung empfindend, werde ich einatmen«, so übt er sich; »Verzückung empfindend, werde ich ausatmen«, so übt er sich. (2.1) »Glück empfindend, werde ich einatmen«, so übt er sich: »Glück empfindend, werde ich ausatmen«, so übt er sich. (2.2) »Den Geistesgestalter empfindend, werde ich einatmen«, so übt er sich; »den Geistesgestalter empfindend, werde ich ausatmen«, so übt er sich. (2.3) »Den Geistesgestalter beruhigend, werde ich einatmen«, so übt er sich; »den Geistesgestalter beruhigend, werde ich ausatmen«, so übt er sich. (2.4)[243]

Diese zweite Tetrade widmet sich also der achtsamen Betrachtung der Gefühle und ihrer Meisterung. Und wir alle wissen, welche Macht unsere Gefühle haben! Wie sie Körper und Geist kontrollieren! Wir sind Sklaven unserer Gefühle. – Solange wir ihre Funktionsweise nicht durchschaut haben.

Wenn der Körper – durch die vorangegangenen Schritte – zur Ruhe gekommen ist, stellen sich (gleichsam von selbst) Pīti (Verzückung, Zufriedenheit) und Sukha (Beglückung, Freude) ein. Häufig werden Pīti und Sukha gleichgesetzt, und die Grenzen zwischen beiden sind ja auch fließend. Doch Pīti gehört der Gruppe der Geistesfaktoren an, Sukha (als Gegenteil von Dukkha, dem Leiden) der Gefühlsgruppe. Der Hauptunterschied zwischen den beiden liegt darin, dass Pīti nicht vollkommen friedvoll ist, ein Rest von Unruhe ist darin enthalten, ein Rest von Erregung. Pīti regt also den Geist in gröberer und stärkerer Weise an als Sukha. Manchmal ist die Wirkungsweise von Pīti sogar körperlich spürbar, wenn vor freudvoller Erregung unser Körper bebt, sich sogar die Haare wie elektrisiert aufrichten – dies ist die Eigenschaft Pītis: Es fehlt die subtile Ruhe Sukhas. Sobald jedoch Pīti nachlässt, entsteht Sukha, ruhig, friedvoll. Pīti verstört den Geist, Sukha erregt nicht mehr, beruhigt vielmehr und entspannt: Das grobe Glück weicht dem feinen.

Mit dem ersten Schritt der zweiten Tetrade erleben wir Pīti, die Verzückung, mit jedem Atemzug, jeder Ein- und Ausatmung; fühlen, wie sie unseren Geist geradezu überschwemmt. Doch Pīti ist grob, erdgebunden, erregend, und so schreiten wir weiter, erleben das tiefe, ruhige Glücksgefühl Sukha mit jedem Atemzug (2.2). Mit Schritt drei der zweiten Tetrade (2.3) untersuchen wir die Funktion der Gefühle für den Geist, sehen, wie sie »den Geist formen«. Pīti und Sukha bestimmen also die Art und Weise des Zustandes unseres Geistes, gestalten ihn, sind »Geistgestalter«. So wie der Atem unseren Körper prägt, prägen Pīti und Sukha unseren Geist. Wird unser Geist von Pīti dominiert, sind unsere Gedanken rastlos, grob und erregt, bestimmt Sukha unser Denken, dringen wir tiefer, werden ruhig und gelassen. So wie wir mithilfe der Atmung Einfluss auf unseren fleischlichen Körper nehmen, können wir mithilfe der Kontrolle über unsere Gefühle unseren Geist beeinflussen. Im vierten Schritt der zweiten Tetrade (2,4) schließlich beruhigen wir den »Geistgestalter«, beruhigen die Gefühle und damit zugleich den Geist.

Dritte Tetrade –
Die Achtsamkeit auf den Geist

»Den Geist empfindend, werde ich einatmen«, so übt er sich; »den Geist empfindend, werde ich ausatmen«, so übt er sich. (3,1) »Den Geist erhellend, werde ich einatmen«, so übt er sich; »den Geist erhellend, werde ich ausatmen«, so übt er sich. (3,2) »Den Geist sammelnd, werde ich einatmen«, so übt er sich; »den Geist sammelnd, werde ich ausatmen«, so übt er sich. (3,3) »Den Geist befreiend, werde ich einatmen«, so übt er sich; »den Geist befreiend, werde ich ausatmen«, so übt er sich. (3,4)[244]

Nachdem wir uns in der zweiten Tetrade mit den Gefühlen, den »Geistgestaltern« beschäftigt haben, wenden wir uns mit dem ersten Schritt der dritten Tetrade (3,1) unmittelbar der Beschaffenheit unseres momentanen Geisteszustandes zu, seiner momentanen Eigenschaften, momentanen Veränderungen. Es sind im Wesentlichen drei Grundeigenschaften, die den Geist trüben, verdüstern – die »drei Wurzeln des Unheilsamen«

* Lust, Leidenschaft, Gier (Rāga)
* Abneigung, Ärger bis hin zu Hass (Dosa)
* Verblendung, Täuschung (Moha)

Rāgā (Lobha, Tanhā/Trishnā) bedeutet Lust und Gier in all ihren Spielarten; sexuelle Lust, Lust an Besitz, Macht etc. Bei jeder Einatmung, jeder Ausatmung werden wir uns des Vorhandenseins oder der Abwesenheit von Lust in all ihren Spielarten bewusst, werden uns bewusst, wie der Geist dadurch beschaffen ist.

Auch Dosa begegnet uns in einer Vielzahl von Facetten: von der kleinsten Gereiztheit bis hin zu mörderischem Hass. Ist Dosa vorhanden oder nicht? Ist unser Geist gereizt, voller Ärger und Hass, oder sind wir – im Augenblick – frei von solchen »Anwandlungen«?

Moha schließlich ist die Uneinsichtigkeit in die wahre Natur einer Sache, einer Begebenheit, unseres wahren Selbst. Sind wir verblendet, unwissend?

Diesen drei Faktoren unserer geistigen Verfassung gilt es bei jedem Atemzug nachzuspüren, sie zu erkennen. Rāga ist alles, was anzieht, Dosa stößt ab, Moha bewegt sich sinnlos im Kreis.

Einige weitere Eigenschaften oder Eigenschaftspaare des Geistes gilt es bei diesem Schritt zu erkennen:

- Ist der Geist im Augenblick zerstreut oder ist er »einspitzig« (ekāgrata)?
- Befindet er sich in Samādhi oder nicht?
- Ist er gewöhnlich oder erhaben?
- Frei von Anhaftungen oder nicht?

Der zweite Schritt der dritten Tetrade (3,2) lautet: »Den Geist erhellend, werde ich einatmen, den Geist erhellend, werde ich ausatmen.« Wir bringen den Geist in eine positive Stimmung, »erhellen« ihn, indem wir Gutes betrachten – die Lehre etwa, den Buddha oder unsere eigenen Fortschritte auf dem Weg.

Der dritte Schritt der dritten Tetrade (3,3) dient der Sammlung des Geistes, der Erreichung von Samādhi. Der Geist ist nun fest/stabil, unbefleckt/rein) und doch gleichzeitig höchst regsam und aktiv, er erkennt nun die Wahrheit hinter dem oberflächlichen Schein, erkennt die Dinge, wie sie wirklich sind: anicca, dukkha, anattā – vergänglich, leidvoll, ohne inhärentes Selbst. »Das bin nicht ich, das gehört mir nicht, das ist nicht mein Selbst.«

»Den Geist befreiend, werde ich einatmen, den Geist befreiend, werde ich ausatmen«, lautet der vierte Schritt dieser Tetrade (3,4). Dies bedeutet, den Geist von allen Anhaftungen zu befreien:

- dem Anhaften an materielle Dinge
- dem Anhaften an falsche Meinungen und Ansichten
- dem Anhaften an überkommenen Verhaltensweisen
- dem Anhaften an die Vorstellungen von »Ich« und »mein«

Dieser vierte Schritt führt automatisch zur nächsten Tetrade, der Achtsamkeit auf die Objekte des Geistes.

Vierte Tetrade –
Die Achtsamkeit auf die Geistesobjekte, die Welt der Erscheinungen, der Naturgesetzlichkeiten

»Die Vergänglichkeit betrachtend, werde ich einatmen«, so übt er sich; »die Vergänglichkeit betrachtend, werde ich ausatmen«, (4,1) so übt er sich. »Das Verblassen betrachtend, werde ich einatmen«, so übt er sich; »das Verblassen betrachtend, werde ich ausatmen«, so übt er sich. (4,2) »Das Erlöschen betrachtend, werde ich einatmen«, so übt er sich; »das Erlöschen betrachtend, werde ich ausatmen«, (4,3) so übt er sich. »Das Loslassen betrachtend, werde ich einatmen«, so übt er sich; »das Loslassen betrachtend, werde ich ausatmen«, so übt er sich. (4,4) Also wird bedachtsam, ihr Mönche, die Ein- und Ausatmung geübt, so gepflegt, auf dass sie hohen Lohn verleihe, hohe Förderung.[245]

Mit der vierten Tetrade vollzieht sich der Übergang von Samatha zu Vipassanā, vom Ruhigen Verweilen zur Klarblicksmeditation.

Durch die achtsame Betrachtung der Atmung gewannen wir tiefe Einblicke in unseren Körper und die Körpervorgänge (1. Tetrade), unsere Gefühle und ihre Funktion als »Geistgestalter« (2. Tetrade), unseren Geist (3. Tetrade), um letztendlich das allem zugrunde liegende Gesetz zu erkennen: All dies ist vergänglich, leidvoll, ohne inhärentes Selbst – anicca, dukkha, annatā. Wenn wir uns der Vergänglichkeit allen Seins existentiell bewusst werden, verblasst allmählich alles Anhaften (4,1), wir erfahren die »Kontemplation über das Verblassen« (4,2) von vergänglichen Dingen und Vorstellungen.

Der dritte Schritt dieser letzten Tetrade der Atmungsachtsamkeit wird als die »Kontemplation über das Erlöschen der Anhaftungen« bezeichnet (4,3). Alles Anhaften – hervorgebracht durch Hass, Gier und Verblendung – verblasst mit zunehmender Meditationspraxis, bis es schließlich gänzlich verschwindet. Wir erkennen die verschiedenen Aspekte des Leidens, erkennen die Illusion von Geburt, Alter, Krankheit und Tod und damit verschwindet auch der Schrecken, das Grauen vor dieser Dimension des Seins. Mit diesem Schritt ins Licht kehren wir an den Anfang zurück, zurück zur ersten Predigt des Buddha in Benares, dem »Andrehen des Rades der Lehre«:

»Was aber, ihr Mönche, ist die Edle Wahrheit vom ›Leiden‹[246]? – Geburt ist ›Leiden‹, Altern ist ›Leiden‹, Krankheit ist ›Leiden‹, Sterben ist ›Leiden‹. Kummer, Jammer, Schmerz, Trübsal und Verzweiflung sind ›Leiden‹. Mit Unliebem vereint sein ist ›Leiden‹, von Liebem getrennt sein ist ›Leiden‹, nicht zu erlangen, was man begehrt, ist ›Leiden‹. Kurz: die fünf Gruppen der Aneignung[247] sind ›Leiden‹.

Was aber, ihr Mönche, ist die Edle Wahrheit von der Entstehung des ›Leidens‹[248]? – Es ist dieser die Wiedergeburt erzeugende, mit Freude und Vergnügen verbundene Durst[249], der bald hier, bald da Gefallen findet: der Durst nach Lust[250], der Durst nach Werden[251], der Durst nach Ent-Werden[252]. Was aber, ihr Mönche, ist die Edle Wahrheit von der Aufhebung des ›Leidens‹? – Es ist dies die restlose Aufhebung dieses Durstes durch seine Vernichtung, seine Aufgabe, seine Verwerfung, die Erlösung und das Freisein von ihm. Was aber, ihr Mönche, ist die Edle Wahrheit von dem Weg, der zur Aufhebung des ›Leidens‹ führt? – Es ist dieser Edle AAchtfache Pfad[253], der da heißt: Rechte Einsicht, Rechter Entschluss, Rechte Rede, Rechtes Handeln, Rechter Lebenserwerb, Rechte Anstrengung Rechte Achtsamkeit, Rechte Versenkung.«[254]

Der letzte Schritt in die Freiheit (4,4) wird als die »Betrachtung des Loslassens« bezeichnet, des Loslassens all dessen, an dem wir so lange hafteten. Dies ist die höchste Befreiung – Nibbana.

Wir werden uns mit dieser letzten Tetrade vier natürlicher Wahrheiten bewusst:

1. der Vergänglichkeit allen Seins,
2. des langsamen Verblassens allen Anhaftens, sobald uns diese Vergänglichkeit bewusst wird,
3. dem schließlich endgültigen Verlöschen des Anhaftens, des Verlöschens von Hass, Gier und Verblendung und
4. der Preisgabe und dem Verzicht aller Ich-Haftigkeit, dem Streben nach jeglicher Art von »Persönlichkeit« und »persönlichem« – auch spirituellem – Erfolg.

Diese Vier Grundlagen der Achtsamkeit werden Sie mit der Zeit jeden Augenblick Ihres Lebens begleiten; und dennoch ist die regelmäßige Praxis (zwei Mal täglich) zu einer festgesetzten Zeit unerlässlich, um sich in Achtsamkeit zu festigen. Mit der Zeit finden diese Grundlagen jedoch Eingang in Ihren Alltag, werden in Ihrem Alltag deutlich. Sie alle haben etwas gemeinsam: die drei Merkmale allen Seins: Vergänglichkeit, Leidhaftigkeit, Nicht-Selbst. Auch die »Sieben Erleuchtungsglieder« erwachen und verstärken sich:

1. Achtsamkeit,
2. Ergründung der Wahrheit,
3. Energie/Willenskraft,
4. Entzücken,
5. Geistesruhe,
6. Sammlung und
7. Gleichmut.

Es ist sicher zu Beginn etwas mühsam, der Buddha hat jedoch auch einige Gewissheiten parat:

»Wer auch immer, ihr Mönche, diese vier Grundlagen der Achtsamkeit sieben Jahre so pflegen würde, der mag von zwei Ereignissen eines erwarten: entweder volles Wissen schon in diesem Dasein oder aber, falls noch Anhaften da ist, Nimmerwiederkehr.

Seien die sieben Jahre, ihr Mönche, dahingestellt: Wer auch immer, ihr Mönche, diese vier Grundlagen der Achtsamkeit sechs Jahre so pflegen würde, fünf Jahre, vier Jahre, drei Jahre, zwei Jahre, ein Jahr, der mag von zwei Ereignissen eines erwarten: entweder volles Wissen schon in diesem Dasein oder aber, falls noch Anhaften da ist, Nimmerwiederkehr.

Mag auch, ihr Mönche, das eine Jahr dahingestellt bleiben: Wer auch immer, ihr Mönche, diese vier Grundlagen der Achtsamkeit sieben Monate so pflegen würde, der mag von zwei Ereignissen eines erwarten: entweder volles Wissen schon in diesem Dasein oder aber, falls noch Anhaften da ist, Nimmerwiederkehr. Mögen, ihr Mönche, auch diese sieben Monate dahingestellt bleiben: Wer auch immer, ihr Mönche, diese vier Grundlagen der Achtsamkeit sechs Monate so pflegen würde, fünf Monate, vier Monate, drei Monate, zwei Monate, einen Monat, ja, auch nur einen halben Monat, der mag von zwei Ereignissen eines erwarten: entweder volles Wissen schon in diesem Dasein oder aber, falls noch Anhaften da ist, Nimmerwiederkehr.

Mag selbst der halbe Monat dahingestellt sein: Wer auch immer, ihr Mönche, diese vier Grundlagen der Achtsamkeit sieben Tage so pflegen würde, der mag von zwei Ereignissen eines erwarten: entweder volles Wissen schon in diesem Dasein oder aber, falls noch Anhaften da ist, Nimmerwiederkehr.

Dieses, ihr Mönche, ist der einzigartige Weg zur Reinigung der Wesen, zur Überwindung von Kummer und Jammer, zur Vernichtung von Leiden und Elend, zur Erreichung der rechten Lebensführung, zur Verwirklichung des Verlöschens: die vier Grundlagen der Achtsamkeit. Somit: Was da gesagt worden ist, das ist auf Grund von diesem hier gesagt worden.« So sprach der Erhabene. Beglückt freuten sich die Mönche über die Worte des Erhabenen.[255]

Und er wird nicht müde, immer und immer wieder zu erklären, wie man diese Grundlagen der Achtsamkeit verwirklichen kann. Wir nennen dies heute einfach »Meditation«. Aber – der Kreis schließt sich – Was ist Meditation? Die Antworten des Buddha sind eindeutig und klar, eine »Gebrauchsanleitung« für die richtige Meditationsmethode, immer wieder wiederholt, einhämmernd geradezu, bis auch der letzte der Jünger verstanden hat:

»Wie aber, ihr Mönche, wird die Ein- und Ausatmung richtig geübt, wie gepflegt, auf dass sie die vier Pfeiler der Einsicht zustande bringt. Zu einer Zeit, ihr Mönche, wo der Mönch lang einatmend, weiß: ›Ich atme lang ein‹; lang ausatmend, weiß: ›Ich atme lang aus‹; kurz einatmend, weiß: ›Ich atme kurz ein‹; kurz ausatmend, weiß: ›Ich atme kurz aus‹. ›Den ganzen Körper empfindend, will ich einatmen‹, sich übt. ›Den ganzen Körper empfindend, will ich ausatmen‹, sich übt. ›Die Körpertätigkeit beruhigend, will ich einatmen‹, sich übt. ›Die Körpertätigkeit beruhigend, will ich ausatmen‹ sich übt. Zu solcher Zeit, ihr Mönche, weilt der Mönch beim Körper in Betrachtung des Körpers, eifrig, wissensklar und achtsam, nach Überwindung von Begierde und Trübsal hinsichtlich der Welt. [...]

Zu einer Zeit, wenn der Mönch übt: ›Verzückung empfindend, will ich einatmen, Verzückung empfindend, will ich ausatmen‹. ›Glück empfindend, will ich einatmen‹, sich übt. ›Glück empfindend, werde ich ausatmen‹, sich übt. ›Den Geistesgestalter empfindend, werde ich einatmen‹, sich übt. ›Den Geistesgestalter empfindend, werde ich ausatmen‹, sich übt. ›Den Geistesgestalter beruhigend, werde ich einatmen‹, sich übt. ›Den Geistesgestalter beruhigend, werde ich ausatmen‹, sich übt.

Zu solcher Zeit, ihr Mönche, weilt der Mönch bei den Gefühlen in Betrachtung der Gefühle, eifrig, wissensklar und achtsam, nach Überwindung von Begierde und Trübsal hinsichtlich der Welt. [...]

Zu einer Zeit, ihr Mönche, wenn der Mönch übt: ›Den Geist empfindend, werde ich einatmen‹, ›den Geist empfindend, werde ich ausatmen‹. ›Den Geist erfreuend, werde ich einatmen‹, sich übt. ›Den Geist erfreuend, werde ich ausatmen‹, sich übt. ›Den Geist sammelnd, werde ich einatmen‹, sich übt. ›Den Geist sammelnd, werde ich ausatmen‹, sich übt. ›Den Geist befreiend, werde ich einatmen‹ sich übt. ›Den Geist befreiend, werde ich ausatmen‹ sich übt. Zu solcher Zeit, ihr Mönche, weilt der Mönch beim Geist in Betrachtung des Geistes, eifrig, wissensklar und achtsam, nach Überwindung von Begierde und Trübsal hinsichtlich der Welt. Nicht spreche ich, ihr Mönche, einem, der ohne Achtsamkeit und Wissensklarheit ist, die Entfaltung der Achtsamkeit bei Ein- und Ausatmung zu. Daher, ihr Mönche, weilt der Mönch zu solcher Zeit beim Geist in Betrachtung des Geistes, eifrig, wissensklar und achtsam nach Überwindung von Begierde und Trübsal hinsichtlich der Welt.«

Und wie Sie, wenn Sie sich diesen Anleitungen zur Meditation widmen, wendet sich der Buddha nach der Betrachtung von Körper, Gefühlen und Geist den Objekten des Geistes zu, wie sie uns Tag für Tag begegnen, wahrhaft augenscheinlich so manches Mal:

»Zu einer Zeit, ihr Mönche, wenn der Mönch übt: Die Vergänglichkeit betrachtend, werde ich einatmen, die Vergänglichkeit betrachtend, werde ich ausatmen‹. ›Das Verblassen betrachtend, werde ich einatmen‹ sich übt. ›Das Verblassen betrachtend, werde ich ausatmen‹, sich übt. ›Das Erlöschen betrachtend, werde ich einatmen‹, sich übt. ›Das Erlöschen betrachtend, werde ich ausatmen‹, sich übt. ›Das Loslassen betrachtend, werde ich einatmen‹, sich übt: ›Das Loslassen betrachtend, werde ich ausatmen‹, sich übt. Zu solcher Zeit, ihr Mönche, weilt der Mönch bei den Geistesobjekten in Betrachtung der Geistesobjekte, eifrig, wissensklar und achtsam, nach Überwindung von Begierde und Trübsal hinsichtlich der Welt. Was da dieses Aufgeben von Begierde und Trübsal ist, dieses mit Weisheit erkennend, weilt er gleichmütig betrachtend. Daher, ihr Mönche, weilt der Mönch zu solcher Zeit bei den Geistesobjekten in Betrachtung der Geistesobjekte, eifrig, wissensklar und achtsam, nach Überwindung von Begierde und Trübsal hinsichtlich der Welt. Derart, ihr Mönche, entfaltet, derart häufig geübt, bringt die Achtsamkeit bei Ein- und Ausatmung die vier Grundlagen der Achtsamkeit zur Vollendung.«

Und der Buddha, der ja am eigenen Körper und Geist erfuhr, wie überaus schwierig und so manches Mal langwierig der Weg zu letztendlicher Befreiung sein kann, führt uns weiter zu den sieben Erleuchtungsgliedern, die uns auf diesem Weg – früher oder später – begegnen. Auch hier wieder und wieder wiederholend, was Sie vielleicht längst schon verwirklicht haben:

»Wie nun, ihr Mönche, entfaltet und häufig geübt, bringen die vier Grundlagen der Achtsamkeit die sieben Erleuchtungsglieder zur Vollendung?

»Zu einer Zeit, ihr Mönche, wenn der Mönch beim Körper in Betrachtung des Körpers weilt, bei den Gefühlen in Betrachtung der Gefühle, beim Geisteszustand in Betrachtung des Geisteszustandes, bei den Geistesobjekten in Betrachtung der Geistesobjekte, gewärtig ist ihm zu solcher Zeit die Achtsamkeit, unverwirrt. Zu einer Zeit, ihr Mönche, wenn dem Mönch unverwirrte Achtsamkeit gewärtig ist, das Erleuchtungsglied ›Achtsamkeit‹ (1) hat der Mönch zu dieser Zeit erwirkt, zu dieser Zeit entfaltet er das Erleuchtungsglied ›Achtsamkeit‹ zu dieser

Zeit gelangt das Erleuchtungsglied ›Achtsamkeit‹ zur vollen Entfaltung und Vollendung. Während er so achtsam weilt, ergründet er mit Weisheit diesen Zustand, untersucht ihn, erforscht ihn völlig.

Zu einer Zeit, ihr Mönche, wenn der Mönch so achtsam diesen Zustand mit Weisheit ergründet, ihn untersucht und völlig erforscht, das Erleuchtungsglied ›Ergründung der Wahrheit‹ (2) hat der Mönch zu dieser Zeit erwirkt, zu dieser Zeit entfaltet er das Erleuchtungsglied ›Ergründung der Wahrheit‹, zu dieser Zeit gelangt das Erleuchtungsglied ›Ergründung der Wahrheit‹ zur vollen Entfaltung und Vollendung.

Während er diesen Zustand mit Weisheit ergründet, ihn untersucht und völlig erforscht, ist seine Willenskraft stark und unbeugsam; das Erleuchtungsglied ›Willenskraft‹ (3) hat der Mönch zu dieser Zeit erwirkt, zu dieser Zeit entfaltet er das Erleuchtungsglied ›Willenskraft‹, zu dieser Zeit gelangt das Erleuchtungsglied ›Willenskraft‹ zur vollen Entfaltung und Vollendung.

Bei starker Willenskraft entsteht überweltliches Entzücken. Zu einer Zeit, wenn dem Mönch bei starker Willenskraft überweltliches Entzücken entsteht, das Erleuchtungsglied ›Entzücken‹ (4) hat der Mönch zu dieser Zeit erwirkt, zu dieser Zeit entfaltet er das Erleuchtungsglied ›Entzücken‹, zu dieser Zeit gelangt das Erleuchtungsglied ›Entzücken‹ zu voller Entfaltung und Vollendung.

Entzückten Herzens beruhigt sich das Innere, beruhigt sich der Geist. Zu einer Zeit, wenn einem Mönch entzückten Herzens das Innere sich beruhigt, der Geist sich beruhigt, das Erleuchtungsglied ›Geistesruhe‹ (5) hat der Mönch zu dieser Zeit erwirkt, zu dieser Zeit entfaltet er das Erleuchtungsglied ›Geistesruhe‹, zu dieser Zeit gelangt das Erleuchtungsglied ›Geistesruhe‹ zu voller Entfaltung und Vollendung.

Dem, der mit beruhigtem Inneren glücklich ist, sammelt sich der Geist. Zu einer Zeit, wenn dem mit beruhigtem Inneren Glücklichen der Geist sich sammelt, das Erleuchtungsglied ›Sammlung‹ (6) hat der

Mönch zu dieser Zeit erwirkt, zu dieser Zeit entfaltet er das Erleuchtungsglied ›Sammlung‹, zu dieser Zeit gelangt das Erleuchtungsglied ›Sammlung‹ zu voller Entfaltung und Vollendung.

Der so gesammelte Geist ist gut ausgeglichen. Zu einer Zeit, wenn der so gesammelte Geist gut ausgeglichen ist, das Erleuchtungsglied ›Gleichmut‹ (7) hat der Mönch zu dieser Zeit erwirkt, zu dieser Zeit entfaltet er das Erleuchtungsglied ›Gleichmut‹, zu dieser Zeit gelangt das Erleuchtungsglied ›Gleichmut‹ zu voller Entfaltung und Vollendung.

Derart ihr Mönche, entfaltet und häufig geübt, bringen die vier Grundlagen der Achtsamkeit die sieben Erleuchtungsglieder zur Vollendung.« So sprach der Erhabene. Beglückt freuten sich jene Mönche über die Worte des Erhabenen.[256]

Sechs Hindernisse auf dem Wege der Achtsamkeit

Natürlich ist dieser Weg nicht ganz so einfach zu gehen. Doch es lohnt sich, auch die nun zu nennenden Hindernisse zu beseitigen, die den klaren Blick auf die letztendliche Wahrheit trüben. Sechs recht alltägliche Verhaltensweisen, die den Weg zur Erkenntnis behindern, nennt der Buddha, und wiederholt dabei oft schon Gesagtes, um es uns zu vertiefen. Und wer kennt sie nicht, diese ganz alltäglichen Plagegeister:

»Ohne ihr Mönche, sechs Dinge aufgegeben zu haben, ist man unfähig, nach innen beim Körper in Betrachtung des Körpers zu weilen, bei den Gefühlen in Betrachtung der Gefühle, beim Geist in Betrachtung des Geistes, bei den Geistesobjekten in Betrachtung der Geistesobjekte; ist man ferner unfähig, nach außen, sowie nach innen und nach außen beim Körper in Betrachtung des Körpers zu weilen, bei den Gefühlen in Betrachtung der Gefühle, beim Geist in Betrachtung des Geistes, bei den Geistesobjekten in Betrachtung der Geistesobjekte. Welches sind diese sechs Dinge? – Lust an Tätigkeit, Lust an Gesprächen, Lust am Schlafen, Lust an Geselligkeit, die Unbewachtheit der Sinnes-Pforten und Unmäßigkeit beim Essen. Wer aber, ihr Mönche, diese sechs Dinge aufgegeben hat, ist imstande, nach innen, nach außen sowie nach innen und nach außen in der Betrachtung des Körpers, der Gefühle, des Geistes und der Objekte des Geistes zu verharren.«

Natürlich halten und diese sechs Hindernisse so manches Mal von Wichtigerem auf dem Wege ab. Und es geht nicht um die Tätigkeiten an sich – es geht um die hierbei empfundene Lust, den »Durst« nach diesen Erfahrungen.

Stufenweise Vollendung

Die »Erleuchtung« vollzieht sich nach der vorherrschenden buddhistischen Ansicht stufenweise. Zwar wird vielfach das »Erwachen«, dieser Moment des Durchstoßens zur nicht-dualistischen Sicht auf die Wirklichkeit – vor allem im Zen – als urplötzlicher Vorgang erlebt, scheinbar ohne jegliche Vorgeschichte, unterscheidet sich diese Vollendung doch so grundsätzlich von allem Bisherigen, ist etwas »Nie-Dagewesenes«, und doch geht ihr stets eine recht lange und scheinbar höchst anstrengende Zeit der Übung voraus: Selbst dem Buddha ist es ja so ergangen (selbst dem Buddha ist es nicht anders ergangen, siehe Kapitel 1) – also: Haben Sie etwas Geduld!

»Ebenso, Pahārāda, wie das große Weltmeer nach und nach tiefer wird, sein Boden sich ganz allmählich senkt, ganz allmählich abfällt und keinen plötzlichen Abgrund bildet, ebenso, Pahārāda, gibt es auch in dieser

Lehre und Zucht eine stufenweise Belehrung, eine stufenweise Ausübung, einen stufenweisen Fortschritt und nicht etwa ein plötzliches Erreichen des Höchsten Wissens. Das, Pahārāda, ist die erste erstaunliche und wunderbare Eigenschaft dieser Lehre und Zucht, angesichts welcher die Mönche an dieser Lehre und Zucht Gefallen finden [...] Ebenso, Pahārāda, wie das große Weltmeer von einem einzigen Geschmacke durchdrungen ist, dem Geschmack des Salzes, ebenso, Pahārāda, ist diese Lehre und Zucht von einem einzigen Geschmack durchdrungen: dem Geschmack der Erlösung.«[257]

Einst, so habe ich es gehört, weilte der Erhabene bei Sāketam, im Wildparke Anjanavāna. Da begab sich der Wanderasket Kundaliya zum Erhabenen, und nach Austausch höflicher, freundlicher Begrüßung setzte er sich zur Seite nieder. Seitwärts sitzend, sprach der Wanderasket Kundaliya zum Erhabenen folgendermaßen:

»Ich pflege mich, o Herr, in Klostergärten aufzuhalten und Versammlungen zu besuchen. Nach dem Essen, nach Beendigung des Frühmahls habe ich die Gewohnheit, von Kloster zu Kloster, von Park zu Park zu gehen. Dort treffe ich einige Asketen und Brahmanen, die bloß, weil sie im Disputieren und Kritisieren einen Gewinn sehen, ihre Religionsgespräche führen. Worin sieht nun wohl Herr Gotama einen Gewinn?« – »In der Frucht der Wissens-Erlösung, Kundaliya, sieht der Vollendete den Gewinn.« – »Welche Dinge nun, Herr Gotama, entfaltet und häufig geübt, bringen die Wissens-Erlösung zur Vollendung?« – »Die sieben Glieder der Erleuchtung, Kundaliya, entfaltet und häufig geübt, bringen die Wissens-Erlösung zur Vollendung.« – »Welche Dinge nun, Herr Gotama, entfaltet und häufig geübt, bringen die sieben Glieder der Erleuchtung zur Vollendung?« – »Die vier Grundlagen der Achtsamkeit, Kundaliya, entfaltet und häufig geübt, bringen die sieben Glieder der Erleuchtung zur Vollendung.« – »Welche Dinge nun, Herr Gotama, entfaltet und häufig geübt, bringen die vier Grundlagen der Achtsamkeit zur Vollendung?« – »Der dreifache gute Wandel[258], Kundaliya, entfaltet und häufig geübt, bringt die vier Grundlagen der Achtsamkeit zur Vollendung.« – »Welche Dinge nun, Herr Gotama, entfaltet und häufig geübt, bringen den dreifach guten Wandel zur Vollendung?« – »Sinnenzügelung, Kundaliya, entfaltet und häufig geübt, bringt den dreifach guten Wandel zur Vollendung.«[259]

> In wem die Achtsamkeit auf das Atmen
> Entfaltet ist und recht gepflegt,
> Der Reihe nach gründlich geübt,
> Wie der Erleuchtete sie wies,
> Der überstrahlt die ganze Welt
> Wie der von Wolken freie Mond.[260]

Sieben

Brahmā Vihāras – Die vier erhabenen Verweilzustände

Um den eigenen Geist zu befreien und anderen Wesen auf ihrem Weg zum Nibbana beizustehen, empfiehlt der Buddha die »Qualitäten des Herzens« zu stärken. Diese »Kardinaltugenden« werden nicht nur als subjektiv empfundene psychische Zustände betrachtet, sondern als reale Energien, die ihre Wirkung entfalten – überall in der Welt. Diese vier »himmlischen« oder »göttlichen« oder »erhabenen Verweilzustände« – Brahma Viharas eben – sind Meditationsübungen, in denen die vier hohen Tugenden des Buddhismus erweckt und allen Wesen in den vier Himmelsrichtungen zugestrahlt werden:

- grenzenlose Güte (Skrt. Maitrī/Pali Mettā),
- grenzenloses Mitgefühl/Erbarmen (Skrt./Pali Karunā),
- grenzenlose Mitfreude über die Rettung anderer (Skrt./Pali Muditā) und
- grenzenloser Gleichmut (nicht Gleichgültigkeit! – Skrt. Upekshā/Pali Upekkhā).

Einst, so habe ich es gehört, weilte der erhabene Nandaka im Osthain bei Sāvatthī im Terrassenbau der Mutter Migāras. Da nun begaben sich der Enkel des Migāra, der Sālā, und Rohana, der Enkel des Pekhuniya, dorthin, wo der ehrwürdige Nandaka weilte. Dort angelangt, grüßten sie den ehrwürdigen Nandaka ehrfurchtsvoll und setzen sich ihm zur Seite nieder. Und der ehrwürdige Nandaka sprach zum Enkel des Migāra, dem Sālā:

»Geht, o Sālās, nicht nach dem Hörensagen, nicht nach der Autorität eines Meisters! Nur wenn ihr selber erkennt: ›Diese Dinge sind unheilsam, verwerflich, werden von Verständigen getadelt; wenn sie aber ausgeführt und unternommen werden, führen sie zu Unheil und Leiden‹, dann, o Sālās, sollt ihr sie aufgeben [...]

Geht nicht nach dem Hörensagen, nicht nach der Autorität eines Meister! Wenn ihr dagegen selbst erkennt: ›Diese Dinge sind heilsam und untadelig und werden von Verständigen gepriesen; wenn sie aber ausgeführt und unternommen werden, führen sie zu Segen und Heil‹, dann, o Sālās, sollt ihr sie euch zu eigen machen. [...]«

Und er erläutert die vier Erhabenen Verweilzustände, wie sie der Buddha lehrte:

»Derart von Begierde und Übelwollen frei, vollbewusst, wissensklar und besonnen, durchdringt ein edler Jünger mit gütiger Gesinnung (mettā) nach einer Himmelsrichtung, dann nach der zweiten, der dritten und der vierten, dann nach oben und unten und ringsum die ganze Welt nach allen Seiten vollständig, mit gütiger, umfassender, großer, unermesslicher, friedfertiger, freundlicher Gesinnung. Ebenso durchdringt er mit einem von Mitgefühl (karunā), Mitfreude (muditā) und Gleichmut (upekkhā) erfüllten Geist die ganze Welt, einem von Hass und Übelwollen befreiten.«[261]

Und an anderer Stelle sagt der Erhabene diese Worte selbst, die Quelle wohl jener »Rede an die Sālā« des Nandaka:

Einst, so habe ich es gehört, kam der Erhabene auf seiner Wanderung im Lande der Kosala mit einer großen Bhikkhuschar nach Keshamuttam, einem Marktflecken der Kālāma. Es hörten nun die Kālāma von Keshamuttam, dass der Samana[262] Gotama, der Shakya, nach Keshamuttam gekommen sei, und dass er im Rufe stehe, der Erhabene, der Heilige, der vollkommen Erleuchtete zu sein; es sei gut, solche Heilige zu sehen. So begaben sie sich zu ihm, begrüßten ihn ehrerbietig, setzten sich zu ihm und sprachen: »Herr, da kommen einige Samanas und Brahmanen nach Keshamuttam, die nur ihre eigene Lehre glänzen und leuchten lassen, aber die Lehren anderer bekämpfen, verspotten und verachten. Dann kommen wieder andere, die es ebenso machen. Deshalb sind wir im Unklaren und im Zweifel, welcher von diesen zu verehrenden Samanas eigentlich Wahres und welcher Falsches lehrt.«

»Recht habt ihr, Kālāmas, dass ihr da im Unklaren seid und zweifelt; in einem solchen Falle muss man zweifeln. Richtet euch nicht nach Hörensagen, nicht nach einer Überlieferung, nicht nach einer bloßen Behauptung, nicht nach der Mitteilung heiliger Schriften, nicht nach bloßen Vernunftgründen und logischen Schlüssen, nicht nach äußeren Erwägungen, nicht nach der Übereinstimmung mit euren Ansichten und Grübeleien, nicht nach dem Scheine der Wirklichkeit, denket nicht: ›Der Samana ist unser Lehrer (darum wollen wir ihm glauben)‹; sondern wenn ihr, Kālāmas, selbst erkennt, dass diese oder jene Dinge schlecht und verwerflich sind, von Verständigen getadelt und, ausgeführt oder begonnen, zum Unheil und Leiden führen, so sollt ihr sie verwerfen.« [...] »Geht, Kālāmer nicht nach dem Hörensagen, nicht nach Überlieferungen, nicht nach Tagesmeinungen, nicht nach der Autorität heiliger Schriften, nicht nach bloßen Vernunftgründen und logischen Schlüssen, nicht nach erdachten Theorien und bevorzugten Meinungen, nicht nach Eindruck persönlicher Vorzüge, nicht nach der Autorität eines Meister! Wenn ihr aber, Kālāmer, selbst erkennt: ›Diese Dinge sind heilsam und untadelig und werden von Verständigen gepriesen; wenn sie aber ausgeführt und unternommen werden, führen sie zu Segen und Heil‹, dann Kālāmas, sollt ihr sie euch zu eigen machen. [...] Derart von Begierde und Übelwollen frei, vollbewusst, wissensklar und besonnen, durchdringt ein edler Jünger mit gütiger Gesinnung nach einer Himmelsrichtung, dann nach der zweiten, der dritten und der vierten, dann nach oben und unten und ringsum die ganze Welt nach allen Seiten vollständig, mit gütiger, umfassender, großer, unermesslicher, friedfertiger, freundlicher Gesinnung. Ebenso durchdringt er mit einem von Mitgefühl, Mitfreude und Gleichmut erfüllten Geist die ganze Welt, einem von Hass und Übelwollen befreiten.«[263]

»Nicht, ihr Mönche, sage ich, versiegen die gewollten, gewirkten, aufgeschichteten Taten, bevor man ihre Wirkung erfahren hat, sei es in diesem, dem nächsten oder einem späteren Leben. Und nicht, sage ich, kann man dem Leiden ein Ende machen, bevor nicht die gewollten, gewirkten, aufgeschichteten Taten versiegt sind. Der edle Jünger aber, ihr Mönche, von Begierde und Übelwollen frei, unverwirrt, wissensklar und achtsam, durchdringt mit einem von Güte erfüllten Geist die eine Himmelsrichtung, dann die zweite, die dritte, die vierte. So durchdringt er nach oben und unten und ringsum die ganze Welt nach allen Seiten vollständig, mit gütiger, umfassender, großer, unermesslicher, friedfertiger, freundlicher Gesinnung, frei von Übelwollen und Gehässigkeit. Und er weiß: ›Früher war mein Geist beschränkt und unentfaltet. Nunmehr aber ist mein Geist unbeschränkt und wohl entfaltet, und keinerlei beschränkte Tat wird in ihm zurückbleiben, in ihm verharren.‹ [...]

Das gemütserlösende Mitleid, die gemütserlösende Mitfreude, den gemütserlösenden Gleichmut, ihr Mönche, soll man entfalten, gleichgültig ob Mann oder Frau. Weder Mann noch Frau, ihr Mönche, können beim Hinscheiden diesen Körper mit sich nehmen – der Sterbliche hat den Geist als Zwischenglied. Jener aber weiß: ›Was immer ich da früher mit diesem stofflichen Körper an bösen Taten verübt habe, das alles wird sich hier noch auswirken und nichts davon wird nachfolgen.‹ Auf diese Weise entfaltet, ihr Mönche, führt das gemütserlösende Mitleid, die gemütserlösende Mitfreude, der gemütserlösende Gleichmut zur Nichtwiederkehr. Es sei denn, ein weiser Mönch ringt sich schon hier zu einer höheren Befreiung durch.«[264]

Die Entfaltung grenzenloser Güte (Mettā Bhāvanā)

Die Entfaltung grenzenloser Güte (oder liebender Güte, wie sie häufig bezeichnet wird) spielt in der Praxis buddhistischer Mönche und Laien innerhalb der erhabenen Verweilzustände eine herausragende Rolle, sodass wir hier vor allem auf diese Meditationsform eingehen wollen.

Einst, als sich der Buddha einmal mit einer Gruppe von Mönchen in einem Wald zur Meditation niedergelassen hatte, wurden die Mönche von den dort weilenden Baumgeistern in ihrer Andacht gestört. Daraufhin gab ihnen der Buddha die folgende »Güte-Sutra« (Maitrī-Sutra/Mettā Sutta) zum Schutz. Die Baumgeister aber wandelten sich durch diese Kraft der Güte von Plagegeistern zu Helfern der Mönche ... Auch heute noch wird diese Maitrī/Mettā-Sutra überall in Asien als Schutzformel zur Schadensabwehr rezitiert:

Wer nach Weisheit strebt,
Das Gute wünscht und den Frieden sucht,
Der sei kraftvoll und aufrecht,
Sanft, bescheiden, zufrieden und bedürfnislos.

Genügsam sei er, leicht befriedigt,
Nicht viel geschäftig und bedürfnislos,
Die Sinne ruhig, klar sei der Verstand,
Nicht dreist, nicht gierig weilt er unter Menschen.

Auch nicht im Kleinsten soll er sich vergehen,
Wofür ihn andre, Weise tadeln könnten,
Sie mögen glücklich sein und voller Frieden –
Die Wesen alle! Glück erfüll' ihr Herz!

Was es an Lebewesen hier auch gibt,
Die schwachen und die starken, restlos alle,
Mit lang gestrecktem Wuchs und groß an Körper,
Die mittelgroß und klein, die zart sind oder grob.

Die sichtbar sind und auch die unsichtbaren,
Die ferne weilen und die nahe sind,
Entstandene und die zum Dasein drängen,
Die Wesen alle – Glück erfüll' ihr Herz!

Keiner soll den andern hintergehen,
Weshalb auch immer, keinen möge man verachten.
Aus Ärger oder feindlicher Gesinnung
Wünsche niemandem man Leid.

Wie eine Mutter ihren eignen Sohn,
Ihr einzig Kind mit ihrem Leben schützt,
So öffne man für alle Wesen
Ohne Schranken stets den Geist.

Voll Güte zu der ganzen Welt
Entfalte ohne Schranken man den Geist:
Nach oben hin, nach unten, allen Seiten,
Von Herzens Enge, Hass und Feindschaft frei.

Im Stehen, Gehen, Sitzen, Liegen,
Sobald erwacht,
Soll man auf diese Achtsamkeit sich gründen!
Göttliches Weilen ist dies schon hienieden.

Von falscher Ansicht frei,
Ein Tugendhafter, dem Erkenntnis eignet,
Die Gier nach Lüsten überwunden,
Geht er nicht länger in den Mutterschoß mehr ein.[265]

Bei dieser Meditationsform haben sich zwei Vorgehensweisen herausgebildet:

* personenweise und/oder
* gruppenweise

Im ersten Fall vergegenwärtigt man sich einzelne Personen, denen gegenüber man liebevolle Güte entfaltet, im zweiten einzelne Personengruppen. Wählen Sie diejenige Vorgehensweise, die Ihnen leichter fällt, oder praktizieren Sie die beiden Vorgehensweisen in aufeinander folgender Reihenfolge, zunächst personenweise, dann gruppenweise:

Personenweise

Sie können diese Meditation der Vier Erhabenen Verweilzustände (Brahmā Vihāras) für einzelne Personen oder für ganze Personengruppen, sozusagen en bloc, durchführen. Dies hängt natürlich immer auch von der zur Verfügung stehenden Zeit ab.

- Setzen Sie sich in eine Ihnen angenehme Meditationshaltung und entspannen Sie sich.
- Verweilen Sie einige Zeit in Samatha Bhāvanā, falls möglich in Vipassanā.
- Wenden Sie sich nun stufenweise einzelnen Personen zu, je nachdem, wie nahe sie Ihnen stehen, und entfalten Sie Ihnen gegenüber einen Zustand liebevoller Güte. Beginnen Sie am besten einfach bei sich selbst:

»Möge ich glücklich sein, frei von Leiden!«

- Lassen Sie diesen Zustand wirken, sich vollständig entfalten, ehe Sie sich der nächsten Person zuwenden. Ein bloßes »Herunterleiern« der Formel bringt überhaupt nichts!

»Möge ich glücklich sein, frei von Leiden!«

- Wenden Sie sich nun einer Ihnen besonders nahestehenden Person zu, Ihrem Partner, Ihren Kindern, Vater oder Mutter, dem Meditationslehrer ... und entfalten Sie ihm/ihr gegenüber diese Qualität:

»Möge er/sie glücklich sein, frei von Leiden!«

- Entfalten Sie so stufenweise liebevolle Güte gegenüber Personen,
  – die Ihnen besonders lieb sind,

– die Sie besonders schätzen,
– denen gegenüber Sie weder Zuneigung empfinden noch Abneigung,
– denen gegenüber Sie Abneigung empfinden.

»Möge er/sie glücklich sein, frei von Leiden!«

Gruppenweise

• Entfalten Sie Ihre liebevolle Güte zunächst allen gegenüber, die mit Ihnen im selben Haus wohnen:

»Mögen alle, die in diesem Haus wohnen,
glücklich sein, frei von Leiden!«

• Entfalten Sie nun diese liebevolle Güte gegenüber:
– Ihren Nachbarn
– Ihrem Wohnviertel
– Ihrem Wohnort
– Ihrem Land
– Ihrem Kontinent
– der ganzen Erde
– anderen belebten Welten

»Mögen sie glücklich sein, frei von Leiden!«
»Die Wesen alle! Glück erfüll' ihr Herz!«

Auf Sri Lanka lehrte mich einst ein noch recht junger Mönch *seine* Meditation der »Liebenden Güte«. Er lebte in einem kleinen Tempel nur wenige Minuten vom Strand entfernt mit drei oder vier anderen Mönchen. Eine Voliere mit einer Reihe bunter Singvögel – Finken allem Anschein nach –

hütete den Eingang, einen gewaltigen Spektakel veranstaltend, sobald sich ein Fremder näherte – auch bei Nacht. Liebende Güte allen lebenden Wesen gegenüber als Schutz vor Einbrechern! Oft zog ich mich vor der Hitze und Hektik des nahen Dorfes hinter die dicken Mauern dieser Oase des Friedens zurück, meditierte im Schatten einer Pipal oder im Innern des Tempels manchmal, wenn die Hitze gar zu garstig über dem Land lag. Eines Tages setzte er sich zu mir, und wir sprachen über den Erhabenen und seine Lehre, die wichtigen Stationen in seinem Leben, wie sie an den Wänden des Tempels in bunten Bildern dargestellt waren, den richtigen Weg der Meditation ...

Auch hier übten wir Ānāpānasati sowie Gehmeditationen und im Anschluss daran die Mettā-Meditation des Mönchs:

Frei von Sorge werde ich sein, frei von Krankheit und Beschwerden.
Wie ich, so auch meine Eltern, Geschwister und Freunde,
Lehrer und Altvorderen:
Frei von Sorge, Krankheit und Beschwerden.

Ich denke: Kein Ärger gegen irgendjemanden;
Auch nicht gegen die, die mich hassen!
Frei von Sorge auch sie, kein Ärger in ihnen, keine Krankheit.

Nachbarn am Ort, im Land, auf der ganzen Welt:
Alles, was lebt, sei frei von Sorge, Ärgernis und Krankheit.

Ich hasse keinen, will keinem Arges, bereite kein Ärgernis,
verletze niemanden, verachte keinen, entwürdige keinen, beleidige keinen.
Keiner soll hassen, keiner mit Rache leben, keiner von Hass erfüllt sein,
keiner verletzen, keiner verachten, keiner entwürdigen,
keiner beleidigen.

Allen Menschen, der ganzen Menschheit:
Alles für sie an Glück!
Allen in der Welt: Gesundheit und Freude.

Gesundheit und Freude zu jeder Zeit allen lebenden Wesen.
Niemals soll irgendeiner in Traurigkeit sein.
Respektvoll und sanft sollen alle werden.

Allen Menschen in der Welt:
Glück und Freude ...

Bhante Sumanasara Thero,
Thapodarama Maha Viharaya
Pannamgoda, Hikkaduwa
Sri Lanka

Gleichwie etwa nachts zur frühen Dämmerung der Morgenstern leuchtet und flammt und strahlt, ebenso verhält es sich mit der gemütserlösenden Liebe (Güte): Was es an verdienstwirkenden Mitteln im Bereich der Bezüge gibt, sie alle haben nicht den Wert eines Sechzehntels der gemütserlösenden Liebe (Güte). Die gemütserlösende Liebe (Güte) begreift sie in sich und leuchtet und flammt und strahlt.[266]

Wer nicht mehr tötet, nicht mehr schlägt,
Nicht mehr zerstört, zerstören lässt,
Wer da in Güte allen zugetan,
Den trifft fürwahr nichts Böses mehr.[267]

» ... und lässt sich mit gekreuzten Beinen nieder ...« – Meditationsweg und -sitz im Waldkloster von Varana, Sri Lanka. (Nächste Doppelseite)

Anschließend an die Meditation der liebevollen Güte (Mettā Bhāvanā) können Sie, ja sollten Sie eigentlich, in gleicher Weise die weiteren Brahmā Vihāras, Karunā (Mitgefühl **nicht** Mitleid), Muditā (Mitfreude) und Upekkhā (Gleichmut **nicht** Gleichgültigkeit!) durchführen.

Acht

Samatha und Vipassanā für die tägliche Praxis

»Zwei Eigenschaften, ihr Mönche, führen zum Wissen. – Welche zwei? – Geistesruhe (Samatha) und Klarblick (Vipassanā).

Übt man, ihr Mönche, die Geistesruhe (Samatha), welchen Vorteil gewinnt man da? – Der Geist entfaltet sich. Ist aber der Geist entfaltet, welchen Vorteil gewinnt man da? – Was da an Gier besteht, das schwindet.

Übt man aber, ihr Mönche, den Klarblick (Vipassanā), welchen Vorteil gewinnt man da? – Die Weisheit entfaltet sich. Ist aber die Weisheit entfaltet, welchen Vorteil gewinnt man da? – Was da an Verblendung besteht, das schwindet. Nicht wird der von Gier getrübte Geist befreit, noch kommt die von Verblendung getrübte Weisheit zur Entfaltung. So entsteht durch Loslösung von der Gier die Gemütserlösung, durch die Loslösung von der Verblendung die Weisheitserlösung.«[268]

Meditation ist ein Abenteuer – das größte,
In das sich der menschliche Geist stürzen kann.
Meditation heißt: einfach da zu sein,

Ohne irgendetwas zu tun – kein Handeln, kein Gedanke.
Keine Gefühlsregung:
Du bist.

Osho (Bhagwan Shree Rajneesh)

Samatha Bhāvāna –
Entfaltung der Geistesruhe

Bhante Welihelathane Kalyanasiri führte mich durch die Praxis buddhistischer Meditation, lehrte mich einen Weg zur Freiheit, wie er für jedermann gangbar ist, ausgehend von Ānāpānasati, der »Atmungsachtsamkeit« ... Die folgenden Schritte sind Schritte auf seinem Weg:

Obwohl Ānāpānasati – richtig (und vollständig) geübt – stets auch zu Vipassanā führt, ist anfangs sicherlich eine der besten Möglichkeiten zur Beruhigung unseres unsteten Geistes (Samatha), wenn nicht die Beruhigungsmethode schlechthin. Ānāpānasati ist nur eine Möglichkeit der Körperbetrachtung – aber sicherlich die beste! Sollte jemand allerdings zu Beginn Ānāpānasati – aus welchen Gründen auch immer – nicht ausführen können, empfiehlt Bhante Welihelathane Kalyanasiri, sich zunächst längere Zeit in der »Betrachtung der 32 Körperteile« zu üben, um danach zu Ānāpānasati überzuwechseln.

Vollständig ausgeführt führt Ānāpānasati stufenweise zu allen vier Grundlagen der Achtsamkeit, schließt Samatha- und Vipassanā-Praxis ein.

Am Anfang und am Ende betont die »Große Lehrrede von den Grundlagen der Achtsamkeit« *(Mahā Satipatthāna Suttanda)* die einzigartige Wirkung der Entwicklung der vier Arten der Achtsamkeit: die Verwirklichung des Verlöschens (Nibbana).

Es gilt also, die vier Grundlagen der Achtsamkeit in einer einzigen Meditation zu »durchlaufen«, weiter zu gehen, Schritt für Schritt. Durch die vier Grundlagen der Achtsamkeit, die Betrachtung des Körperlichen, die Betrachtung der Gefühle, die Betrachtung des Geistes und die Betrachtung der Geistesobjekte erreicht der Geist ein Höchstmaß an Ruhe und »Einspitzigkeit«, um so – im nächsten Schritt – den »Klarblick« verwirklichen zu können.

Beinahe deckungsgleich schildern die drei – meiner Ansicht nach – wichtigsten Sūtren über die richtige Entwicklung der Achtsamkeit, den Weg rechter Meditation, den Einstieg in die Meditation und die ersten Schritte: die *Mahā Satipatthāna Sutta*, die »Große Lehrrede über die Grundlagen der Achtsamkeit« (*Digha Nikāya* 22), die Lehrrede über »Die Grundlagen der Achtsamkeit«, die *Satipatthāna Sutta* (*Majjhima Nikāya* 10) und die *Ānāpānasati Sutta* die »Lehrrede über die Achtsamkeit auf den Atem« (*Majjhima Nikāya* 118)«

»Da begibt sich, ihr Mönche, ein Mönch in den Wald oder an den Fuß eines Baumes oder in ein leeres Haus und lässt sich mit gekreuzten Beinen nieder, den Körper gerade aufgerichtet, die Aufmerksamkeit voll gewärtig haltend. Aufmerksam atmet er ein, aufmerksam atmet er aus.«

Dies stellt Ihre Ausgangssituation dar, wie Sie mit Ihrer Meditation beginnen, sich eventuell korrigieren, wo dies nötig ist. Wo befinde ich mich? Ist der Platz einigermaßen ruhig? Wie ist meine Sitzhaltung? Ist der Körper gerade aufgerichtet? Wie steht es um meine Achtsamkeit etc.

Dann, im ersten Schritt Ihrer Ānāpānasati-Meditation, wenden Sie sich – achtsam – Ihrem Körper zu. Werden zum stillen Beobachter, zum Zeugen der körperlichen Vorgänge, ohne einzuschreiten, ohne irgendetwas beeinflussen zu wollen. Werden einfach nur Zeuge.

Betrachtung des Körperlichen (Kāyânupassanā)

»Lang einatmend, weiß er: ›Ich atme lang ein!‹ Lang ausatmend, weiß er: ›Ich atme lang aus!‹ Kurz einatmend, weiß er: ›Ich atme kurz ein!‹ Kurz ausatmend, weiß er: ›Ich atme kurz aus!‹ Den ganzen Körper empfindend, atmet er ein, den ganzen Körper empfindend, atmet er aus. Den Körpervorgang beruhigend, atmet er ein, den Körpervorgang beruhigend, atmet er aus ... «[269]

Sie versuchen hier **nicht** Ihren Atem zu regulieren, lang oder kurz ein- und auszuatmen; Sie werden sich vielmehr bewusst: Wie auch immer der Atem strömt, lang oder kurz, so strömt er: Wenden Sie dann Ihre Achtsamkeit dem Körper zu, fühlen ihn in allen seinen Fasern, gehen sodann zu den Körpervorgängen über, insbesondere Herz und Kreislauf und Atmung und beruhigen diese (sanft, sehr sanft ist hier diese Beeinflussung).

Von hier ab gehen die Wege der beiden großen »Meditationsanleitungen« leicht auseinander: wendet die »Große Lehrrede von den Grundlagen der Achtsamkeit« *(Mahā-Satipatthāna-Sutta)* ihre Aufmerksamkeit zunächst weiterhin den unterschiedlichen Arten der Körperachtsamkeit zu, bevor sie sich der Betrachtung der Gefühle, des Geistes und der Geistesobjekte zuwendet, so wendet sich die »Lehrrede von der achtsamen Ein- und Ausatmung« *(Ānāpānasati Sutta)* direkt der achtsamen Betrachtung dieser Phänomene zu.

Betrachtung der Gefühle (Vedanânupassanā)

Nun stellt sich – manchmal auch erst nach einiger Zeit – ein Zustand der »Verzückung« und des Glücks ein. Zunächst etwas oberflächlicher, oftmals erregter (Verzückung) als das dann folgende tiefe Glück. Und Sie fühlen, wovon diese Glücksgefühle ausgehen, beruhigen diesen für Ihre Gefühle verantwortlichen Vorgang (auch dies geschieht sehr sanft).

Verzückung empfindend, atme ich ein, Verzückung empfindend, atme ich aus. Glück empfindend, atme ich ein, Glück empfindend, atme ich aus. Den Geistesgestalter empfindend, atme ich ein, den Geistesgestalter empfindend, atme ich aus. Den Geistesgestalter beruhigend, atme ich ein, den Geistesgestalter beruhigend, atme ich aus.

Betrachtung des Geistes (Cittânupassanā)

Nun wenden Sie sich Ihrem Geist zu, werden sich – vielleicht zum ersten Mal – Ihres Geistes bewusst. Erhellen ihn, sammeln ihn, befreien ihn.

Den Geist empfindend, atme ich ein, den Geist empfindend, atme ich aus. Den Geist erhellend, atme ich ein, den Geist erhellend, atme ich aus. Den Geist sammelnd, atme ich ein, den Geist sammelnd, atme ich aus. Den Geist befreiend, atme ich ein, den Geist befreiend, atme ich aus.

Betrachtung der Geistesobjekte (Dhammânupassanā)

Wenden Sie sich nun den Naturgesetzlichkeiten zu, der eigentlichen Vipassanā-Meditation. Ajahn Buddhadāsa, ein bedeutender thailändischer Mönch des zwanzigsten Jahrhunderts, besteht allerdings immer wieder darauf, dass Samatha und Vipassanā ein Begriff sei: Samatha-Vipassanā. Und wenn Sie diesen kurzen Meditations-Hinweisen bis hierher gefolgt sind, spüren Sie – vielleicht – wie sehr diese beiden Meditationsformen ineinander übergehen …

Sie werden sich der Vergänglichkeit allen Seins bewusst, beim Einatmen des Entstehens, beim Ausatmen des Vergehens; später dann – nach einiger Praxis – bei der Einatmung des Entstehens und Vergehens, bei der Ausatmung des Entstehens und Vergehens. Sie werden sich bewusst, wie Ihr Anhaften an dieses Veränderliche, dieses ununterbrochene Entstehen und Vergehen, schwindet, verblasst, verlöscht und Sie dieses Haften an die sich beständig verändernde Kette von geistigen und körperlichen Erscheinungen (Saṃsāra) schließlich loslassen …

Die Vergänglichkeit betrachtend, atme ich ein, die Vergänglichkeit betrachtend, atme ich aus. Das Verblassen betrachtend, atme ich ein, das Verblassen betrachtend, atme ich aus. Das Erlöschen betrachtend, atme ich ein, das Erlöschen betrachtend, atme ich aus. Das Loslassen betrachtend, atme ich ein, das Loslassen betrachtend, atme ich aus.

Also wird bedachtsam, ihr Mönche, die Ein- und Ausatmung geübt, so gepflegt, gepflegt, auf dass sie hohen Lohn verleihe, hohe Förderung.«[270]

Diese Entwicklung der Achtsamkeit bei der Betrachtung der Ein- und Ausatmung (Ānāpānasati) ist sicherlich die beste Methode zur Beruhigung des Geistes (1.–3. Tetrade) und führt stufenweise zur Klarblicksmeditation (Vipassanā – 4. Tetrade) und schließlich unweigerlich zur Vollendung. Sollten Sie mit der stufenweisen »Abarbeitung« dieser äußerst wichtigen Sutta klar kommen, meditieren Sie mithilfe dieser »Meditationsanleitung«, nehmen Sie diese Sutta zum Lehrer.

Meditationspraxis – Variation

Doch häufig ist diese Sutta für die Praxis – vor allem zu Beginn – etwas zu komplex. Bhante Welihelathanne Kalyanasiri, der Meditationsmeister und -lehrer der Mönche im Rahula Bikkhu Training Center auf Sri Lanka lehrte mich folgende, meiner Meinung nach äußerst wirkungsvolle, Variation der Achtsamkeitsübungen, die auch dem Anfänger, wird sie richtig (und vollständig) geübt, »hohen Lohn verleiht, hohe Förderung«. Die folgenden Ausführungen und Zitate (mit Ausnahme der Texte aus dem Pali-Kanon) beziehen sich alle auf diese von ihm gelehrte Praxis:

BETRACHTUNG DES KÖRPERLICHEN

- »Da begibt sich, ihr Mönche, ein Mönch in den Wald oder an den Fuß eines Baumes oder in ein leeres Haus und lässt sich mit gekreuzten Beinen nieder, den Körper gerade aufgerichtet …« Wählen Sie einen geeigneten Platz für Ihre täglichen Meditationen. Setzen Sie sich aufrecht in eine Ihnen angenehme Meditationshaltung (»mit gekreuzten Beinen«) oder auf einen einfachen, geraden Stuhl). Neigen Sie das Kinn leicht nach unten, ohne den Kopf vornüber hängen zu lassen. Legen Sie die Hände mit den Handflächen nach oben etwa vier Finger breit unterhalb des Nabels in den Schoß, die rechte auf die linke, die Daumenspitzen berühren sich (Dhyāna Mudrā). Lassen Sie den Geist einige Augenblicke schweifen, bevor Sie Ihre Aufmerksamkeit sammeln (»die Aufmerksamkeit voll gewärtig haltend«).

- Schließen Sie die Augen, wenn Sie möchten. Entspannen Sie sich, und lenken Sie Ihre Achtsamkeit auf den Atem (»Aufmerksam atmet er ein, aufmerksam atmet er aus«).

- Richten Sie Ihre gesammelte Aufmerksamkeit auf Ihren Atem, wie er kommt und geht, ohne ihn zu beeinflussen. Fühlen Sie nur dieses sanfte Ein und Aus, wie immer es auch beschaffen sein mag, lang oder kurz, flach oder tief (»Lang einatmend, weiß er: ›Ich atme lang ein!‹ Lang ausatmend, weiß er: ›Ich atme lang aus!‹ Kurz einatmend, weiß er: ›Ich atme kurz ein!‹ Kurz ausatmend, weiß er: ›Ich atme kurz aus!‹). Gedanken, die auftreten, werden nicht unterdrückt, sondern einfach ignoriert, bis sie schließlich von selbst verschwinden wie ungebetene Gäste.

- Fühlen Sie Ihren ganzen Körper; fühlen Sie, wie der Atem jeden noch so kleinen Teil Ihres Körpers erfüllt (»Den ganzen Körper empfindend atmet er ein, den ganzen Körper empfindend atmet er aus.«). Suchen Sie in die-

Abend unter dem Bodhi-Baum im Höhlenkloster Varana, Sri Lanka.
(Nächste Doppelseite)

277

ser Entspannung einen Bereich in Ihrem Inneren, der sich angenehm an-fühlt, wohlig. Lassen Sie diesen Bereich sich ausdehnen, bis er schließlich Ihren ganzen Körper erfüllt. Vollständige Ruhe. Erzwingen Sie nichts, der Körpervorgang beruhigt sich mit zunehmender Praxis ganz von selbst (»Den Körpervorgang beruhigend atmet er ein, den Körpervorgang be-ruhigend atmet es aus.«). Die Vergangenheit ist vergangen und die Zu-kunft nicht interessant. Wichtig ist einzig und allein die Gegenwart, die sie fühlen.

Stufe 1
(während der ersten Tage und Wochen)

Fühlen Sie ca. 5 bis 15 Minuten die Bewegungen Ihres Atems, fühlen Sie, wie er kommt und geht. Richten Sie Ihre gesammelte Aufmerksamkeit auf den sanften Luftstrom unterhalb der Nasenlöcher. Folgen Sie mit Ihrer Aufmerk-samkeit diesem Strömen. Bhante Welihelathanne Kalyanasiri vertritt im Gegensatz zu Sumanasara Thero, der der Meinung ist, man könne mit zuneh-mender Praxis das Strömen des Atems im gesamten Körper spüren, die An-sicht, dass man den Atem nur auf dem kurzen Weg vom Naseneingang bis zum Schädel wirklich empfindet, alles andere sei Einbildung: »Du kannst dei-nen Atem nicht in der Lunge fühlen, das bildest du dir nur ein! Dies sind nur Gedanken, Vorstellungen, nicht die Realität! Meditation aber ist der Weg zur Realität!«

Führen Sie die Übung in der beschriebenen Art so lange zweimal täglich aus, bis sie Ihnen vollständig geläufig und vertraut ist, also ca. zwei Wochen; gehen Sie dann zu Stufe 2 über.

Stufe 2
(wiederum ca. zwei Wochen)

Werden Sie sich nun, während Sie einatmen, des Werdens bewusst, während Sie ausatmen des Vergehens. (»In genauer Betrachtung der Entstehensbedingungen weilt er beim Körper, in genauer Betrachtung der Vergehensbedingungen weilt er beim Körper.«[271]) Nehmen Sie bewusst wahr, wie mit jedem Einatmen alles in Ihrem Körper erneuert wird, jede Zelle, jede Monade, jeder noch so kleine Teil; wie mit jedem Aushauch alles dem Vergehen entgegenströmt, unaufhörlich, unaufhaltsam ...

Stufe 3

Haben Sie Stufe 2 zu Ihrer Zufriedenheit verwirklicht, wechseln Sie zu Stufe 3 über. Werden Sie sich nun mit jedem Atemzug der **Gleichzeitigkeit von Werden und Vergehen** bewusst (»In genauer Betrachtung der Entstehens-Vergehens-Bedingungen weilt er beim Körper«[272]).

- Einatmen: Werden und Vergehen
- Ausatmen: Werden und Vergehen

Diese vollkommene Bewusstwerdung, das erfahrene Wissen um das ständige Entstehen und Vergehen aller Dinge der Welt der Erscheinungen in jedem noch so kurzen Augenblick, können Sie selbstverständlich auch auf andere Meditationsobjekte – das Gehen, Stehen, Sitzen, Liegen; ihre Gefühle, etc. – übertragen

»Und weiter noch, ihr Mönche, ist ein Mönch beim Vorgehen und Zurückgehen sich dieses Tuns voll bewusst. Beim Hinsehen und Wegsehen ist er sich dieses Tuns voll bewusst. Beim Beugen und Strecken ist er sich dieses Tuns voll bewusst. Beim Tragen des Unter- und Obergewandes, der Almosenschale ist er sich dieses Tuns voll bewusst. Beim Essen und Trinken, beim Kauen und Schlucken ist er sich dieses Tuns voll bewusst. Beim Lassen von Kot und Urin ist er sich dieses Tuns voll bewusst. Beim Gehen, Stehen und Sitzen, beim Schlafen und Wachen, beim Sprechen und Schweigen ist er sich dieses Tuns voll bewusst.«[273]

Betrachten Sie nun in derselben Weise

- Ihre **Gefühle**
- Ihren **Geist**
- die **Geistesobjekte**

Der Bewusstwerdung folgt nun – »vollbewusst und besonnen« – die Klarblicksmeditation (Vipassanā).

Vipassanā-Bhāvanā –
Die Klarblicksmeditation

Nachdem Sie Ihren Geist mit Ānāpānasati beruhigt (Samatha Bhāvāna) und auf die folgende Klarblicksmeditation (Vipassanā) vorbereitet haben (denn nur ein ruhiger Geist ist ein klarer Geist), setzen Sie Ihren Weg zur letztendlichen Realität aller Dinge fort: Vipassanā ist eine Meditationstechnik, die dazu führt, »die Dinge so zu sehen, wie sie wirklich sind«, die Identifikation mit der Welt zu überwinden, jegliche Illusion und Konditionierung abzulegen. Durch das aufmerksame, unbeteiligte Beobachten jedes x-beliebigen Daseinsphänomens, aller möglichen körperlichen und geistigen Vorgänge erfährt man die Einsicht in die Natur aller Objekte der samsārischen Welt und gelangt so zu den Grundaxiomen der buddhistischen Weltsicht: Vergänglichkeit, Leidhaftigkeit, Nicht-Selbst:

Einst, so habe ich es gehört, weilte der Erhabene bei Shrāvasthī im Siegerwalde, im Klostergarten des Ānāthapindika [...] »Was glaubst du, Rāhula: Ist das Auge vergänglich oder unvergänglich?« – »Vergänglich, Ehrwürdiger.« »Was aber vergänglich ist, ist das leidvoll oder freudvoll?« – »Leidvoll, Ehrwürdiger.« »Von dem aber, was vergänglich ist, leidvoll, dem Wechsel unterworfen, kann man da mit Recht die Auffassung haben: ›Das gehört mir, das bin ich, das ist mein Selbst?‹« – »Nein, Ehrwürdiger.« »Sind Ohr, Nase, Zunge, Körper und Geist vergänglich oder unvergänglich?« – »Vergänglich Ehrwürdiger.« »Was aber vergänglich ist, ist das leidvoll oder freudvoll?« [...] »So erkennend, Rāhula, wendet sich der edle Jünger ab von Körper, Gefühl, Wahrnehmung, Geist und Bewusstsein; sich abwendend löst er sich los, durch Loslösung wird er erlöst, und im Erlösten entsteht das Wissen: ›Erlöst bin ich‹, und er erkennt: ›Erloschen ist die Wiedergeburt, erfüllt der heilige Wandel, die Aufgabe vollbracht‹, und er erkennt: ›Nicht mehr ist diese Welt.‹[274]

Nicht dünke man sich identisch mit dem Auge oder im Auge enthalten oder unabhängig vom Auge bestehend oder als Besitzer des Auges. Nicht dünke man sich identisch mit dem Sehobjekt, dem Sehbewusstsein, dem Seheindruck, dem durch den Seheindruck entstandenen wohligen oder wehen oder indifferenten Gefühl oder darin enthalten oder unabhängig davon bestehend oder als Besitzer davon. Nicht dünke man sich identisch mit dem Hörorgan [...] Frei von solchem Dünken aber haftet man an nichts mehr in dieser Welt. An nichts mehr haftend erreicht man in sich selber das Erlöschen, und man weiß: ›Erloschen ist die Wiedergeburt, erfüllt der heilige Wandel, die Aufgabe vollbracht‹, und er erkennt: ›Nicht mehr ist diese Welt.‹[275]

Wer die Dinge als ›vergänglich‹ betrachtet, der versteht und erkennt die Daseinsbedingung der Wirklichkeit gemäß …
      Wer die Dinge als ›leidvoll‹ betrachtet, der versteht und erkennt den Daseinsfortgang der Wirklichkeit gemäß …
      Wer die Dinge als ›Nicht-Selbst‹ betrachtet, der versteht und erkennt die Daseinsbedingung und den Daseinsfortgang der Wirklichkeit gemäß …«[276]

Als säh' er eine Wasserblase
Säh' eine Spiegelung der Luft –
Wer solcherart die Welt durchschaut,
Entgeht des Todesfürsten Blick ...[277]

Zwar ist die Vipassanā-Meditation grundsätzlich unabhängig von jeglichem Glauben, jeglicher Weltanschauung, doch lohnt sich eine Beschäftigung mit den Grundbegriffen der buddhistischen Lehre– dies macht einfach manches einfacher. Durch die stufenweise »De-Identifikation«, die allmähliche Loslösung von den Begriffen »Ich« und »Mein« erfährt man die Natur aller weltlichen Phänomene: Sie alle sind nichts anderes als »Geist und Körper«, »Name und Form«; keinesfalls jedoch ewige Entitäten. Dies ist die befreiende Erkenntnis der wahren Natur der Welt.

Beobachten Sie – ohne sich einzumischen – den Strom von Bildern und Empfindungen in Ihrem Inneren. Unterdrücken Sie nichts. Betrachten Sie alles einfach wie Wolken am Himmel: schön oder nicht-schön, auf gutes Wetter deutend oder auf schlechtes – vergänglich eben, in jedem Fall. Werden Sie zum unbeteiligten Zeugen, zum »Wächter auf dem Berg«. Achten Sie – teilnahmslos, urteilsfrei – auf den Strom Ihrer Gefühle: Glücklich oder unglücklich oder indifferent, Ruhelosigkeit oder tiefe Ruhe oder weder noch, Zuneigung oder Hass oder Gleichgültigkeit ... Kehren Sie, sobald sich Ihre »Klarheit« verliert, zum jeweiligen Meditationsobjekt (z. B. dem Betrachten des Atems) zurück. Es gibt weder Erfolg noch Misserfolg auf diesem Weg, denn der Weg ist das Ziel, und der einzige Sinn dieser Meditation ist reines Beobachten. Vipassanā schafft kein neues Glaubenssystem, vielmehr stellt sie eine Möglichkeit dar, die Natur unseres Geistes zu erforschen, und alles ist Geist:

»Was ist das All? – Das Auge und die Foren, das Ohr und die Töne, die Nase und die Gerüche, die Zunge und die Geschmäcke, der Körper und die Berührungen, das Denken (der Geist) und die Gedankendinge (Geistesobjekte). Wenn da jemand sagte: ›Ich erkenne dies nicht an, ich würde das All anders erklären‹, so wäre dies nur eine Angelegenheit von Worten, denn er wäre nicht imstande, sein Vorhaben durchzuführen.«[278]

»Vom Geiste gehen die Dinge aus, sind geistgeboren, geistgeführt …«[279] Alles, was wir erfahren, hat seine »Ursache« in unserem Geist – auch in der Meditation, bis wir schließlich auch den Geist und die mit ihm verbundenen Geistesobjekte transzendiert haben. Wir gelangen gleichsam »aus erster Hand«, ohne anerzogene, angelernte Ansichten, ohne Theorien und Ismen zu einem lebendigen Verständnis der Welt, durch Entschlossenheit, Anstrengung und Zeit, wie der Dalai Lama sagt. Entschlossenheit, den Weg bis zum (nicht bitteren!) Ende zu gehen, die Anstrengung der täglichen Praxis auf sich zu nehmen, und genügend Geduld, die benötigte Zeit zu investieren und die daraus resultierenden Segnungen erwarten zu können.

Es ist wirklich nicht so ganz einfach diesen Weg zu Ende zu gehen, auch der Buddha wusste dies, und deshalb wird er nicht müde, versucht er immer wieder, diesen Weg der Meditation auf die unterschiedlichste Art zu erläutern:

Einst, so habe ich es gehört, als der Erhabene die Erleuchtung erlangt hatte, saß er unter dem Bodhi-Baume bei Uruvela am Ufer des Flusses Nerañjara und genoss sieben Tage lang die Seligkeit der Erlösung. Nach Ablauf dieser sieben Tage erhob er sich aus seiner Meditation und betrachtete mit der Einsicht eines Erleuchteten die Welt. Da sah er die Wesen in mancherlei Gluten brennen und in mancherlei Qualen schmachten, die aus Begierde, Hass und Verblendung entstanden sind. Und er sprach feierlich diesen Spruch:

»Diese qualerfüllte, ganz in Berührungen aufgehende Welt nennt das, was der Krankheit ausgesetzt ist, das Ich. Wo immer sie meint, es gebe etwas Bleibendes, da gibt es nur Veränderung. Die Welt, die sich stets verändern muss, die am Dasein hängt, im Dasein ganz aufgeht, findet sogar noch Gefallen am Dasein. Woran man aber Gefallen findet, das bringt Furcht, und wovor man sich fürchtet, das ist Leiden. Um aber das

Dasein gänzlich zu überwinden, führt man den Wandel der Heiligkeit. Alle Samanas und Brahmanen, welche lehren, dass es eine Erlösung vom Dasein durch Lebensbejahung gebe, sind unerlöst vom Dasein, sage ich. Aber auch alle Samanas und Brahmanen, welche lehren, dass es ein Entrinnen aus dem Dasein durch Selbstabtötung gebe, sind dem Dasein nicht entronnen, sage ich. Durch alles irdische Trachten bedingt, entsteht ja dieses Leiden; wenn aber alles Haften überwunden ist, kann kein Leiden mehr entstehen. Betrachte nur diese Welt weit und breit und die Wesen, die im Nichtwissen ganz aufgehen und sich der (anderen) Wesen freuen: Sie sind unerlöst.

Alles, was es an Dasein irgendwo und irgendwie gibt, ist vergänglich, leidvoll, muss sich verändern. Wer dies, wie es wirklich ist, mit vollkommener Weisheit betrachtet, der überwindet den Drang nach Lebensbejahung und findet auch keinen Gefallen an dem Drange nach Selbstabtötung. Nur Ausrottung aller Arten von Drang führt zu restloser Leidenschaftslosigkeit, zum Ende, zum Nibbana.

Ein Mönch, der alles Haften aufgegeben,
Der ist erloschen, wird nicht nochmals leben.
Besiegt ist Māra und die Schlacht gewonnen,
Und allem Dasein ist der Mönch entronnen.«[280]

»Wahrlich, Freund, so sage ich: Niemand ist imstande durch Gehen das Ende der Welt zu erreichen, da wo es weder Geburt gibt, noch Altern und Sterben, kein Entstehen und kein Vergehen. Und doch, Freund, lehre ich nicht, dass man ohne das Ende der Welt erreicht zu haben, dem Leiden ein Ende machen kann. Und so verkünde ich, Freund, dass in eben diesem klaftergroßen, dem von Bewusstsein erfüllten Körper

Venerable Kalugala Vanaratana – »Mein« Mönch

mit seinem Wahrnehmen und Denken die Welt enthalten ist und der Welt Entstehung enthalten ist und der Welt Aufhebung enthalten ist und der Pfad, der zur Aufhebung der Welt führt.«[281]

In diesem Körper also ist nach buddhistischer Auffassung die Welt enthalten – und ihre Entstehung und ihre Aufhebung! Und wenn wir die Dinge genau betrachten: Es stimmt. Unser ganz persönlicher, individueller Kosmos beginnt und endet mit diesem Körper. Endet der, endet auch dieser ganze unermessliche Kosmos – zumindest für uns. Was aber ist dieses »System Mensch«, mit dem wir uns unaufhörlich identifizieren? – Es ist nichts anderes als die fünf Aneignungsgruppen ; wie wir im Kapitel zwei gesehen haben. Es sind diese Aneignungsgruppen (kandhas), die uns eine Person vortäuschen, doch sind auch diese konditional bedingt und vergänglich, eine Anhäufung von Dhammas. Deshalb kann es etwas Unveränderliches wie ein Selbst nach Buddhas Beobachtungen nicht geben: »Ein Selbst kann im Menschen nicht gefunden werden«, ist ein oft gebrauchtes Zitat ... Diese fünf Aneignungs- oder Daseinsgruppen sind:

- Körper
- Gefühl
- Wahrnehmung
- Geist
- Bewusstsein

»Was aber, ihr Mönche, ist die ›Körperlichkeitsgruppe‹? – Was es da immer an Dingen gibt, die das Merkmal des ›Bedrückens‹ besitzen, alles das zusammengenommen hat man als ›Körperlichkeitsgruppe‹ zu betrachten: die vier Elemente und die von diesen Elementen anhängige Körperlichkeit – dies nennt man die Körperlichkeitsgruppe [...]
Was aber, ihr Mönche, ist die ›Gefühlsgruppe‹? – Was immer das Merkmal des Fühlens besitzt, das alles zusammengefasst hat man als

›Gefühlsgruppe‹ zu betrachten; nämlich: durch Seh-, Hör-, Riech-, Schmeck-, Körper-/Fühl- und Geist-Eindruck entstandenes Gefühl […]

Was aber, ihr Mönche, ist die ›Wahrnehmungsgruppe‹? – Was immer das Merkmal des Wahrnehmens besitzt, das alles zusammengefasst hat man als ›Wahrnehmungsgruppe‹ zu betrachten, nämlich die sechs Arten der Wahrnehmung: Formwahrnehmung, Tonwahrnehmung, Geruchswahrnehmung, Geschmackswahrnehmung, Wahrnehmung von körperlichem Eindruck (Fühlen/Tasten), Wahrnehmung von Geistesobjekten […]

Was aber, ihr Mönche, ist die Gruppe der ›Geistesformationen‹? – Was immer das Merkmal des geistigen Gestaltens besitzt, das alles zusammengefasst, hat man als ›Formationsgruppe‹ zu betrachten, nämlich die sechs Arten von Willensäußerungen, ihr Mönche: der Wille nach Formen, der Wille nach Tönen, der Wille nach Düften, der Wille nach Geschmäcken, der Wille nach Berührungen, der Wille nach Geist-Objekten. Das, ihr Mönche, nennt man Gestaltungen. Durch Entstehung von Sinneneindrücken kommt es zur Entstehung von Gestaltungen […]

Was aber, ihr Mönche, ist die ›Bewusstseinsgruppe‹? – Alles, was das Merkmal des Bewusstseins besitzt, das hat man zusammenfassend als ›Bewusstseinsgruppe‹ zu betrachten, nämlich die sechs Arten von Bewusstsein: Seh-, Hör-, Riech-, Schmeck-, Körper-/Fühl- und Geistesbewusstsein …«[282]

Dieses aus den fünf Aneignungsgruppen gebildete System pflegt den Kontakt mit der es umgebenden Welt mittels der sechs Sinne. Durch die Vipassanā-Meditation gewinnen wir Einsicht in diese Zusammenhänge.

Du musst dir all deiner Sinne bewusst werden! Nur ein bewusster Geist kann Nibbana erreichen. Der nicht-bewusste Geist schwankt stets zwischen Vergangenheit und Zukunft. Nibbana aber kennt keine Vergangenheit, keine Zukunft. Es ist immer jetzt, in diesem Augenblick. Lerne also, dir all deiner Sinne bewusst zu werden!, sagte mir Kalyanasiri immer wieder, wenn ich wieder einmal damit haderte, dass es mein doch so unvergleichliches Selbst nicht geben sollte ...

Stufe 1 – Bewusstwerdung der sechs Sinne

Setzen Sie Ihre zuvor begonnene Meditation fort:

- Setzen Sie sich aufrecht in eine der Meditationshaltungen (oder auf einen einfachen, geraden Stuhl). Neigen Sie das Kinn leicht nach unten, ohne den Kopf vornüber hängen zu lassen. Legen Sie die Hände mit den Handflächen in der Dhyāna Mudrā in den Schoß. Lassen Sie den Geist einige Augenblicke schweifen. Sammeln Sie Ihre Aufmerksamkeit. Schließen Sie die Augen, wenn Sie möchten. Entspannen Sie sich.
- Betrachten Sie nun mit ungeteilter Aufmerksamkeit Ihren Atem.
- Werden Sie sich der fünf Daseinsgruppen oder »Ansammlungen« Ihres Atems bewusst, nehmen Sie sie bewusst war, lernen Sie, die einzelnen »Zustände« klar und deutlich voneinander zu trennen:
  – Körper
  – Gefühl
  – Wahrnehmung
  – Geist
  – Bewusstsein

»Spüren« Sie dem Atem nach: dem rein **körperlichen Vorgang** der Atemaufnahme und -abgabe, dem damit entstehenden **Gefühl** (freudvoll, leidvoll, indifferent), der **Wahrnehmung** von Körper und Gefühl, der Reaktion Ihres **Geistes** und der letztendlichen Speicherung all dieser Erfahrungen in Ihrem **Bewusstsein**. Da die gesamte *Vipassanā*-Praxis von diesem »klaren Blick« in die Natur aller körperlich-geistigen Vorgänge ausgeht, sollten Sie diese Übung so lange fortsetzen (unter Umständen mehrere Wochen), bis Sie die fünf Daseinsgruppen klar voneinander unterscheiden können. Selbstverständlich läuft dieser »Wahrnehmungs-Prozess« blitzschnell, nahezu gleichzeitig ab, sodass es zu Beginn etwas schwerfällt, die einzelnen »Phasen« dieses Prozesses klar zu trennen, doch der Aufwand lohnt!

»Was da aber, o Bruder, an Gefühl, Wahrnehmung und Bewusstsein besteht, diese Dinge sind verbunden, nicht unverbunden, diese Dinge kann man nicht einzeln voneinander trennen und ihre Verschiedenheit aufzeigen. – Denn: Was man fühlt, o Bruder, das nimmt man wahr, und was man wahrnimmt, dessen ist man sich bewusst.«[283]

• Nehmen Sie nun mit jeder Einatmung diese Daseinsgruppen war: Körper – Gefühl – Wahrnehmung – Geist – Bewusstsein; bei jeder Ausatmung: Körper – Gefühl – Wahrnehmung – Geist – Bewusstsein. Wieder und immer wieder: Körper – Gefühl – Wahrnehmung – Geist – Bewusstsein ...

Stufe 2 – Die sechs Sinne im Einzelnen

Richten Sie nun – der Reihe nach – Ihre Aufmerksamkeit in derselben Weise auf Ihre sechs Sinne. Gelingt dieses »Erkennen« der einzelnen Sinnesorgane zu Beginn nicht, empfiehlt Bhante Welihelathanne Kalyanasiri, sich zunächst der einzelnen Sinnesorgane mithilfe der folgenden Übungen bewusst zu werden, welche auch in vor- und/oder außerbuddhistischen Techniken (z. B. Yoga) gebräuchlich sind. Verwenden Sie für jedes Sinnesorgan ca. 10 Minuten je Sitzung. Können Sie an einem Tag nicht genügend Zeit für alle Sinnesorgane aufwenden, wenden Sie sich nur einem oder zwei zu. Setzen Sie diese »Konzentrationsübung« fort, bis Sie die einzelnen Daseinsgruppen (Körper, Gefühl, Wahrnehmung, Geist und Bewusstsein) bei jedem Sinnesorgan klar erkennen und unterscheiden können. Setzen Sie erst dann Ihre Übungen fort.

Bewusstwerdung der sechs Sinnesorgane

Das Auge

Starren Sie auf einen kleinen Punkt, einen kleinen Ausschnitt der Wirklichkeit, stecknadelkopfgroß. Betrachten Sie, wie sich der »Sehvorgang« verändert, mit jedem Augenblick, jedem Gefühl. Werden Sie sich des Auges und des Sehvorgangs wirklich bewusst …

Das Ohr

Richten Sie Ihre ungeteilte Aufmerksamkeit auf das Ohr und den Hörvorgang, ein – scheinbar – gleich bleibendes Geräusch, z. B. das Rauschen des Radios, wenn kein Sender eingestellt wurde. Erkennen Sie die Veränderungen in diesem Hörprozess, werden Sie sich dieser Veränderungen bewusst, werden Sie sich des Ohres und des Hörvorgangs in allen Einzelheiten voll bewusst …

Die Nase

Legen Sie sich ein Stück Seife, eine duftende Blume in geringem Abstand unter die Nase. Nehmen Sie den Geruch wahr, seine Veränderungen, die Veränderungen des Riechvorgangs in allen seinen Phasen …

Die Zunge

Legen Sie sich ein Stück Salz auf die Zunge (ein Bonbon tut's unter Umständen auch). Nehmen Sie den Geschmack wahr, seine Veränderung, den Geschmacksvorgang in allen seinen Phasen …

Der Körper

Zur Bewusstwerdung des Körpers und des Körpergefühls eignet sich am besten die später noch ausführlich dargestellte Gehmeditation (oder ein ›ruhiges Verweilen‹ in der von Ihnen Ihrer gewählten Meditationshaltung. Hören Sie in sich hinein, nehmen Sie – achtsam – jede Faser Ihres Körpers wahr. Wie fühlt es sich an? Wo? Angenehm oder unangenehm? Indifferent?

Der Geist

Zur Bewusstwerdung des Geistes empfiehlt Bhante Welihelathanne Kalyanasiri eine Form der Visualisierung. Betrachten Sie einen Gegenstand möglichst genau. Wählen Sie für den Anfang keine allzu vielfältige Form (z. B. eine Tulpe, ein Glas), Sie werden auch bei der einfachsten Form mit der Zeit ihre Vielfalt erkennen. Schließen Sie die Augen, und versuchen Sie, diesen Gegenstand im Geist wieder entstehen zu lassen, in allen Einzelheiten …

Kehren Sie, wenn Ihnen diese Konzentrationsübungen gelungen sind, zu **Stufe 2** Ihrer Vipassanā-Meditation zurück; beginnen Sie nie mit den äußeren Objekten, denen sich das jeweilige Sinnesorgan zuwendet, sondern mit dem jeweiligen Sinnesorgan selbst. Es ist – mit Ausnahme des Körperorgans – klein, »überschaubar«; die Objekte dagegen sind vielfältig, gewaltig, überwältigen uns vielfach zu Beginn.

Das Auge und die Formen

Im *Visuddhi Magga* werden die einzelnen Sinnesorgane sehr genau – natürlich aus buddhistischer Perspektive – beschrieben: »Als ›Sehorgan‹ gilt der aus den vier Elementen gebildete sensitive Teil des Auges, der die Fähigkeit besitzt, mit den Sehobjekten in Berührung zu treten …«[284]

Jenes Auge aber, das da mit dunklen Wimpern bedeckt und mit schwarzem und weißem Ring verziert ist und dem Blütenblatt eines blauen Lotus gleicht, das wird in der Welt als Auge bezeichnet. Inmitten der von einem weißen Gürtel umgebenen Pupille des gar komplizierten Auges durchdringt das »Sehorgan«, dort, wo die vor einem befindlichen Formen erscheinen, die sieben Sehmembranen, gerade wie das auf sieben Woll-Läppchen gegossene Öl die Woll-Läppchen durchtränkt. So wie ein

Prinz von vier Ammen bedient wird, die ihn tragen, baden, schmücken und fächeln, gerade so wird das »Sehorgan« von den vier Grundelementen des Erhaltens (Erdelement), Verbindens (Wasserelement), Erhitzens (Hitzeelement) und Bewegens (Windelement) bedient. Durch Wärme, Bewusstsein und Nahrung unterstützt, von der Lebenskraft erhalten, mit Farbe, Duft, Geschmack usw. ausgestattet, erfüllt das »Sehorgan«, das nur so groß ist wie der Kopf einer Laus, in einer ihm angemessenen Weise seine Aufgabe als Grundlage und Pforte des Sehbewusstseins.[285]

Empfinden Sie dieses »Sehorgan«. Empfinden Sie dieses winzig kleine **körperliche Element** im Innern Ihres Auges. Empfinden Sie die damit verbundenen **Gefühle**, die **Wahrnehmung** dieser Gefühle, die Reaktionen Ihres **Geistes** hierauf, die Bewusstwerdung und Speicherung dieses Prozesses in Ihrem **Bewusstsein:**

Einst, so habe ich es gehört, weilte der Erhabene im Lande der Kuru. Kammassadhamma hieß der betreffende Ort. […]
»Da erkennt, ihr Mönche, ein Mönch das Sehorgan und die Formen und Farben, wie bedingt von diesen eine Fessel entsteht, wie diese Fessel entsteht, wie diese Fessel verlassen wird, wie diese Fessel, wenn sie verlassen wurde, in Zukunft nicht mehr entsteht.«[286]

Das Ohr und die Töne

Als »Hörorgan« gilt der aus den vier Elementen gebildete sensitive Teil des Ohres, der die Fähigkeit besitzt, mit den Hörobjekten in Berührung zu treten …[287]

Im Inneren der komplizierten Ohrhöhle, an einer von braunen Härchen bedeckten und wie ein Fingerring geformten Stelle, von den Elementen in der oben beschriebenen Weise bedient, durch Wärme, Bewusstsein und Nahrung unterstützt, von der Lebenskraft erhalten, mit Farbe, Duft, Geschmack usw. ausgestattet, erfüllt das »Hörorgan« in einer ihm angemessenen Weise seine Aufgabe als Grundlage und Pforte des Hörbewusstseins.[288]

Empfinden Sie dieses »Hörorgan«. Empfinden Sie dieses winzig kleine **körperliche Element** im Innern Ihres Ohres. Empfinden Sie die damit verbundenen **Gefühle**, die **Wahrnehmung** dieser Gefühle, die Reaktionen Ihres **Geistes** hierauf, die Bewusstwerdung und Speicherung dieses Prozesses in Ihrem **Bewusstsein**:

»Da erkennt, ihr Mönche, ein Mönch das Hörorgan und die Töne,wie bedingt von diesen eine Fessel entsteht, wie diese Fessel entsteht, wie diese Fessel verlassen wird, wie diese Fessel, wenn sie verlassen wurde, in Zukunft nicht mehr entsteht.«[289]

Die Nase und die Düfte

Als »Riechorgan« gilt der aus den vier Elementen gebildete sensitive Teil der Nase, der die Fähigkeit besitzt, mit den Riechobjekten in Berührung zu treten ...[290]

An einer gabelförmigen Stelle im Innern der komplizierten Nasenhöhle, in der besagten Weise bedient, unterstützt, erhalten und ausgestattet, erfüllt das »Riechorgan« in einer ihm angemessenen Weise seine Aufgabe als Grundlage und Pforte des Riechbewusstseins.[291]

Empfinden Sie dieses »Riechorgan«. Empfinden Sie dieses **körperliche Element** im Innern Ihrer Nase. Empfinden Sie die damit verbundenen **Gefühle**, die **Wahrnehmung** dieser Gefühle, die Reaktionen Ihres **Geistes** hierauf, die Bewusstwerdung und Speicherung dieses Prozesses in Ihrem **Bewusstsein:**

> »Da erkennt, ihr Mönche, ein Mönch das Riechorgan und die Düfte, wie bedingt von diesen eine Fessel entsteht, wie diese Fessel entsteht, wie diese Fessel verlassen wird, wie diese Fessel, wenn sie verlassen wurde, in Zukunft nicht mehr entsteht.«[292]

Die Zunge und die Geschmäcke

Als »Geschmacksorgan« gilt der aus den vier Elementen gebildete sensitive Teil des Mundes, der die Fähigkeit besitzt, mit den Geschmacksobjekten in Berührung zu treten …[293]

Mitten auf der komplizierten Zunge, an einer wie die Spitze einer Lotusblüte geformten Stelle, in der besagten Weise bedient, unterstützt, erhalten und ausgestattet, erfüllt das »Geschmacksorgan« in einer ihm angemessenen Weise seine Aufgabe als Grundlage und Pforte des Geschmacksbewusstseins.[294]

Empfinden Sie dieses »Geschmacksorgan« (Jivhā), die Zunge mit ihren Geschmacksknospen. Empfinden Sie dieses **körperliche Element** auf Ihrer Zunge, die Geschmacks-Papillen. Empfinden Sie die damit verbundenen **Gefühle**, die **Wahrnehmung** dieser Gefühle, die Reaktionen Ihres **Geistes** hierauf, die Bewusstwerdung und Speicherung dieses Prozesses in Ihrem **Bewusstsein:**

> »Da erkennt, ihr Mönche, ein Mönch das Geschmacksorgan und die Geschmäcke, wie bedingt von diesen eine Fessel entsteht, wie diese Fessel entsteht, wie diese Fessel verlassen wird, wie diese Fessel, wenn sie verlassen wurde, in Zukunft nicht mehr entsteht.«[295]

Der Körper und die Berührungen

Als »Körperorgan« gilt der aus den vier Elementen gebildete sensitive Teil des Körpers, der die Fähigkeit besitzt, mit den Berührobjekten in Berührung zu treten …[296]

Überall da, wo es am Körper karmisch bedingte Körperlichkeit gibt, in der besagten Weise bedient, unterstützt, erhalten und ausgestattet, erfüllt das »Körperorgan«, gerade wie das Öl im Baumwollsamen, seine Aufgabe als Grundlage und Pforte des Körperbewusstseins (Tastsinn, äußerlich wie innerlich).[297]

Empfinden Sie dieses »Körperorgan«. Empfinden Sie dieses **Element** in Ihrem Körper. Empfinden Sie die damit verbundenen **Gefühle**, die **Wahrnehmung** dieser Gefühle, die Reaktionen Ihres **Geistes** hierauf, die Bewusstwerdung und Speicherung dieses Prozesses in Ihrem **Bewusstsein**:

»Da erkennt, ihr Mönche, ein Mönch das Körperorgan und die Berührungen, wie bedingt von diesen eine Fessel entsteht, wie diese Fessel entsteht, wie diese Fessel verlassen wird, wie diese Fessel, wenn sie verlassen wurde, in Zukunft nicht mehr entsteht.«[298]

»So wie es die Schlangen, Krokodile, Vögel, Hunde und Schakale zu den Termitenhügeln, zum Wasser, zur Luft, zum Dorfe oder zum Leichenfeld als ihren eigenen Gebieten hinzieht, ebenso zieht es die Sinnesorgane zu ihren Objekten hin.«[299]

Der Geist und die Geistesobjekte

Der Geist ist das, was man denkt.[300]

»Kein anderes Ding kenne ich, ihr Mönche, das, unentfaltet und vernachlässigt, zu so großem Unglück führt wie der Geist. Zu großem Unglück, ihr Mönche, führt der unentfaltete und vernachlässigte Geist. Kein anderes Ding kenne ich, ihr Mönche, das, entfaltet und nicht vernachlässigt, zu so großem Glücke führt wie der Geist. Zu großem Glücke, ihr Mönche, führt der entfaltete und nicht vernachlässigte Geist.«[301]

Der Geist bildet die Grundlage aller geistigen Tätigkeit und kontrolliert und steuert die ersten fünf Sinne; durch ihn erst erfährt der Mensch die Welt. Der Geist ist der Ursprung alles Guten – und alles Bösen: »Was es auch immer, ihr Mönche, an unheilsamen Dingen gibt, an Dingen, die dem Unheilsamen verbunden sind, dem Unheilsamen zugehören, sie alle haben ihren Ursprung im Geist, denn das Geistige steigt zuerst auf, und dann folgen die unheilsamen Dinge. Was es auch immer, ihr Mönche, an heilsamen Dingen gibt, an Dingen, die dem Heilsamen verbunden sind, dem Heilsamen zugehören, sie alle haben ihren Ursprung im Geist, denn das Geistige steigt zuerst auf, und dann folgen die heilsamen Dinge.«[302] Der Mensch ist also Nāma-Rūpa, Geist und Körper, Name und Form. Als »rationales Organ« ist das Geistesorgan den »rationalen Objekten« (Geistesobjekten) angepasst wie die übrigen Sinne ihren jeweiligen Objekten (z. B. das Auge den Sehobjekten). Im *Visuddhi Magga* führt Buddhaghosha zur Verdeutlichung des Zusammenspiels von Körperlichem und Geistigem das Beispiel vom Blindgeborenen und vom Lahmen an: Der Blindgeborene schultert den Lahmen und lässt sich von diesem die Richtung weisen.

Als Paar sind Geist und Körper beide
Sich gegenseitig eine Stütze;
Sobald die eine Stütze bricht,
Zerbrechen alle zwei zugleich.[303]

Empfinden Sie dieses »Geistesorgan«. Empfinden Sie dieses **körperliche Element** in Ihrem Herzen (nach buddhistischer – wie überhaupt asiatischer – Ansicht haben Geist und Bewusstsein ihren Sitz im Herzen/Herzchakra, Anāhata Chakra, nur die Wahrnehmungen und der Wahrnehmungsapparat haben ihren Sitz im Kopf). Empfinden Sie die damit verbundenen **Gefühle**, die **Wahrnehmung** dieser Gefühle, die Reaktionen Ihres **Geistes** hierauf (wie reagiert der Geist auf Empfindungen des Geistes?), die Bewusstwerdung und Speicherung dieses Prozesses in Ihrem **Bewusstsein**:

> Ist der Geist erkannt, sind alle Dinge erkannt.
>
> *Ratnamegha Sūtra*

»Da erkennt, ihr Mönche, ein Mönch das Geistesorgan und die Geistesobjekte, wie bedingt von diesen eine Fessel entsteht, wie diese Fessel entsteht, wie diese Fessel verlassen wird, wie diese Fessel, wenn sie verlassen wurde, in Zukunft nicht mehr entsteht. So weilt er innen bei den Zuständen in genauer Betrachtung der Zustände; er weilt außen bei den Zuständen in genauer Betrachtung der Zustände. Sowohl innen als auch außen weilt er bei den Zuständen in genauer Betrachtung der Zustände. In genauer Betrachtung der Entstehensbedingungen weilt er bei den Zuständen; in genauer Betrachtung der Vergehensbedingungen weilt er bei den Zuständen; in genauer Betrachtung der Entstehens-Vergehens-Bedingungen weilt er bei den Zuständen. ›Das sind die Zustände‹, vergegenwärtigt er sich aufmerksam, und unabhängig lebt er, und an nichts in der Welt haftet er.«[304]

Stufe 3 – Die letztenendliche Realität unserer Sinnesorgane

Werden Sie sich nun der letztendlichen Realität dieser Sinnesorgane bewusst. Sie alle sind: vergänglich, daher leidvoll, nicht das Selbst: annica – dukkha – anattā.

[...] Und er gelangt zu dem Schlusse, dass es außer dem Geistigen und dem Körperlichen kein weiteres Wesen gibt. Keine Person, kein Himmelswesen, keinen Gott. So stellt er das Geistige und das Körperliche seiner wirklichen und wahren Natur nach fest ...[305]

Bhante Welihelathanne Kalyanasiri fragte mich einmal, als ich mich in seinem kleinen Haus im Innern Sri Lankas dieser Meditation hingab: »Gehört das Auge zu irgendeinem Selbst? – Nein! Das ist nur das Auge. Das Ohr? – Nein, das ist nur das Ohr. Die Nase, der Mund, der Körper, der Geist? – Nein! Das ist nur die Nase, der Mund, der Körper, das Geistesorgan. Was aber ist dann das Selbst? – Ein Geschöpf des Glaubens und des Geistes, eine Mischung aus Geist und Gefühl. Es gibt keine Person hinter dem Geist. Du solltest Vipassanā vor allem über das Geistesorgan üben, da du offensichtlich noch zu sehr an der Idee eines ›Selbst‹ haftest. Und was ist der Geist? – Eine Mischung aus Körper (Herz, Blut etc. – ein Produkt aus den vier Elementen) und Gefühl – kein ›Selbst‹, keine Person. Ein Selbst ist in diesem System, bestehend aus den fünf Khandhas, nirgendwo zu finden ... Nicht jeder Gebildete ist intelligent, und nicht jeder Intelligente gebildet; und nicht jeder gebildete Intelligente ist weise. Die Intelligenten und Gebildeten wollen sein – gebildet oder intelligent, am besten beides. Die Weisen aber wollen nicht sein. Sein oder Nichtsein also ... « Seiner Meinung nach bin ich ein »typischer« Anāgāmi und soll mich daher vor allem durch Meditation über den Geist zur Arahatschaft, diesem Zustand der »Heiligkeit«, der letzten Stufe auf dem Weg, entwickeln. Aber ich kannte ja meine »Pappenheimer«, die Asiaten mit ihrem Glauben an die Wirkung der Worte! Taufe ich ein Mädchen auf den Namen Rose, wird es schön wie eine Rose. Nenne ich jemanden einen Heiligen, so wird er (zumindest wahrscheinlich) zum Heiligen. Nomen est omen. Dieser uralte Hintergrund aller Mantras. Die Welt ist Klang. Daher die Hochachtung vor Geschriebenem. Einmal, als mich Lal Bahadur Basnet in Deutschland für die letzten Arbeiten an einem gemeinsamen Yoga-Buch besuchte, gingen wir gemeinsam spazieren. Es war einer jener typisch Deutschen Herbsttage mit Regen und Wind. Als wir zurückkehrten, trieften wir vor Nässe – und Lalji hatte nur ein paar Schuhe mit und meine passten ihm nicht. Ich wollte ihm eine Zeitung bringen, um die Schuhe damit auzustopfen, damit sie schneller trockneten. Aber dies ist eine andere Geschichte …

»Darum, ihr Mönche: was euch nicht angehört, das gebt auf. Das von euch Aufgegebene wird euch lange zum Wohl, zum Heil gereichen.

Was aber, ihr Mönche, gehört euch nicht an? – Der Körper, ihr Mönche, gehört euch nicht an – ihn gebt also auf. Das Gefühl, ihr Mönche, gehört euch nicht an – das gebt auf. Die Wahrnehmung, ihr Mönche, gehört euch nicht an – gebt sie auf. Der Geist, ihr Mönche, gehört euch nicht an –gebt ihn auf. Das Bewusstsein, ihr Mönche, gehört euch nicht an – das gebt auf. Das von euch aufgegebene wird euch lange zum Wohle, zum Heil gereichen.«[306]

Werden Sie sich dessen immer wieder bewusst: All diese Daseinsgruppen – auch unser Geist und unser Bewusstsein, mit denen wir uns so gerne als »Person« identifizieren – sind in Wirklichkeit vergänglich, leidvoll, nicht das Selbst (»selbst-los«). Werden Sie sich dessen zunächst bei jedem Sinnesorgan einzeln bewusst (ca. fünf Minuten je Sinnesorgan während zweier Wochen). Wenn diese Stufe gemeistert ist, gehen Sie dazu über, sich aller Sinne gemeinsam bewusst zu werden, oder eines einzelnen Sinnesorgans, je nach seinem spontanen »Auftreten«. Bhante Welihelathanne Kalyanasiri verglich dies mit dem Erlernen des ABC: Am Anfang schreibt man die einzelnen Buchstaben für sich – AAA, BBB usw. – wenn man die einzelnen Buchstaben jedoch beherrscht, schreibt man ganze Wörter, setzt die Buchstaben in ihrem »spontanen Vorkommen« zusammen …

Haben Sie die dritte Stufe gemeistert, verweilen Sie noch – wenn Sie wollen – »derart von Begierde und Übelwollen frei, vollbewusst, wissensklar und besonnen« in den Erhabenen Verweilzuständen (Brahma Vihāras). Dies vervollständigt und beendet eine Meditationseinheit.

Die Gehmeditation

»Fünf Vorteile, ihr Mönche, gewährt das Auf- und Abwandeln. Welche fünf? – Lange Wegstrecken hält man aus, Anstrengungen erträgt man, man bleibt gesund, was man isst, trinkt, kaut und schmeckt, wird gründlich verdaut, die beim Auf- und Abwandeln erzielte Sammlung des Geistes hält lange an. Diese fünf Vorteile, ihr Mönche, gewährt das Auf- und Abwandeln.«[307]

Die Gehmeditation ist ein wichtiges Mittel zur Bewusstwerdung des Körpers, darüber hinaus belebt sie Körper und Geist, wenn lange Meditationen im Sitzen eventuell zu Trägheit oder (vor allem für uns Westler) Verspannungen führen. In den Waldklöstern Asiens gibt es für diese Meditationsform eigens geschaffene Wege, peinlich gepflegt, fein geharkter Sand, steinumrandet, herrlich darauf zu gehen … Dies Meditationswege sind meist ca. 20 Meter lang und ein bis zwei Meter breit. Am Stirnende werden sie teilweise von einem Meditationssitz abgeschlossen, manchmal wartet am Ende auch ein vom Nutzer besonders erkorenes Meditationsobjekt, zum Beispiel eine Buddhastatue, oder – makaber im wahrsten Sinn des Wortes – der Tod (in Form eines Gerippes etwa). Schaffen Sie sich, wenn Sie die Gelegenheit dazu haben, einen solchen »Raum«; wenn nicht, wählen Sie im Freien oder in einem größeren Raum eine *ebene* Strecke von ca. 25 Schritten (in Bhante Sumanasara Theros Einsiedelei mussten wir uns mit einer Strecke von ca. zehn Metern begnügen), mindestens jedoch sieben Schritte lang.

- Stehen Sie – barfuß oder in Strümpfen – aufrecht am Anfang Ihres »Pfades«, die Arme seitlich am Körper, oder die Hände in der Begrüßungsgeste/Gebetsgeste (Añjali Mudrā) vor der Brust gefaltet oder hinter dem Rücken verschränkt (die rechte Hand umfasst das linke Handgelenk). Richten Sie den Blick ca. zwei bis drei Meter vor sich auf den Boden, richten Sie Ihre gesammelte Achtsamkeit auf den Akt des Stehens (»Da weiß, ihr Mönche, ein Mönch: ›Ich gehe‹; stehend weiß er: ›Ich stehe‹…«). Atmen Sie tief ein und aus, und entspannen Sie sich.

- Gehen Sie langsam (mit dem rechten Fuß beginnend) bis zum Ende des »Pfades«, die Aufmerksamkeit einzig und allein auf die Empfindungen in der Fußsohle gerichtet.

- Halten Sie am Ende Ihres Meditationspfades an, drehen Sie sich (stets rechtsherum) in die entgegengesetzte Richtung, verharren sie einige Augenblicke (oder Minuten) in dieser aufrechten Stellung, die gesammelte Aufmerksamkeit auf diesen Akt des Stehens gerichtet.

- Schreiten Sie nun zum anderen Ende, halten Sie an, werden Sie sich des Anhaltens bewusst, drehen Sie sich in die andere Richtung, verharren Sie einige Augenblicke, schreiten Sie wieder zu Ihrem Ausgangspunkt usw.

Schenken Sie Gedanken, die – vor allem zu Beginn – natürlich auftauchen, keine allzu große Bedeutung. Sie werden verschwinden wie ungebetene Gäste, lösen sich auf wie Frühnebel in den ersten Strahlen der Sonne …

Sie können diese Übung mehrmals am Tag beliebig lange (z. B. 20 bis 30 Minuten) ausführen. Sollten Sie sich einmal etwas »Besonderes« gönnen und längere Zeit (z. B. einen ganzen Tag oder gar mehrere Tage) in Meditation verbringen, ist ein regelmäßiger Wechsel zwischen sitzender Meditation und Meditation im Gehen ein wahrer Segen!

» … ist ein Mönch beim Vorgehen, beim Zurückgehen sich dieses Tuns voll bewusst …« – Meditationsweg im Waldkloster von Varana. (Nächste Doppelseite)

Variationen der Gehmeditation

Bahnte Sumanasara Thero lehrte mich zwei weitere, leicht abgewandelte Varianten dieser Gehmeditation. Es war in der Früh, vor Sonnenaufgang. Der Himmel wolkenverhangen, herbstlich beinahe. Doch mit den ersten Strahlen der Sonne lichteten sich die dräuenden Wolkenberge, trieben zum Teil landeinwärts oder lösten sich einfach auf, verschwanden im Blau. Auch das nächtlich tosende Meer beruhigte sich langsam, und bald schon lag wieder dieser Bilderbuch-Garten-Eden vor mir. Vögel zwitscherten in den weißblühenden Tempelbäumen, Streifenhörnchen tummelten sich im Gras am Fuß der Palmen, und der laue, vom Meer her kommende Wind atmete Salz und Tang und Ferne …

Variante 1

- Schreiten Sie – wie zuvor beschrieben – Ihren Meditationspfad ab; atmen Sie beim ersten Schritt ein, beim zweiten aus, beim dritten Schritt ein usw. Die Schrittfolge wird dadurch natürlich meist etwas langsamer.

Variante 2

- Werden Sie sich der einzelnen Teile des Gehvorgangs bewusst: Heben des Fußes – nach vorne – Senken des Fußes. Heben des anderen Fußes – nach vorne – Senken des Fußes usw. Auch hier ist natürlich die Gehgeschwindigkeit deutlich reduziert.

Alles Übrige (Stehen, Wenden, Position der Arme etc.) bleibt wie bei der Grundform.

Probieren Sie alle drei Arten der Gehmeditation, wählen Sie diejenige aus, die Ihnen am erfolgversprechendsten erscheint, und praktizieren Sie diese im Verlauf Ihrer weiteren Übungspraxis.

Das Ziel – Nibbana

»Es gibt, ihr Mönche, ein Ungeborenes, Ungewordenes, Nicht-Gemachtes, ein nicht durch schaffende Tätigkeit Hervorgebrachtes. Wenn es dieses nicht gäbe, so wäre hier ein Entrinnen aus dem Geborenen, Gewordenen, Gemachten, durch schaffende Tätigkeit Hervorgebrachten nicht zu erkennen. Weil es nun aber ein Ungeborenes, Ungewordenes, Nicht-Gemachtes, ein nicht durch schaffende Tätigkeit Hervorbrachtes gibt, deshalb ist ein Entrinnen aus dem Geborenen, Gewordenen, Gemachten, durch schaffende Tätigkeit Hervorgebrachten zu erkennen.«[308]

»Es gibt, ihr Mönche, einen Bereich, wo weder Festes noch Flüssiges ist, weder Hitze noch Bewegung, weder diese Welt noch jene, weder Sonne noch Mond. Das, ihr Mönche, nenne ich weder ein Kommen noch ein Gehen noch eine Stillestehen; weder ein Geborenwerden noch ein Sterben. Es ist ohne jede Grundlage, ohne jede Stütze: Das ist des Leidens Ende.«[309]

Tiefes Schweigen. Nur das Zirpen einiger Zikaden, das Girren eines Vogels, das Wispern der Blätter im Wind. Ansonsten: Stille, Stille, Stille. An die fünfzig Kabbanas[310] im Dschungel verstreut. Meditationspfade, steinerne Sitze. Die Gewänder der Mönche – wie in Thailand – dunkler als die der »Tempelmönche« in den Städten. Gespräche über Karma und Saṃsāra und den rechten Weg zum Nibbana. »Das Bewusstseinskontinuum ist stets da, ohne Unterbrechung; nur die Nīvaranas hindern dich daran, klar zu sehen. Es gibt ein schönes Gleichnis über diese Beziehung: – Das Gleichnis vom Wasser.[311] Wird der Geist von unserem sinnlichen Begehren getrübt, erkennen wir weder eigenes noch fremdes Heil. Die Situation gleicht einem Wassertopf, der mit roter, gelber, blauer oder brauner Farbe versetzt wurde. Schaut man in diesen Topf, so kann man in dem trüben Wasser das eigene Spiegelbild nicht klar erkennen – ebenso ergeht es dem durch sinnliches Begehren getrübten Geist. Wird unser Geist von aufsteigendem Hass getrübt, gleicht dies einem über dem Feuer erhitzten Topf, in dem das Wasser siedet und kocht; auch hier ist das Spiegelbild nicht der Wirklichkeit gemäß erkennbar – wie es dem durch Hass verdüsterten Geist nicht gelingt, die Wirklichkeit der Wirklichkeit gemäß zu erkennen. Stumpfheit und Trägheit des Geistes ähneln einem Topf, dessen Wasser von Moos und Wasserpflanzen völlig bedeckt ist. Und so, wie wir in solchem Wasser unser Spiegebild nicht der Wirklichkeit gemäß erkennen können, erkennt auch der von Stumpfheit und Trägheit gefesselte Geist die Wirklichkeit nicht der Wirklichkeit gemäß. Erregung und Reue gleichen von Wind bewegtem, unstetem, aufwellendem Wasser. Und so, wie man darin das eigene Spiegelbild nicht der Wirklichkeit gemäß erkennen kann, erkennt der von Erregung und Reue gequälte Geist die Wirklichkeit nicht der Wirklichkeit gemäß. Der Zweifel schließlich gleicht einem Topf voll schlammigem, trübem, aufgestörtem Wasser, das man ins Dunkel stellt. So, wie wir darin unser Spiegelbild nicht der Wirklichkeit gemäß erkennen können, erkennt auch der durch Zweifel getrübte Geist die Wirklichkeit nicht der Wirklichkeit gemäß.

Es gibt aber einen Weg, klar zu sehen, die Wirklichkeit zu sehen, wie sie ist: Die Vier Edlen Wahrheiten. Wenn du diesen Weg des Dharma gehst, wird sich der Erfolg einstellen, gleichgültig, wo auch immer du diesen Weg gehst, ob in Indien, Tibet, Sri Lanka oder Deutschland. Jeder Lehrer – nicht nur ich – wird dich zum Erfolg führen. Du hast lange gearbeitet! Nun ist die Zeit reif, dass du die Erfolge erntest!«

Die Zeit der Abreise rückte näher. Ein paar Leute aus dem nahen Dorf brachten Dāna[312]. Der Bhante intonierte eine lange Pūjā,[313] beginnend mit der dreifachen Zufluchtsformel:

Buddham saranam gacchāmi,
Ich nehme meine Zuflucht zum Buddha,

Dhammam saranam gacchāmi,
Ich nehma meine Zuflucht zum Dhamma,
Sangham saranam gacchāmi.
Ich nehme meine Zuflucht zum Sangha.

Als die Dorfleute gegangen waren und das mitgebrachte Essen aus der nahen Küche duftete, setzte sich der Bhante zu mir: »Diese Pūjās sind Bestandteil der Tradition; die buddhistische Praxis aber ist Meditation. Doch die Menschen brauchen manchmal auch die Tradition – sie haben (so glauben sie zumindest) keine Zeit für die Praxis. Du aber hast die Gelegenheit zur Praxis, du wirst Nibbana noch in diesem Leben erreichen.« Wie oft schon hatte ich dies nun schon gehört, wie oft schon beinahe überall in Asien, auf dieser Reise zum Selbst …

Mittagessen, die letzte Mahlzeit des Tages – Maniok und Okras und Reis und Karotten – nach den Regeln der Mönche. Eine kleine Siesta, Gespräche über den Dharma, Schreiben, Meditation. Kühle in sinkender Nacht, eine herrliche Brise. Zikadengekreisch und bellende Hunde und das späte Schnarren der Krähen. Dann wieder Gespräche über die Lehre. Die Befreiung des Bhante liegt nun schon ein paar Jahre zurück. und er hat seither auch nie wieder geträumt: »Träume werden aus Unwissenheit geboren! Und manche folgen sogar ihren Träumen! Welcher Irrweg zumeist. Schau dir Shakespeare an! Er muss gewaltige Probleme mit sich herumgeschleppt haben! All diese Geister und Gespenster – auch die buddhistischen Bücher sind voll davon! Ich habe noch keines gesehen! Auch keine Götter … Du musst deine Befreiung selbst bewirken! Niemand kann dies für dich tun! Auch die Götter nicht …«

Gegen fünf stand ich auf am nächsten Morgen, als letzter, nach einer Nacht voll seltsamer Träume. Es war Vesakha, der erste Tag des Vollmonds im Monat Vesakh. Höchster Festtag des Landes, ja, des Buddhismus überhaupt. Die Geburt des Erhabenen feiernd, seinen Auszug »aus dem Haus in die Hauslosigkeit«, seine Erleuchtung und das endgültige Verlöschen in Kushinagara. Gewitter und heftiger Regen und Frösteln auf nackter Haut. In der Küche gab es die allmorgendliche Reisschleimsuppe mit Knoblauch – »Sehr gut für die Verdauung!« Dann der Abschied, die Einladung und das Versprechen, wieder zu kommen, möglichst bald, möglichst lange ...

Kokosplantagen und Zuckerrohr, Wasserbüffel und Kuhreiher, strahlendes Weiß im Grün der Reisfelder vor blauem Himmel. Palmen und Krähen. Südseehaft. Gauguin. Sisal und Dschungel. Lunch an der Lagune von Puthalam. Keine Touristen – kleine Preise. Die Straßen festlich geschmückt. Speisen werden verteilt, Getränke – Dāna für die Armen der Stadt.

Scharen von Krähen, krächzend in höchster Kadenz. Maniokfelder am Straßenrand, als wir schließlich weiterfahren, Ananas und Bananen. Und immer wieder: riesige Kokosplantagen, Reisfelder, reiherbewehrt. Dāna-Stände an den Straßen. Allüberall.

Der Abend: darker than blue. Dräuende Wolken. Regen sodann. Monsunhaft. Mit einem vollkommen betrunkenen, muslimischen Tuc-Tuc-Fahrer – sehr seltsam, aber wirklich auch schon: recht seltsam, – durch die schwülheiße Nacht. Durch das Muslimviertel zunächst, ausgestorben und leer, die Viertel der Christen. Dann die Viertel der Buddhisten. Die Straßen mit Lichterketten geschmückt. Lampions in den Farben Buddhas an beinahe jedem Haus. Der Große Tempel: ein einziges Lichtermeer. Tausende im Tempel, im Garten davor, auf den Straßen. Ein spirituelles Volksfest. Von Tempel zu Tempel durch die geschmückten Straßen der Stadt mit meinem schwadronierenden Fahrer. Bob Marley mit dröhnendem Bass. Zum Tempel des Mantra-Priester, des wundertätigen. Zum Hafen ...

Anderntags: Bedeckter Himmel und die Pirogen der Krabbenfischer mit ihren dunklen Segeln am Horizont. Steife Brise und raue See. Eine Schar Gänse, silbernes Dreieck im Flug. Ein junges Schwein liegt aufgedunsen am Strand. Die Zeit der Muscheln und Seesterne und Tintenfischrücken der Kindheit scheint endgültig vorbei. Tonnenweise spuckt das Meer täglich Unverdauliches aus. Wohlstandsmüll. Plastik vor allem. Alte Badelatschen und Kinderspielzeug und zerfetzte Tüten und Flaschen, Glasscherben: Treibgut der Zivilisation. Strandläufer und Scharen von Krähen, zankend um allerlei Müll – die Lagune von Cochikade. Zum Tempel von Munnesaram. Südlicher Hinduismus, mit Devadasis[314], sich wiegend in irrer Trance, und Brahmanenpriestern und Arthi-Pujas[315] und dem nicht enden wollenden Dröhnen der Trommeln. Der Haupttempel Vishnu geweiht oder Shiva oder einem anderen der 440 Millionen Götter des indischen Pantheons. Ein paar hundert Meter vom Haupttempel entfernt ein Kali-Tempel, der blutsaufenden geweiht, männermordenden. Archaischer noch als der Haupttempel, ein Relikt aus einer anderen Zeit, als Menschenopfer noch alltäglich waren, um die Götter zu besänftigen. Tempeltänzerinnen auch hier, weiß gekleidet, mit wallendem Haar, blicklosem Blick und sich windendem Körper. Göttliche Huren, deretwegen die Männer kommen von weit her, die Frauen, um sich mit ihrer Hilfe – betören sie doch selbst die Götter – von allerlei Krankheiten zu befreien. Ein stechender Dorn im Auge der portugiesischen Priester, als diese im frühen 16. Jahrhundert die Insel missionierten, die Tempel schleifen ließen bis auf den letzten Stein. Doch der Kult überdauerte, der Tempel wurde aufs Neue erbaut nach jeder Zerstörung, sodass auch heute noch die Mütter Angst haben um ihre Töchter in der näheren Umgebung …

Wie anders dagegen der Buddhismus der Insel, unter dem selben Himmel gepflegt, von den selben Leuten: Keine Götter, keine Dämonen – die Lehre des Erhabenen allein …

Vier Pfade zum Heil

An jenem Morgen des ersten Vollmondtages im Monat Vesakh hatte mir der Ehrwürdige Welihelathanne Kalyanasiri seine Ansicht über die »Pfade zum Heil« erläutert. Seltsam war dieses Gespräch, mystisch beinahe. Schon Tage zuvor hatte Jeewananda, mein väterlicher Freund, mir diese »Stufen zur end-gültigen Befreiung« nahezubringen versucht, doch sie hatten mich nicht weiter interessiert ... Nun also machte sich der Bhante daran, sie mir kurz vor meinem Aufbruch zu erläutern, gingen sie mich also doch allem Anschein nach etwas an. Schon zuvor hatte er mehrfach darauf hingewiesen, dass ich offenkundig der typische Anāgāmi[316] sei und mich nur durch tiefe Meditation über die Beschaffenheit des Geistes zur Arahatschaft entwickeln könne. »Wir Theravādins glauben nicht wie die Mahāyāna-Buddhisten, dass jeder zum Buddha werden kann. – Kann in deinem Land jeder Präsident werden? – Doch kann jedermann das Nibbana erreichen! Die Weisen entscheiden sich dazu, Nibbana schon in diesem Leben zu erreichen – nur die weniger Klugen verschieben dies auf ein nächstes Leben!

Ariya Puggala oder einfach ›Ariyas‹, die ›Edlen‹, nennt man diejenigen, die sich auf einem der vier ›überweltlichen Pfade‹ befinden; diesen Entwicklungs-stadien auf dem Weg zum Heil.

Der Sotāpanna (1), der ›In den Strom Eingetretene‹, ist von den ersten drei der zehn Fesseln[317] individualistischer Weltsicht frei: Glauben an eine ewige Persönlichkeit (Persönlichkeitswahn), Zweifelsucht, Hang an Regeln und Riten. Allerdings bleibt er von allerlei Leidenschaften gefangen. Er wird höchstens sieben Mal in einer guten Existenz wiedergeboren, bis er die endgültige Befreiung erlangt. Hat er die Leidenschaften schon in diesem Leben größtenteils besiegt, muss er nur noch zwei bis drei Mal wiedergeboren werden. Buddhaghosha schreibt: ›Auch selbst wenn ein solcher sehr lässig sein sollte, besitzt er dennoch die Fähigkeit, nachdem er siebenmal unter Himmelswesen und Menschen die Daseinsrunde durcheilt und durchwandert hat, dem Leiden ein Ende zu machen.‹[318]

Der Sakadāgāmin (2), der ›Einmalwiederkehrer‹, hat sich darüber hinaus weitgehend von der vierten und fünften Fessel befreit, dem sinnlichen Begehren, dem Kāmā Rāga, und dem Zorn. Hass; Gier und Verblendung sind nahezu besiegt, nahezu erloschen. Er wird vor seiner endgültigen Befreiung nur noch einmal in dieser Welt wiedergeboren: ›Nur noch einmal zu dieser Welt zurückgekehrt, vermag er dem Leiden ein Ende zu machen.‹[319]

Der Anāgāmin (3), der ›Niemehrwiederkehrende‹, ist völlig frei von den ersten, den ›niederen‹ fünf Fesseln. Er wird nicht mehr in diese Welt zurückkehren: ›In höherer Welt wiedererscheinend, erreicht er dort das Nibbana und ist keiner Rückkehr mehr unterworfen, kehrt im Sinne des Wiedergeborenwerdens nicht mehr in diese Welt zurück.‹[320]

Doch nur der Arahat (4), der ›Heilige‹, der die höchste Stufe des ›überweltlichen Pfades‹, die Stufe des ›Nicht-mehr-Lernens‹ erreicht hat und die Gewissheit besitzt, dass alle zehn Fesseln vollkommen gelöst sind und auch in Zukunft nicht mehr entstehen werden, erreicht die vollkommene Befreiung unmittelbar nach diesem Leben. In diesem Leben jedoch lebt er im Sopadhishesha Nibbana, dem Nibbana mit einem Rest von Bedingtheit, in dem die fünf Daseinsgruppen erhalten bleiben, das man erst mit dem Tod durchschreitet.‹Insofern nun ist dieser Heilige der hohe Triebversiegte, der seinen letzten Körper trägt, die Bürde von sich geworfen und sein Ziel erreicht hat, in dem die Daseinfessel zerstört ist, der in vollkommener Weise Erlöste.«‹[321]

Er nahm einen allem Anschein nach häufig gebrauchten Band von einem der Bücherborde, blätterte kurz und zitierte eine Sutra des *Anguttara Nikāya*, die Worte des Erhabenen selbst:

»Vier Menschen (4 Arten von Asketen), ihr Mönche, sind in der Welt anzutreffen. Welche vier? – Der unerschütterliche Asket, der dem roten Lotus gleichende Asket, der dem weißen Lotus gleichende Asket, der unter den Asketen unvergleichliche Asket.

Inwiefern aber, ihr Mönche, ist man ein unerschütterlicher Asket? – Da ist ein Mönch nach dem Schwinden der drei Fesseln in den Strom eingetreten (Sotāpanna), ist den Daseinsgründen entronnen, gesichert, der vollen Erleuchtung gewiss. Insofern ist man ein unerschütterlicher Asket.

Inwiefern aber, ihr Mönche, ist man ein dem roten Lotus gleichender Asket? – Nach dem Schwinden der drei Fesseln und nach Abschwächung von Hass, Gier und Verblendung kehrt ein Mönch nur noch einmal wieder (Sakadāgāmi). Nur noch einmal zu dieser Welt zurückkehrend, macht er dem Leiden ein Ende. Insofern ist man ein dem roten Lotus gleichender Asket.

Inwiefern aber, ihr Mönche, ist man ein dem weißen Lotus gleichender Asket? – Da erscheint ein Mönch nach dem Schwinden der fünf niederen Fesseln unter den geistgeborenen Wesen wieder, und dort erlischt er von allem Wahn, kehrt nicht mehr zurück von jener Welt (Anāgāmi). Insofern ist man ein dem weißen Lotus gleichender Asket.

Inwiefern aber, ihr Mönche, ist man ein unter den Asketen unvergleichlicher Asket? – Da erreicht ein Mönch durch Versiegung der Triebe noch zu Lebzeiten die von Trieben freie Gemütserlösung und Weisheitserlösung, sie selbst erkennend und verwirklichend (Arahat) Insofern ist man ein unter den Asketen unvergleichlicher Asket.«[322]

Nachdenklich betrachtete der Bhante mich, strich sich über die Stirn. »Aber es ist nicht ganz so einfach, wenn wir über das Nibbana reden. Nichts ist dann einfach. Darum redete der Buddha nur ungern über das Verlöschen: Zu viele Missverständnisse – zu viele Leiden! Das Nibbana setzt sich in Wirklichkeit aus mehreren Nibbanas zusammen. Der Sotāpanna, der In-den-Strom-Eingetretene, hat fünf der sechs Nibbanas verwirklicht: das Nibbana des Auges, das Nibbana des Ohres, das Nibbana der Nase, das Nibbana des Mundes, das Nibbana des Körpers; nicht jedoch das Nibbana des Geistes. Er sollte sich deshalb bei der Vipassanā-Meditation auf die Beschaffenheit des Geistes konzentrieren. Wer jedoch in den Zustand des Nirodha, des Erlöschens aller Leidenschaften, eintritt, der lässt auch das Nibbana hinter sich. Es gibt keine Person hinter dem Geist. Ergründe die Beschaffenheit des Geistes! Es ist sehr einfach, die Befreiung des Auges zu erfahren, der Ohren, der Nase, des Mundes, des

Körpers – sie sind immer nur jetzt. Nur der Geist schafft Vergangenheit und Zukunft! – Durch seine eigene Unwissenheit und Verblendung! Deshalb ist die Befreiung des Geistes so schwer.

Grundsätzlich gibt es zwei Betrachtungsweisen – oder eigentlich drei: Sassata-ditthi (Ewigkeitsglaube) und Uccheda-ditthi (Vernichtungsglaube) und eben Nirodha. Der ›Ewigkeitsglaube‹ geht davon aus, dass es ein Ich, eine Persönlichkeit, gäbe, die jenseits der fünf Khandas bestünde – also auch jenseits des Todes. Der ›Vernichtungsglaube‹ besagt, dass auch unser Ich, unsere Persönlichkeit, von den fünf Khandas abhängt und daher mit dem Tod und dem Zerfall dieser Daseinsgruppen endet. Er geht davon aus, dass es keine Vergangenheit gibt, keine Zukunft, aber eine Person, ein Selbst, das die Gegenwart erlebt. Aber auch dies ist falsch. Nirodha zeigt uns, dass es keine Vergangenheit gibt und keine Zukunft – und kein Selbst. ›Ich‹, ›Selbst‹, ›Person‹ – all dies sind nur konventionelle Bezeichnungen für den unaufhörlichen Prozess des Entstehens und Vergehens. Denk an das Gleichnis vom Wagen.

Der gewöhnliche Mensch hat eine Vorstellung vom Nibbana – und die ist falsch! Der Sotāpanna hat eine andere Vorstellung vom Nibbana – und auch sie ist falsch. Der Sakadāgāmin hat seine ihm eigene Vorstellung vom Nibbana; die ist zwar etwas treffender als die des Sotāpanna, aber sie ist ebenfalls falsch. Auch der Anāgāmin hat seine Vorstellung vom Nibbana; die ist zwar treffender als die des Sakadāgāmin – aber: auch sie ist falsch. Der Arahat hat keine Vorstellung vom Nibbana – Er hat es verwirklicht!«

Langes Schweigen.

»Du solltest nicht ohne Arahatschaft aus dem Leben scheiden! Du hast das Glück, zur Lehre des Erhabenen gefunden zu haben, aber auch dieses Glück ist nicht beständig. Erst das Glück, das der Arahatschaft durch einen befreiten Geist erwächst, ist stetig. Du solltest Dich daher stets bemühen, Arahatschaft zu erreichen – durch Vipassanā auf den Geist gerichtet. Was ist nach dem Tod? – Wie können wir darüber reden! Auch dies schafft eine Zukunft – aus Unwissenheit geboren. Der Sotāpanna glaubt, dass seine vergangenen Leben zahlreich waren und er vielleicht noch sieben weitere vor sich hat; der Sakadāgāmin glaubt, dass seine Vergangenheit lang war, er aber nur noch einmal in dieser Welt wiedergeboren wird; der Anāgāmin glaubt an eine lange Vergangenheit und eine einmalige Wiederkehr in einer höheren Welt; der Arahat aber lebt befreit – ohne Vergangenheit und Zukunft ...«

> Wir kennen nicht den Weg, den er gegangen,
> So ist auch nicht Gewissheit zu erlangen
> Darüber, welcher Weg ward ihm zuteil,
> Der durch die Flut ging hin zum höchsten Heil.[323]

> Bei einer Flamme, die ein Windstoß löschte,
> Kann man nach ihrem Weitersein nicht fragen.
> So lässt sich über den erlösten Weisen,
> Der Name und Gestalt abwarf, nichts sagen.[324]

Stolperfallen auf dem Weg

»Drei Daseinsarten, ihr Mönche, hat man zu überwinden, und in drei Übungen hat man sich zu schulen. Welche drei Daseinsarten hat man zu überwinden? – Sinnliches (körperliches) Dasein, feinkörperliches Dasein, unkörperliches Dasein. Diese drei Daseinsarten hat man zu überwinden.«[325]

Es gilt also, den Wunsch nach jeglicher Form vorstellbaren Daseins aufzugeben; auch auf ein Weiterleben als wie auch immer geartetes »geistiges Wesen«. Das Nibbana ist das »vollkommen Andere«, entzieht sich jeder Vorstellung und erst recht jeglicher sprachlichen Äußerung darüber, denn:

Kein Maß gibt es für ihn, der hin zum Ende ging.
Nicht gibt's ein Wort, durch das man ihn erfasst.
Wenn alle Dharmas völlig abgetan,
Sind abgetan auch aller Rede Pfade.[326]

In welchen drei Übungen hat man sich zu schulen? – In der Schulung der hohen Sittlichkeit, in der Übung der hohen Geistigkeit, in der Übung der hohen Weisheit. In diesen drei Übungen hat man sich zu schulen.[327]

»Dreifaches Begehren, ihr Mönche, hat man zu überwinden und dreifachen Dünkel. Welches dreifache Begehren hat man zu überwinden? – Das Sinnlichkeitsbegehren, das Daseinsbegehren, das Selbstvernichtungsbegehren. Dieses dreifache Begehren hat man zu überwinden. und welchen dreifachen Dünkel hat man zu überwinden? – Den Dünkel an sich, den Minderwertigkeitsdünkel, den Überlegenheitsdünkel. Diesen dreifachen Dünkel hat man zu überwinden.«[328]

»Ohne, ihr Mönche, sechs Dinge aufgegeben zu haben, ist man nicht imstande, nach innen, nach außen, sowie nach innen und außen in der Betrachtung des Körpers, der Gefühle, des Geistes und der Geistesobjekte zu verharren. Welche sechs? – Lust an körperlicher Betätigung, Lust am Plaudern, Lust am Schlafen, Lust an Geselligkeit, unbewachte Sinnentore und Unmäßigkeit bei der Nahrungsaufnahme.«[329]

»Ohne, ihr Mönche, sechs Eigenschaften überwunden zu haben, ist man nicht imstande, die Heiligkeit zu verwirklichen. Welche sechs? – Geis-

Venerable Kalugala Vanaratana – »Mein« Mönch und ich im Höhlenkloster Varana.
(Nächste Doppelseite)

317

tige Starrheit, Mattigkeit, Aufgeregtheit, Gewissensunruhe, Zweifel und Nachlässigkeit.«[330]

> Wer falscher Lehre folgt, den Körper nicht bewacht
> Und faul und schläfrig ist, kommt unter Māras Macht.
> Drum hüte die Gedanken, rechten Willen pflege
> Und rechte Einsicht, Mönch, und sei nicht faul und träge –
> Erkenn' das Auf und Ab und meide falsche Wege![331]

Kaum Schlaf, aber recht seltsame Träume in der Nacht. Lange Vergessenes drängt ans Licht. Als ich aufstehe – es ist kurz nach drei – sind alle schon wach. Sanfter Regen. Etwas Angst, vor dieser so gewaltigen, mutigen Lehre. Wahrlich: Eine Lehre für einzelne, wahrlich … Ein älterer Mönch entzündet eine Lampe vor der Buddha-Statue in der Meditationshalle, Räucherstäbchen. Dann schlurft er zurück in die Küche. Und wieder ist Nacht. Tiefes Dunkel – doch: »Der Dschungel schläft nie …«. Der einsame Schrei eines nächtlichen Jägers. Verschlafenes Keckern eines Vogels. Eine letzte Meditation, ein letztes Gespräch mit dem Ehrwürdigen Kalyanasiri. »Dein Zimmer ist immer für dich bereit. Du kannst jederzeit kommen …«

Und dann: Abschied. Seltsam, recht seltsam, diese tiefe Verbundenheit mit Land und Leuten, wie eigentlich alles, was ich auf diesem Weg des Yoga und der Meditation erleben durfte, seit so vielen Jahren. Später dann der Dunst des Atems vor erwachender Stadt. Wolkenverhangener Himmel …

> Sabbe sattā bhavantu sukhitattā
> Die Wesen alle! Glück erfüll‹ ihr Herz![332]

Anhang

Die Quellen

Anguttara Nikāya (P., Skrt. *Ekottaragama*)

Die »Angereihte Sammlung«. Im 1. Jahrhundert v. Chr. entstandene vierte Sammlung im Suttapitaka des Pali-Kanons.

Dhammapada (P., Skrt. *Dharmapada*)

»Pfad der Lehre/der Wahrheit«. Sehr beliebter alter und weit verbreiteter Text aus dem Khuddaka Nikayā.

Dīgha Nikāya (P., Skrt. *Dhirgigama*)

Die »Lange Sammlung«. Erste Sammlung der Lehrreden des Buddha, in der insgesamt vierunddreißig lange Lehrreden zusammengestellt sind. Das Sanskrit-Original wurde vermutlich ca. 250 Jahre nach dem Tod des Buddha in Kashmir zusammengestellt.

Mahāvagga (P.)

»Die große Gruppe«. 1. Texteinheit in kanonischen Schriften. 2. Teil des *Vināya Pitaka*; enthält unter anderem Episoden aus dem Leben des Buddha.

Mahāvamsa (P.)

»Die Große Chronik«. Ein in Pali verfasstes singhalesisches Geschichtswerk aus dem 6. Jh. n. Chr.

Majjhima Nikāya (P.)

»Mittlere Sammlung«. Sammlung der mittellangen Lehrreden, die 2. Sammlung des Suttapitaka des Pali-Kanons. Der *Majjhima Nikāya* besteht aus 152 Lehrreden, gruppiert in zwei Gruppen zu je fünfzig und eine Gruppe mit zweiundfünfzig Lehrreden des Erhabenen, die nach ihrer »mittleren Länge« zusammengestellt wurden. Dem Majjhima Nikāya des Pali-Kanon entspricht der *Madhyama Agama* des Sanskrit-Kanons.

Milindapañha (P.)

»Fragen des Königs Milinda«. Hochgeschätztes außerkanonisches Werk, in dem der buddhistische Weise Nāgasena die Fragen des Königs Milinda (Menandros) beantwortet, dem Herrscher eines graeco-baktischen Reiches im zweiten vorchristlichen Jahrhundert.

Pali-Kanon

Kanon der buddhistischen Schule des Theravada-Buddhismus, abgefasst in Pali, der Sprache, die für diese Tradition Namen gebend wurde. Der Pali-Kanon gilt für die Theravadins als authentisches Buddha-Wort. Er wurde auf dem 4. Konzil im Jahre 29 v. Chr. auf Ceylon in dem Höhlenkloster Ālokalena (heute Ālu Vihāra) unweit von Matale niedergeschrieben, geht jedoch auf das 3. Konzil im Jahre 247 v. Chr. in Pātaliputra (heute Patna) unter dem Patronat des Maurya-Kaisers Ashoka zurück. Die Sammlung besteht aus drei Teilen (»Körben«) – daher Tipitaka (P., Skrt. Tripitaka), »Drei-Korb«. 1. Vinaya-Pitaka (P., Skrt.), der »Korb der Ordensregeln«, 2. Sutta-Pitaka (P., Skrt. Sūtra-Pitaka), der »Korb der Lehrreden« und 3. Abhidhamma-Pitaka (P., Skrt. Abhidharma-Pitaka), der »Korb der Vertieften Lehre«.

Sutta-Nipāta (P.)

Schrift aus dem Khuddaka Nikāya im Sutta-Pitaka des Pali-Kanons. Eine Sammlung von Lehrdichtungen Auch Sanskrit-Fragmente wurden im *Sutta-Nipāta* entdeckt. Der Wert dieser Sammlung liegt vor allem darin, dass er eine sehr frühe unverfälschte Phase des Buddhismus widerspiegelt.

Sutta-Pitaka (P., Skrt. *Sūtra-Pitaka*)

»Korb der Lehrreden/Unterweisungen«. Aus fünf »Sammlungen« (Nikāyas) bestehende Abteilung des Pali-Kanons, bestehend aus: 1. *Dīgha Nikāya*, 2. *Majjhima Nikāya*, 3. *Samyutta Nikāya*, 4. *Anguttara Nikāya* und 5. *Khuddaka Nikāya*. Ihm entspricht in den Sanskrit-Traditionen (Sanskrit-Kanon) ein vierteiliges Sūtra Pitaka aus 1. Dirgha Agama, 2. Madhyama Agama, 3. Samukta Agama und 4. Ekottara Agama, das allerdings nur fragmentarisch erhalten ist. Das Sutta-Pitaka wurde vermutlich bereits im 3. Jh. v. Chr. zusammengestellt, zunächst in vier Sammlungen, wie sie auch in den Sanskrit-Traditionen vorliegen, denen dann die fünfte Sammlung, der *Khuddaka Nikāya*, hinzugefügt wurde.

Udāna (P.)

»Feierlicher Ausspruch«. Schrift aus dem *Khuddaka Nikāya* des Pali-Kanons.

Visuddhi Magga (P., Skrt. *Vishuddhi Mārga*)

Der »Weg zur Reinheit« ist das bedeutendste Werk des Buddhaghosha (5. Jh. n. Chr.), in dem dieser eine systematische Darstellung der Lehren des Theravada-Buddhismus gibt. Es orientiert sich an den drei klassischen Bereichen des Edlen Achtfachen Pfades, Sittlichkeit (Skrt./P. Shīla) Sammlung (Skrt./P. Samādhi) und Wissen (Skrt. Prajña, P. Paññā).

Weiterführende Literatur

Bandini, Ditte und Giovanni: *Als Buddha noch nicht Buddha war.* München 2006.

Bhante Henepola Gunaratana: *Die Praxis der Achtsamkeit.* Heidelberg 1996. *Von der Achtsamkeit zur Sammlung.* Heidelberg 2010.

Buddhadāsa Bhikkhu: *Ānāpānasati.* München 2002.

Buddhist Missionary Society: *Gems of Buddhist Wisdom*, Kuala Lumpur 1983.

Chökyi Nyima Rinpoche: *Das Bardo-Buch*, München 1998.

Cleary, Thomas (Hrsg.): *Dhammapada*, Frankfurt am Main 1997.

Dahlke, Paul (Übers.): *Buddha – Auswahl aus dem Palikanon*, Wiesbaden o. J.

Dalai Lama: *The Way to Freedom*, New Delhi 1995.

Feddersen, Klaus C. F.: *Der Heilsweg des Buddha*, Gelnhausen 1963.

Glasenapp, Helmuth von: *Pfad zur Erleuchtung*, München 1988.

Kornfield, Jack: *Die Lehren Buddhas*, München 1996.

Lama Kazi Dawa-Samdup: *Das Tibetanische Totenbuch*, Zürich 1953.

Lehmann, Johannes: *Buddha – Leben Lehre Wirkung*, München 1980.

Lingwood, Dennis: *Das Buddha-Wort*, Bern 1985.

Meisig Konrad: *Klang der Stille*, Freiburg 1995.

Mensching, Gustav: *Buddhistische Geisteswelt*, Darmstadt 1955.

Mylius, Klaus (Hrsg.): *Gautama Buddha – Die vier edlen Wahrheiten*, München 1994.

Neumann, Karl Eugen (Übers.): *Die Reden des Buddha – Mittlere Sammlung*, Herrnschrot 1995.

Nyānaponika (Übers.): *Kommentar zur Lehrrede von den Grundlagen der Achtsamkeit*, Stammbach 1999.

Geistestraining durch Achtsamkeit, Konstanz 1993.

Im Lichte des Dhamma, Konstanz 1989.

Nyānatiloka: *Der Weg zur Erlösung*, Stammbach 1998.

Der einzige Weg, Stammbach 2017.

Buddhistisches Wörterbuch, Stammbach 1999.

Nyānatiloka (Übers.)/Nyānaponika (Hrsg.): *Die Lehrreden des Buddha aus der Angereihten Sammlung in fünf Bänden*, Braunschweig 1993.

Nyānatiloka Mahathera (Übers.)/Buddhaghosha: *Der Weg zur Reinheit – Visuddhi Magga*, Uttenbühl 2002.

Pancham Singh: *The Hatha Yoga Pradipika*, Allahabad, 1980.

Patanjali: *Die Wurzeln des Yoga*, Bern 1976.

Rahula, Walpola: *What the Buddha taught*, London 1959.

Rai Bahadur Srisa Chandra Vasu: *The Gheranda Samhita*, New Delhi 1980.

The Siva Samhita, New Delhi 1990.

Samararatne, Godwin: *Talks on Buddhist Meditation*, Kandy 2002.

Scholz, Werner: *Der Weg des Buddha*, Düsseldorf 1998.

Schumann, Hans Wolfgang: *Handbuch Buddhismus*, München 2000.

Buddhistische Bilderwelt, München 1986.

Der historische Buddha, München 1993.

Buddhismus: Stifter, Schulen und Systeme, München 1993.

Der Buddha erklärt sein System, Stammbach o. J.

Sogyal Rinpoche: *Das Tibetische Buch vom Leben und vom Sterben*, München 1994.

Solé-Leris, Amadeo: *Die Meditation, die der Buddha selber lehrte*, Freiburg 1994.

Sujiva, Venerable: *The First Step*, Nedimala 1986.

Thich Nhat Hanh: *Das Wunder der Achtsamkeit*, Bielefeld 1988.

Tsong-ka-pa: *Tantra in Tibet*, London 1977.

Waldschmidt, Ernst: *Die Legende vom Leben des Buddha*, Berlin 1991.

Weil, Alfred (Hrsg.): *Stiller Geist – Klarer Geist*, Berlin 1998.

Wijewantha, Ron: *The Road to Liberation*, Kandy 2002.

Glossar

ABHIŃŃA (P., SKRT. ABHIJŃYA): Sechs besondere Geisteskräfte: 1. magische Fähigkeiten (Siddhis), 2. »himmlisches Ohr«, 3. das Innere anderer Wesen erkennen, 4. Erinnerung an die Geburtenfährte, 5. »himmlisches Auge«, 6. Versiegung der Ashrava, der unheilvollen Be4fleckungen oder Triebe.

AGGIVESSANA: Name einer Brahmanenfamilie, Beinamen des Begründers des Jainismus, Mahavir.

AJĀTASATTU (P., SKRT. AJĀTASHATRU): Sohn des Königs Bimbisāra von Magadha.

ĀJĪVIKA-SEKTE: Unbekleidete Flechthaar-Asketen.

ĀLĀRA KĀLĀMA (P., SKRT. ĀRĀDA KĀLĀMA): Schuloberhaupt in Vaishali, der vermutlich eine Form des Yoga praktizierte und lehrte. Der spätere Buddha schloss sich diesem nach seinem Auszug in die Hauslosigkeit an und gelangte durch Meditation in den Bereich der »Nicht-Etwasheit« (Skrt. Akiñcanyayatana, P. Akiñcaññayatana). Aus der Vergänglichkeit dieser Erfahrung erkannte er jedoch, dass sie nicht zum letztendlichen Verlöschen führte und trennte sich wieder von Alārā Kālāma.

ANĀGĀMĪ: Der »Niewiederkehrende«, im Besitz der 3. Stufe der Heiligkeit.

ANATTĀ (P., SKRT. ANĀTMAN): »Nicht-Selbst«. Die buddhistische Lehre, dass der Mensch keine »unsterbliche Seele« besitzt. Eines der drei Wesensmerkmale jeglicher Existenz.

ANICCA (P., SKRT. ANITYA): Vergänglich, eines der drei Wesensmerkmale jeglicher Existenz.

ARAHAT (P., SKRT. ARHAT): »Würdiger, Vollendeter«. Einer, der die Erlösung, die höchste Stufe des »Nicht-mehr-Lernens« erlangt hat und unmittelbar nach diesem Leben ins Nirvāna eingeht.

ARIYA-ATTHANGIKA-MAGGA (P., SKRT. ĀRYA-ĀSHTHANGIKA-MĀRGA): Der Edle Achtfache Pfad.

ARIYA PU-GALLA (P., SKRT. ARIYA-PUDGALA): »Edler«, Mensch, der ich auf einer der 4 Stufen des überweltlichen Pfades (Arya-Marga) befindet.

ÂSAVA (P., SKRT. ÂSHRAVA): »Befleckungen, Einströmungen«. Bezeichnung für unheilsame »Triebe«, die die Wesen an den Kreislauf der Wiedergeburten (Samsāra) fesseln und die in der Erleuchtung vollständig überwunden werden: 1. Sinnlichkeitstrieb (Kamâsava), 2. Daseinstrieb (Bhavâsava), 3. Unwissenheitstrieb (Avijjâsava) und 4. Ansichtstrieb (Ditthâsava).

ASITA (SKRT.): »Nicht-Weiß«, ein Seher, der dem Vater des künftigen Buddha nach der Geburt seines Sohnes dessen Zukunft prophezeite.

ASSAJI: Einer der ersten fünf Mönche des Buddha.

ĀTMAN (SKRT., P. ATTĀ): Das »Selbst« des Menschen.

AVIJJĀ (P., SKRT. AVIDYĀ): »Nichtwissen«. Eines (1) der zwölf Glieder des »Bedingten Entstehens«, des »Entstehens in Abhängigkeit« (Konditional- oder Kausalnexus).

BHADDIYA: Einer der ersten fünf Mönche des Buddha.

BHAVA (SKRT./P.): »Werden«. Eines (10) der zwölf Glieder des »Bedingten Entstehens«, des »Entstehens in Abhängigkeit« (Konditional- oder Kausalnexus).

BHAVA-TANHA (P., SKRT. BHAVA-TRISHNA): »Werdensdurst«.

BHIKKHU (P., SKRT. BHIKSHU):»Bettler«; Bezeichnung für Buddhas Mönche.

BIMBISĀRA: König von Magadha, Anhänger des Buddha.

BODHI-BAUM: Der Baum, unter dem der Buddha seine Erleuchtung erlangte; Klammerfeige (ficus religiosa), auch Pipal genannt.

BODH GAYA: Das einstige Uruvela, Ort im heutigen Bundesstaat Bihar; der Ort der Erleuchtung des Buddha.

BODHISATTA (P., SKRT. BODHISATTVA): »Erleuchtungswesen«. Ein zur Buddhaschaft bestimmtes Wesen.

BRAHMĀ (SKRT.): Der Schöpfergott der hinduistischen Götter-Trias Brahmā, Vishnu (Erhalter), Shiva (Zerstörer), Personifikation des Brahman.

BRAHMAN (SKRT.): Die »Allseele«, das ewige, unvergängliche Sein, die letzte Wirklichkeit.

BRĀHMANAS (SKRT.): Handbücher zur Interpretation der Veden.

BRAHMANE: Angehöriger der Priesterkaste (höchste Kaste im indischen Kastensystem).

BRAHMA-VIHARA (SKRT./P.): Vier »göttliche« Verweilzustände. Meditationsübungen, in denen die vier hohen Tugenden des Buddhismus – Güte (Skrt. Maitri, P. Metta), Mitleid (Skrt./P. Karuna), Mitfreude (Skrt./P. Muditā) und Gleichmut (Skrt. Upekshā, P. Upekkhā) – erweckt und in alle vier Himmelsrichtungen allen Wesen zugestrahlt werden.

BUDDHA (SKRT.): »Der Erwachte«, Ehrenbezeichnung Siddhattha Gotamas.

CHANNA (P., SKRT. CHANDAKA): 1. Wagenlenker des Buddha. 2. Ein Mönch gleichen Namens, der sich wegen einer Krankheit selbst tötete. Da er bereits vom Rad der Wiedergeburt befreit war, fand diese Tat keinen Tadel von Seiten des Buddha.

CHATTĀRI ARYASACCĀNI (P., SKRT. CHATVĀRI ĀRYASATYĀNI): Die Vier Edlen Wahrheiten.

CHITTA-SHIKSHA (SKRT.): »Schulung des Geistes«.

CITTA-VITHI (P., SKRT.): »Geistwelle«, Welle/Schwingung des Bewusstseins. Bewusstseinsfunktionen innerhalb des Bewusstseinsprozesses.

DEVADATTA: Ein Vetter und Widersacher des Buddha.

DHAMMA (P., SKRT. DHARMA): »Das Tragende«. Weltordnung, universales Gesetz, Lehre des Buddha.

DHAMMA-CAKKAP-PAVATTANA-SUTTA (P., SKRT. DHARMA-CHAKRA-PRAVARTANA-SUTRA): Predigt von Benares. Die »Lehrrede vom Andrehen des Rades der Lehre.«

DHAMMAS (P., SKRT. DHARMAS): Elementarfaktoren.

DĪRGHĀGA-MA (P., SKRT. DĪIGHA NIKĀYA): »Längere Sammlung«; Teil des Pali-Kanons, bestehend aus 34 Lehrreden (Sutras/Suttas).

DUKKHA (P., SKRT. DUHKHA): »Leiden«. Erste der Vier Edlen Wahrheiten. Eines der drei Wesensmerkmale jeglicher Existenz.

DUKKHASAMUDAYA (P., SKRT. DUHKHA SAMUDAYA): »Leidensentstehung«.

EKĀGATTĀ (P., SKRT. EKĀ GRATA): »Einspitzigkeit« des Geistes.

GAYA-KASHYAPA: Oberhaupt einer Asketen-Schule in der Nähe von Uruvela (Bodh Gaya).

GOPA: Ehefrau Siddhattha Gotamas.

GOTAMA (P., SKRT. GAUTAMA): Familienname des Buddha.

GURU (SKRT.): »Groß, gewichtig, ehrwürdig«; von gu = dunkel und ru = auslöschen (Advaya-Tāraka-Upanishad). Spiritueller Lehrer.

ISIPATANA (P., SKRT. RISHIPATANA): Wildpark bei Benares (Kāshi), das heutige Sarnath im Bundesstaat Bihar, Ort der ersten Predigt des Buddha, mit der er das »Rad der Lehre« in Gang setzte.

JAMBUDVIPA (SKRT.): »Insel des Rosenapfelbaumes«, Indien.

JARĀ-MARANA (SKRT./P.): Alter und Tod. Eines (12) der zwölf Glieder des »Bedingten Entstehens«, des »Entstehens in Abhängigkeit« (Konditional- oder Kausalnexus).

JATAKAJĀTAKA (SKRT.): »Geburtsgeschichte, Lebenslauf«; die Vorgeburtsgeschichte des Buddha.

JĀTI (SKRT./P.): Geburt. Eines (11) der zwölf Glieder des »Bedingten Entstehens«, des »Entstehens in Abhängigkeit« (Konditional- oder Kausalnexus).

JATILA-ASKETEN (SKRT./P.): Asketen mit geflochtenem Haar, die den vedischen Feuerkult ausüben.

JHĀNA (P., SKRT. DHYĀNA): »Versenkung«, Meditation.

JIVAKA KOMARABHACCA: Leibarzt König Bimbisaras.

KA-MATANHA (P., SKRT. KAMA-TRISHNA): Sinnliches Begehren, »Sinnen-durst«.

KAMMA (P., SKRT. KARMA): »Handlung«; Gesetz von Ursache und Wir-kung.

KANTHAKA: Lieblingspferd Siddhattha Gotamas, mit dem er aus dem Haus in die Hauslosigkeit zog.

KARUNĀ (SKRT./P.): Mitgefühl. Einer der vier Erhabenen Verweilzustände.

KASHYAPA: Ein häufig gebrauchter Name, der durch Zusätze näher be-stimmt wird. Z. B. Maha-, Nadi-, Gaya-, Uruvelakashy-apa etc.

KHANDHA (P., SKRT. SKANDHA): Fünf Aneignungsgruppen, die dem ober-flächlichen Betrachter das Vorhandensein eines eigenständigen Individu-ums vortäuschen, die man sich jedoch bei der Wiedergeburt nur »aneig-net«: Körper (Skrt./P. Rupa), Gefühl (Skrt./P. Vedana), Wahrnehmung (Skrt. Samjna, P. Sanna), Geist (Skrt. Samskara, P. Sankhara) und Bewusst-sein (Skrt. Vijñāna, P. Vinnana).

KIM KUSALA (P., SKRT. KIM KUSHALA): »Was-ist-gut«; das, was verdienst-lich, heilsam ist im Sinne von tauglich für die Erlangung des Heils, heil-sam von Gier, Hass und Verblendung zur Überwindung des Karma.

KONDAÑÑA: Einer der ersten fünf Mönche des Buddha.

KSHATRIYAS (SKRT.): Mitglieder des zweiten Standes der hinduistischen Kastengesellschaft. Kriegerkaste, Kaste der Fürsten und Könige.

KUSHINĀRĀ (P., SKRT. KUSHINAGARA): Todesort des Buddha, das heutige Kashia, ca. fünfundfünfzig Kilometer nördlich von Gorakhpur im Bun-desstaat Uttar Pradesh.

LALITA VISTARA (SKRT.): Legendenreiche Buddha-Biografie des Mahayana-Buddhismus.

LAMA (TIB.): »Leiter«. Spiritueller Lehrer im tibetischen Buddhismus.

LOTUS-POSITION: Sitzhaltung des Yoga.

LUMBINĪ: Geburtsort des Buddha im heutigen Nepal.

MAGADHA: Altes indisches Königreich im heutigen Bundesstaat Bihar.

MAGGA (P., SKRT. MARGA): »Weg«, (der zur Aufhebung des Leidens führt). Vierte der Vier Edlen Wahrheiten.

MAHAKASSAPA (P., SKRT. MAHĀKĀSHYAPA): Einer der Hauptmönche des Buddha. Auf seinen Vor-schlag hin wurde das erste buddhistische Konzil noch im Todesjahr des Buddha in Rājagaha abgehalten. Darüber hinaus gilt Mahākāshyapa als erster Patriarch der chinesischen Ch'an-Schule. Auch einer der mythischen Vorläufer des historischen Buddha trägt diesen Namen.

MAHĀNAMA (SKRT.): Einer der ersten fünf Mönche des Buddha.

MAHĀPRAJĀPATĪ (SKRT.): Pflegemutter des Buddha.

MAHĀVAMSA (P.): Die »Große Chronik«, ein in Pali verfasstes singhalesisches Geschichtswerk aus dem 6. Jh. n. Chr.

MAHAYANA (SKRT.): »Großes Fahrzeug«, eine der beiden großen buddhistischen Schulrichtungen, das aufgrund seiner Vielfältigkeit einer großen Anzahl von Menschen den Weg zur Erlösung zeigt. Vor allem in China, Korea, Japan, Nepal und Tibet (Vajrayana) verbreitet.

MAITRĪ (SKRT., P. METTĀ): Güte. Einer der vier Erhabenen Verweilzustände.

MAJJHIMĀ PATIPADĀ (P., SKRT. MADHYAMĀ PRATIPAD): »Mittlerer Pfad«. Die Lehre Buddhas.

MANTRA (SKRT.): Verbindet die beiden Wortstämme von Manas und tram, »Geist« und »schützen, festmachen«. Spirituelle, magische Formel, heiliges Wort, das zur Meditation verwendet wird.

MĀRA (SKRT./P.): »Zerstörer, Mörder«. Abgeleitet vom Skrt. mareti = »sterben lassen«, Prinzip des Todes, Geist der Verführung; Dämon, Versucher, Teufel, mit seinen drei Töchtern Ratī (Lust), Aratī (Unzufriedenheit) und Tanhā (Gier) und einem ganzen »Heer« samsarischer Faktoren wie Begierde, Sinnenlust, Trägheit, Zweifelsucht, Heuchelei, Eitelkeit etc. Letztendlich gehören zu Māra auch die fünf Daseinsfaktoren aller weltlichen Existenz (Skrt. Skhandhas, P. Khanda): Körper, Gefühl, Wahrnehmung, Geist und Bewusstsein.

MĀYĀ (SKRT.): 1. »Täuschung, Illusion«. Welt der Erscheinungen. Die Kraft Brahmans, die die Sicht des Menschen verschleiert. 2. Die bald nach der Geburt verstorbene Mutter des Buddha.

MOGGALLANA (P., SKRT. MAUDGALYAYANA): Einer der Hauptmönche des Buddha.

MUDITĀ (SKRT./P.): Mitfreude. Einer der vier Erhabenen Verweilzustände.

NADĪ-KASHYAPA (SKRT.): Oberhaupt einer Asketenschule in der Nähe von Uruvela (Bodh Gaya).

NĀMA-RŪPA (SKRT./P.): »Name-und-Form«. Eines (4) der zwölf Glieder des »Bedingten Entstehens«, des »Entstehens in Abhängigkeit« (Konditional- oder Kausalnexus), die körperlich-geistigen Konstituenten der empirischen Persönlichkeit (vgl. fünf Skandhas).

NERAÑJARA: Fluss bei Bodh Gaya, an dessen Ufer der Buddha seine Erleuchtungserfahrung hatte.

NIBBĀNA (P., SKRT. NIRVĀNA): »Verwehen, Verlöschen«, Zustand der Befreiung (aus dem Kreislauf der Wiedergeburten).

NIDANAKATHA (SKRT.): »Erzählung der Anfänge«; klassische Buddha-Biografie.

NIRODHA (SKRT./P.): 1. »Erlöschen«; Endstadium der Meditation, Synonym zu Nirvāna.

2. AUFHEBUNG (DES LEIDENS). DRITTE DER VIER EDLEN WAHR-HEITEN.

PAÑÑĀ (P., SKRT. PRAJÑĀ): »Wissen, Weisheit«.

PAÑÑĀ-SHIKKHA (P., SKRT. PRAJÑA-SHIKSHA): Schulung des Wissens.

PHASSA (P., SKRT. SPARSHA): Berührung. Eines (6) der zwölf Glieder des »Bedingten Entstehens«, des »Entstehens in Abhängigkeit« (Konditional- oder Kausalnexus).

PIPAL (SKRT.): Klammerfeige (ficus religiosa), Baum unter dem der Buddha sein Erleuchtungserlebnis hatte, auch Bodhi-Baum genannt.

PIRITH (P., SKRT. PARITTA): Schutzformel.

PUJA (SKRT.): »Anbetung, Verehrung«. Andachtsritual im Hinduismus und Buddhismus.

RĀHULA (SKRT.): »Die Fessel«; Sohn des Buddha.

RĀJAGAHA: Hauptstadt des Magadha-Königreiches, heute Rajgir.

RINPOCHE (TIB.): »Kostbarer«, Ehrenbezeichnung für hohe spirituelle Lehrer, meist Äbte größerer Klöster oder hohe Wiedergeburten (Tulkus).

RŪPA (SKRT./P.): »Körper«. Eine der fünf Aneignungsgruppen.

SALĀYATANA (P., SKRT. SHĀTĀYATANA): Die sechs Sinne. Eines (5) der zwölf Glieder des »Bedingten Entstehens«, des »Entstehens in Abhängigkeit« (Konditional- oder Kausalnexus).

SAMĀDHI (SKRT.): »Fixieren, Festmachen«. Sammlung des Geistes auf ein einziges Objekt. Achtes Glied des Edlen Achtfachen Pfades, Oberbegriff für die drei letzten Glieder des Edlen Achtfachen Pfades: Rechtes Streben, Rechte Achtsamkeit, Rechte Versenkung.

SAMANA (P., SKRT. SRAMANA): Asket, Wandermönch (aus der Sanskritwurzel sram = sich bemühen).

SAMATHA (P., SKRT. SHAMATHA): »Gemütsruhe, Ruhiges Verweilen«. Beruhigungsmeditation.

SAMMĀ (SAMYAK) ĀJĪVA (P./SKRT.): »Rechter Lebenserwerb«. Eines der Glieder des Edlen Achtfachen Pfades.

SAMMĀ DITTHI (P., SKRT. SAMYAK DHRISHTHI): »Rechte Einsicht«. Eines der Glieder des Edlen Achtfachen Pfades.

SAMMĀ KAMMANTA (P., SKRT. SAMYAK KARMANTA): »Rechtes Handeln«. Eines der Glieder des Edlen Achtfachen Pfades.

SAMMĀ (SAMYAK) SAMĀDHI (P./SKRT.): »Rechte Versenkung«. Eines der Glieder des Edlen Achtfachen Pfades.

SAMMĀ-SAMBUDDHA (P., SKRT. SAMYAK SAMBUDDHA): »Vollkommen Erwachter«.

SAMMĀ SAMMKAPPA (P., SKRT. SAMYAK SAMKALPA): »Rechter Entschluss«. Eines der Glieder des Edlen Achtfachen Pfades.

SAMMĀ SATI (P., SKRT. SAMYAK SMRTI): »Rechte Achtsamkeit«. Eines der Glieder des Edlen Achtfachen Pfades.

SAMMĀ VACA (P., SKRT. SAMYAK VAC): »Rechte Rede«. Eines der Glieder des Edlen Achtfachen Pfades.

SAMMĀ VĀYĀMA (P., SKRT. SAMYAK VYĀYĀMA): »Rechtes Streben«. Eines der Glieder des Edlen Achtfachen Pfades.

SAMSĀRA (SKRT./P.): »Wanderung«. Geburtenkreislauf.

SAMUDAYA (SKRT./P.): »Entstehung« (des Leidens). Zweite der Vier Edlen Wahrheiten.

SAMY-AK VYĀYĀMA (P., SKRT. SAMMĀ VĀYĀMA): »Rechtes Streben«, sechstes Glied des Edlen Achtfachen Pfades.

SANGHA (SKRT./P.): »Schar«, der buddhistische Orden der Nonnen und Mönche.

SANJAYA: Oberhaupt einer Asketenschule; Lehrer Sariputtas und Moggallanas ehe diese sich dem Buddha anschlossen.

SANKHARA (P., SKRT. SAMSKĀRA): Geist. Eine der fünf Aneignungsgruppen.

SANKHĀRA (P., SKRT. SAMSKHĀRA: Tatabsichten. Eines (2) der zwölf Glieder des »Bedingten Entstehens«, des »Entstehens in Abhängigkeit« (Konditional- oder Kausalnexus).

SAÑÑĀ (P., SKRT. SAMJÑĀ): »Wahrnehmung«. Eine der fünf Aneignungsgruppen.

SĀRIPUTTA (P., SKRT. SHĀRIPUTRA): Einer der Hauptmönche des Buddha.

SATTAPANNI (P., SKRT. SAPTAPARNÎ-HÖHLEN): Höhlen am Vebhāra (Vaibhara)-Berg in Rājagaha.

SHĀKYA (SKRT.): Der Volksstamm des Buddha.

SHUDDHODANA: »Der reinen Reis hat«; Buddhas Vater.

SHUDRAS (SKRT.): Kaste der Arbeiter und Diener, unterste Kaste der hinduistischen Gesellschaft.

SIDDHATTHA (P., SKRT. SIDDHĀRTHA): »Der das Ziel erreicht hat«; Name des Buddha.

SIDDHIS (SKRT.): »vollkommene«, scheinbar übernatürliche Fähigkeiten.

SĪLA (P., SKRT. SHĪLA): Ethische Grundlagen.

SĪLA SIKKHĀ (P., SKRT. SHĪLA-SHIKSHA): »Sittlichkeitsschulung«.

SOTTHIYA: Ein Gras-Schneider, der dem späteren Buddha ein Bündel Gras schenkte, aus dem dieser sich einen Meditationssitz bereitete.

STUPA (SKRT., P. THUPA): »Haarknoten«, Gedenkschrein.

SUBHADDA (P., SKRT. SUBHADRA): 1. Letzter Mönch, der – unmittelbar vor dem Tod des Buddha – in Kushinagara von diesem in den Orden aufgenommen wurde 2. Mönch aus der Mönchsgruppe Mahakashyapas, der nach dem Tode des Buddha für eine liberalere Regelobservanz plädierte.

SUJATA: Tochter eines Dorfvorstehers, die dem Buddha die erste richtige Mahlzeit nach seiner Zeit der Askese anbot.

SŪTTA (P., SKRT. SŪTRA): »Leitfaden«, Lehrrede.

TANHĀ (P., SKRT. TRISHNĀ): »Ergötzendes Begehren, Durst«. Eines (8) der zwölf Glieder des »Bedingten Entstehens«, des »Entstehens in Abhängigkeit« (Konditional- oder Kausalnexus).

TATHĀGATA (SKRT./P.): »Pfadvollender«; der »So-Gegangene« (tatha gata), oder auch der »So-Gekommene« (tatha agata); Ehrentitel des Buddha.

THERAVADA (P., SKRT. HINAYANA). SÜDLICHER BUDDHISMUS: »Kleines Fahrzeug«, da es durch seine strenge Auslegung der Lehre Buddhas nur vergleichsweise wenigen zum Heil gereichte. »Schule der Ältesten«. Eine der Hauptrichtungen des Buddhismus. Nach Ansicht seiner Anhänger stellt es die ursprüngliche, reine Lehre dar, wie sie Buddha predigte. Heute vor allem in Sri Lanka, Thailand, Myanmar, Kambodscha und Laos verbreitet.

TIRATANA (P., SKRT. TRIRATNA): Die »Drei Kostbarkeiten«. Buddha, Dhamma und Sangha, zu denen Buddhisten ihre Zuflucht nehmen.

TISARANA (P., SKRT. TRISHARANA): Die Dreifache Zufluchtnahme:
Buddham saranam gacchami.
Ich nehme meine Zuflucht zum Buddha.
Dhammam saranam gacchami.
Ich nehme meine Zuflucht zum Dhamma (Gesetz).
Sangham saranam gacchami.
Ich nehme meine Zuflucht zur Gemeinschaft der Jünger.

TISSO SHIKKHA (P., SKRT. TRI SHIKSHA): »Dreifache Schulung«. Schulung der Sittlichkeit, des Geistes und des Wissens.

TULKU (TIB.): »Körper der Verwandlung«, Reinkarnationen.

TUSITA (P., SKRT. TUSHITA): »Die Stillzufriedenen«. Himmlische Sphäre, in der der Buddha vor seiner Geburt verweilte.

UDDAKA RĀMAPUTTA (P., SKRT. UDRAKA RĀMAPUTRA): Der zweite Lehrer Siddhattha Gotamas nach dessen Auszug aus dem Haus in die Hauslosigkeit.

UPĀDĀNA (SKRT./P.): »Ergreifen«. Eines (9) der zwölf Glieder des »Bedingten Entstehens«, des »Entstehens in Abhängigkeit« (Konditional- oder Kausalnexus).

UPAKA, DER NACKTLER: Ein Angehöriger der Ājīvika-Sekte.

UPANISHADEN (SKRT.): »Geheimlehre«, (von Skrt. upa = »nahe«, ni = »nieder« und shad = »setzten«; d.h. sich zu den Füßen des Lehrers niederzusetzen, um die geheime Lehre zu erfahren.) Schlussbetrachtungen zu den Veden.

UPAVARTANA (SKRT.): »Garten der Rückkehr«, »Raum der Erholung«, »Raum der Übung«, Sal-Hain bei Kushinagara.

UPEKKHĀ (P., SKRT. UPEKSHĀ): »Gleichmut«. Einer der vier Erhabenen Verweilzustände.

URUVELA: Ort der Erleuchtung, das heutige Bodh Gaya im Bundesstaat Bihar.

URUVELA-KASSAPA (P., SKRT. -KASHYAPA): Oberhaupt einer Asketenschule in der Nähe von Uruvela (Bodh Gaya).

VAISHYAS (SKRT.): Dritte der vier Kasten der hinduistischen Ständegesellschaft, die Kaste der Händler und Bauern, der »Versorger«.

VAJRAYANA (SKRT.): »Diamantfahrzeug«. Schulrichtung des Mahayana-Buddhismus mit ausgeprägtem magischem Ritualwesen. Heute vor allem in Tibet verbreitet.

VAPPA: Einer der ersten fünf Mönche des Buddha (zusammen mit Kondanna, Bhaddiya, Mahanama und Assaji).

VARNA (SKRT.): »Farbe, Kaste«; von den Ariern eingeführte hierarchische Gesellschaftsordnung.

VEDA/VEDAS/VEDEN (SKRT.): »Wissen«, älteste religiöse Schriften Indiens, die als göttliche Offenbarung (shruti) verehrt werden. Diese ursprünglich mündlich tradierten Texte sind: Rig-Veda., Sama-Veda, Yajur-Veda und Atharva-Veda.

VEDANĀ (SKRT./P.): »Empfindung, Gefühl«. Eines (7) der zwölf Glieder des »Bedingten Entstehens«, des »Entstehens in Abhängigkeit« (Konditional- oder Kausalnexus), eine der fünf Aneignungsgruppen.

VELUVANA (SKRT.): »Bambuswald«, Klosterhain der Mönche Buddhas bei Rājagaha.

VESAKHA (P., SKRT. VAISAKHA): Bedeutendster Feiertag des Buddhismus am Vollmondtag des Monats Vaisakha/Vesakh (April/Mai) zu Ehren der Geburt, der Erleuchtung und des Todes des Buddha.

VIBHAVATANA (P., SKRT. VIBHAVA-TRISHNA): »Ent-Werdensdurst«.

VINAYA (SKRT.): »Führung, Leitung«. Ordensdisziplin, Mönchsregeln.

VIŃŃANA (P., SKRT. VIJŃANA): »Bewusstsein«. Eines (3) der zwölf Glieder des »Bedingten Entstehens«, des »Entstehens in Abhängigkeit« (Konditional- oder Kausalnexus), eine der fünf Aneignungsgruppen.

VIPASSANĀ (P., SKRT. VIPASHYANĀ): »Einsicht, Hellblick«. Klarblicksmeditation. Eine der Hauptformen buddhistischer Meditation, die unmittelbare Erkenntnis, dass alle Daseinsformen vergänglich (P. anicca, Skrt. anitya), leidvoll (P. dukkha, Skrt. duhkha) und Nicht-Ich (P. anattā, Skrt. anatmān) sind.

VIPASSIN: Mythischer Buddha der Vorzeit.

YAMA (SKRT.): Ursprünglich altindischer Totengott des Hinduismus. Im Buddhismus Herrscher der Höllen und Richter der Toten mit seinen Gehilfen Alter, Krankheit, Tod und Geburt. Meist als stierköpfiger, auf einem Büffel reitender, schwarzer Gott dargestellt.

YASAS: Ein junger Mann aus Benares, Sohn reicher Eltern, der vom Buddha kurz nach dessen Erleuchtung bekehrt wurde.

YASODHARĀ: Großmutter des Buddha.

YOGA (SKRT.): »Joch, Vereinigen, Anschirren«. Eine körperlich-geistige Schulung, zur »Vereinigung« – je nach Schule höchst unterschiedlicher Faktoren – wie zum Beispiel: Körper und Geist, Niederes/individuelles Selbst (Atman) und Höherem Selbst (Brahman), Mensch und Gott usw.

YOGIN (SKRT.): Yoga-Praktizierender.

Endnoten

1 Skrt. »Herr«. Angehöriger eines Mönchs-ordens.

2 Skrt. »Vollkommene Fähigkeit«. Paranor-male Kräfte wie Levitation etc., wie sie weit fortgeschrittenen Yogis zugeschrieben werden

3 Yoga Praktizierender.

4 Hieraus entwickelte sich dann, Jahre spä-ter, auch der Titel dieses Buches, wohl wis-send, dass eine zentrale Lehre des Buddha eben gerade die Lehre vom Nicht-Selbst ist …

5 Skrt. »Geheimlehren«. Wörtl. upa: »nahe bei«, ni: »nieder«, shad: »setzen«.; d.h. sich nahe zu jemandem setzen, um seine gehei-men (vertraulichen) Lehren zu erhalten.

6 Hinduistische Form des Göttlichen, meist als der achte Avatar von Vishnu, einem der drei Hauptgötter des Hinduismus verehrt.

7 Gopīs = Kuhhirtinnen.

8 Höfliche Anrede.

9 Nach Majjhima Nikaya 1, 168

10 Klaus C.F.Feddersen, Der Heilsweg des Buddha, Gelnhausen 1963.

11 Zweithöchste Kaste der indischen Stände-gesellschaft; Kaste der Krieger und Herr-scher.

12 Sammlung der kanonischen Schriften des Theravada-Buddhismus.

13 Nach Lalita Vistara.

14 Nach Lalita Vistara.

15 Nach Lalita Vistara.

16 Nach Lalita Vistara.

17 108 ist eine heilige Zahl im Hinduismus (später auch stellenweise im Buddhismus).

18 Ein zur Buddhaschaft bestimmtes Wesen.

19 Nach Lalita Vistara.

20 Nach Lalita Vistara.

21 Nach Mahapadana Sūttanda, Die Große Lehrrede der Legenden; Dīgha Nikāya XIV.

22 Nach Aryapariyesana Sūtta, Die Lehrrede vom Edlen Streben; Majjhima Nikāya XXVI.

23 Nach Aryapariyesana Sūtta, Die Lehrrede vom Edlen Streben; Majjhima Nikāya XXVI.

24 »Geheimlehre«; (von Skrt. upa = »nahe«, ni = »nieder« und shad = »setzen«; d.h. sich zu den Füßen des Lehrers zu setzen, um die geheime Lehre zu erfahren.) Schlussbe-trachtungen zu den Veden.

25 Ein Jain-Mönch; nach anderer Meinung der Begründer des Jainismus, Mahavira, selbst.

26 Khechari Mudra, eine Yoga-Übung.

27 Nach Mahasaccaka-Sūtta, Die Lehrrede an Saccaka, Majjhima Nikāya XXXVI.

28 Nach Majjhima Nikāya.

29 Nach Majjhima Nikāya.

30 Nach Mahasaccaka-Sūtta, Die Lehrrede an Saccaka; Majjhima Nikāya XXXVI.

31 Nach Mahasaccaka-Sūtta, Die Lehrrede an Saccaka; Majjhima Nikāya XXXVI.

32 Nach dem Einführungskapitel des Jātaka Kommentars, einer außerkanonischen Sammlung von Buddha-Legenden.

33 Nach Lalita Vistara.

34 Nach Lalita Vistara.

35 Nach Dhammapada.

36 Nach Mahāsaccaka-Sūtta, Die Lehrrede an Saccaka; Majjhima Nikāya XXXVI.

37 Nach Aryapariyesana Sūtta, Die Lehrrede vom Edlen Streben; Majjhima Nikāya XXVI.

38 Nach Aryapariyesana Sūtta, Die Lehrrede vom Edlen Streben; Majjhima Nikāya XXVI.

39 Skrt. Rishipatana = »Seherstein«.

40 Altindische Sekte und Asketengemeinschaft, gegründet von Makkhali Gosala, einem Zeitgenossen Buddhas und Mahavirs, des Begründers des Jainismus.

41 Nach Aryapariyesana Sūtta, Die Lehrrede vom Edlen Streben; Majjhima Nikāya XXVI.

42 Nach Dhammacakkappavattana Sūtta, die Lehrrede vom Antrieb des Rades der Lehre; Samyutta Nikaya LVI.

43 Nach Mahavagga des Vinaya.

44 Nach Mahavagga des Vinaya.

45 Shivaitische Asketen.

46 Nach Samyutta Nikaya 35, 28.

47 Nach Vinaya Pithaka.

48 Nach Vinaya Pithaka.

49 Nach Maha-Parinibbana-Sūttanda – Die Große Lehrrede vom endgültigen Verlöschen; Dīgha Nikāya XVI.

50 Nach Maha-Parinibbana-Sūttanda – Die Große Lehrrede vom endgültigen Verlöschen; Dīgha Nikāya XVI.

51 Nach Dīgha Nikāya XVI.

52 Nach Dīgha Nikāya XVI.

53 Nach Dīgha Nikāya XVI.

54 Nach Maha-Parinibbana-Sūttanda – Die Große Lehrrede vom endgültigen Verlöschen; Dīgha Nikāya 16.

55 Nach Maha-Parinibbana-Sūttanda – Die Große Lehrrede vom endgültigen Verlöschen; Dīgha Nikāya 16.

56 Nach Maha-Parinibbana-Sūttanda – Die Große Lehrrede vom endgültigen Verlöschen, Dīgha Nikāya 16.

57 Nach Maha-Parinibbana-Sūttanda – Die Große Lehrrede vom endgültigen Verlöschen; Dīgha Nikāya 16.

58 Nach Mahā-Parinibbāna-Suttanda – Die große Lehrrede vom endgültigen Verlöschen, Dīgha Nikāya 16.

59 Nach Maha-Parinibbana-Sūttanda – Die Große Lehrrede vom endgültigen Verlöschen; Dīgha Nikāya 16.

60 Nach Maha-Parinibbana-Sūttanda – Die Große Lehrrede vom endgültigen Verlöschen; Dīgha Nikāya 16.

61 Zeit der Lehrtätigkeit Buddhas.

62 2. Monat des hinduistischen Mondkalenders.

63 Die vier Hauptkasten Indiens.

64 Diese Zahl ist vermutlich nicht wörtlich zu nehmen, bedeutet einfach viele.

65 Nach Mahāvamsa III, 1-9.

66 Nach Mahāvamsa III, 24.

67 Die vier Haltungsarten sind Gehen, Stehen, Sitzen und Liegen.

68 Āsava.

69 Nach Mahāvamsa III, 26;30.

70 Nach Mahāvamsa III, 37.

71 Nach Samyutta-Nikāya XII, 65.

72 Nach Majjhima Nikāya 22.

73 Tibet. »Außerordentlich Kostbarer«. Meist Ehrentitel für reinkarnierte Lamas.

74 Samma Ditthi.

75 Samma Sammkappa.

76 Samma Vaca.

77 Samma Kammanta.

78 Samma Ājīva.

79 Samma Vayama.

80 Samma Sati.

81 Samma Samādhi.

82 Nach Samyutta Nikaya 56, 11.

83 »Leiden« = Dukkha.

84 Fünf Aneignungsgruppen (P Khandha), die dem oberflächlichen Betrachter das Vorhandensein eines eigenständigen Individuums vortäuschen, die man sich jedoch bei der Wiedergeburt nur »aneignet«: Körper (Rūpa), Gefühl (Vedanā), Wahrnehmung (Saññā), Geist (Sankhara) und Bewusstsein (P Viññāna).

85 Dukkhasamudaya.

86 Tanha.

87 Kamatanha.

88 Bhavatanha.

89 Vibhavatana.

90 Nirodha.

91 Atthangika Magga.

92 Nach Mahā Satipatthāna Suttanda – Die Grundlagen der Achtsamkeit. Dīgha Nikāya 22.

93 Nach Anguttara-Nikāya.

94 Nach Visuddhimagga XVI, IV, 512.

95 Nach Mahā Satipatthāna Suttanda – Die Grundlagen der Achtsamkeit. Dīgha Nikāya 22

96 Nach Majjhima Nikāya 44/ Visuddhimagga XVI, IV, 514..

97 Nach Mahā Satipatthāna Suttanda – Die Grundlagen der Achtsamkeit. Dīgha Nikāya 22.

98 Nach Mahā Satipatthāna Suttanda – Die Grundlagen der Achtsamkeit. Dīgha Nikāya 22.

99 Nach Mahā Satipatthāna Suttanda – Die Grundlagen der Achtsamkeit. Dīgha Nikāya 22.

100 Nach Mahā Satipatthāna Suttanda – Die Grundlagen der Achtsamkeit. Dīgha Nikāya 22.

101 Nach Mahā Satipatthāna Suttanda – Die Grundlagen der Achtsamkeit. Dīgha Nikāya 22.

102 Nach Mahā Satipatthāna Suttanda – Die Grundlagen der Achtsamkeit. Dīgha Nikāya 22.

103 Nach Mahā Satipatthāna Suttanda – Die Grundlagen der Achtsamkeit. Dīgha Nikāya 22.

104 Ekagrata (ekaagrata), ein Begriff aus der Yoga-Philosophie. »Einspitzigkeit (der Gedanken)«.

105 Nach Mahā Satipatthāna Suttanda – Die Grundlagen der Achtsamkeit. Dīgha Nikāya 22.

106 = Seherstein, P Isipatana.

107 Die fünf Aneignungsgruppen = Khandha

108 Nach Samyutta Nikāya XXII, 59.

109 Sotâpanna, der »in den Strom Eingetretene«. Unterste Stufe der »Edlen Jünger«.

110 Pali Indriya = Fähigkeiten, hier Sinne.

111 Persönlichkeitsglaube = Pali sakkāya ditthi.

112 Drei Daseinsfaktoren (tilakkhana) allen Seins: Vergänglich, leidvoll, Nicht-Ich.

113 Visuddhi Magga 20, 625.

114 Skrt. der »Weltenberg«, der »Ausgezeichnete«; nach hinduistischer und buddhistischer Sicht Zentrum des Universums, Weltenachse.

115 Dies sind die vier Kontinente, die aus buddhistischer Sicht den Berg Meru umschließen: (1) Jambūdvīpa (Skrt., P Jambūdīpa) = »Rosenapfelbaum-Insel« = Indien, (2) Aparagoyāna, (3) Uttarakuru, (4) Pubhavideha.

116 Herrscher der Höllen.

117 Nach Anguttara Nikāya 3,81.

118 Nach Visuddhi Magga 20, 625.

119 Nach Satipathānasutta, Majjhima Nikāya 1, 10, 55 – 68.

120 Nach Samyutta Nikāya 3, 59 – 61.

121 Nach Anguttara Nikāya 4, 23.

122 Nach Anguttara Nikāya 4, 45.

123 Nach Sutta Nipāta 1076.

124 Nach Milindapañha 2, 1,1.

125 Nach Majjhima Nikāya 129.

126 Nach Anguttara Nikāya 4, 55.

127 Nach Majjhima Nikāya 38.

128 Skrt. »Wanderung«. Kreislauf der Wiedergeburten.

129 Nach Dīgha Nikāya 33, 1-10.

130 Nach Anguttara-Nikāya 4, 45.

131 Nach Samyutta Nikāya 15, 1.

132 Nach Samyutta Nikāya 15, 3-9.

133 Nach Samyutta Nikāya 15, 10.

134 Nach Anguttara Nikāya 4, 182.

135 Nach Majjhima Nikāya 36.

136 Nach Udāna 3, 10.

137 Skrt. »Illusion, Schein.« Die Kraft Brahmans. Als kosmische Illusion verschleiert
Māyā die Sicht des Menschen, sodass er
die allem Gestalteten zugrunde liegende
eine Wirklichkeit nicht erkennt, die ›Welt
der Formen‹ als einzige Wirklichkeit akzeptiert.

138 Nach Anguttara Nikāya 4, 63.

139 Nach Anguttara Nikāya 3, 99-141.

140 Nach Anguttara Nikaya 5, 57.

141 Nach Anguttara Nikāya 7, 58.

142 Nach Anguttara Nikāya 3, 36.

143 Die körperlich-geistigen Konstituenten der
empirischen Persönlichkeit (vgl. 5 khandhas).

144 Nach Udāna 6, 4.

145 Skrt. »Der so Dahingelangte«. Der Vollendete, der Buddha.

146 Nach Majjhima Nikaya 63.

147 Nach Udāna 1–3.

148 Gier = lobha, Hass = dosa (raga, tanha),
Verblendung = moha.

149 Nach Anguttara Nikāya 3, 61.

150 Nach Anguttara Nikāya 3, 34.

151 Nach Anguttara Nikāya 3,134.

152 Die fünf Aneignungsgruppen (khandhas).

153 Anicca.

154 Dukkha.

155 Anattā.

156 Nach Samyutta Nikāya 22, 15.

157 Nach Maha-Parinibbana-Sūttanda – Die
Große Lehrrede vom endgültigen Verlöschen; Dīgha Nikāya 16.

158 Nach Sutta Nipāta 1070.

159 Nach Udāna 8, 1.

160 Nach Udāna 8, 3.

161 Nach Anguttara Nikāya 9, 34.

162 Buddhistische Richtung/Schule. Siehe An-
hang.

163 Buddhistische Richtung/Schule. Siehe An-
hang.

164 Buddhistische Richtung/Schule. Siehe An-
hang.

165 Vedanta. Skrt. »Ende der Veden«.

166 Die vier Lebensstufen (āshramas) im Leben eines traditionellen Hindus.

167 Skrt. »tragen, halten.« Hier: Daseinsfaktoren.

168 Nach Itivuttaka 43.

169 Nach Samyutta Nikāya 35, 23.

170 Nach Dīgha Nikāya 2, 1 – 33.

171 Nach Anguttara Nikāya 4, 14.

172 D. h. die ersten fünf Glieder des Edlen
Achtfachen Pfades verinnerlicht hat.

173 Nach Majjhima Nikāya 107.

174 Nach Dīgha Nikāya 2, 1.

175 Nach Dīgha Nikāya 2, 68.

176 Nach Majjhima Nikāya 44.

177 Nach Samyutta Nikāya 35, 204.

178 Nach Majjhima Nikāya 26.

179 Nach Majjhima Nikāya 26/39.

180 Nach Majjhima Nikaya 26/39/43.

181 Nach Majjhima Nikaya 26/39/43.

182 Nach Visuddhi Magga 4 / Majjhima Nikaya 26/39/43.

183 Nach Majjhima Nikaya 26/39/43.

184 Nach Visuddhi Magga 4/ Majjhima Nikaya 26/ 39/43.

185 Nach Visuddhi Magga 4 / Majjhima Nikaya 26/39/43.

186 Nach Visuddhi Magga 4 / Majjhima Nikaya 26/39/43.

187 Nach Visuddhi Magga 4 / Majjhima Nikaya 26/39/43.

188 Nach Visuddhi Magga 4 / Majjhima Nikaya 26/39/43.

189 Nach Visuddhi Magga 4 / Majjhima Nikaya 26/39/43.

190 Nach Visuddhi Magga 4/ Majjhima Nikaya 26/39/43.

191 Nach Visuddhi Magga 4 / Majjhima Nikaya 26/39/43.

192 Nach Visuddhi Magga 4 / Majjhima Nikaya 26/39/43.

193 Nach Visuddhi Magga 4 / Majjhima Nikaya 26/39/43.

194 Nach Dhammapada 1, 2.

195 Nach Anguttara Nikāya 1, 13.

196 Nach Samyutta Nikāya 22, 5.

197 Nach Anguttara Nikāya 2, 32.

198 Nach Anguttara Nikāya 4, 92/93

199 Nach Lohn der Büßerschaft. Dīgha Nikāya 2, 65.

200 Nach dem Anguttara Nikāya.

201 Vermutlich der spätere Mahavir, der Begründer des Jainismus.

202 Nach Mahāsaccaka-Sūtta, Die Lehrrede an Saccaka; Majjhima Nikāya 36.

203 Nyanaponika Mahāthera (Siegmund Feniger) geb. 21. 07. 1901 in Hanau, gest. 19. 10. 1994 in Kandy/Sri Lanka. Bedeutender deutscher buddhistischer Mönch und Gelehrter, der 1937 in Sri Lanka als Mönch ordiniert wurde.

204 Auf- und absteigender Atem.

205 Nach Mahā Satipatthāna Suttanta/Sutta – Die Grundlagen der Achtsamkeit. Dīgha Nikāya 22.

206 Majjhima Nikāya 10 Satipatthāna Sutta.

207 Mahā Satipatthāna Sutta – Die Grundlagen der Achtsamkeit. Dīgha Nikāya 22.

208 Nach Mahā Satipatthāna Sutta – Die Grundlagen der Achtsamkeit. Dīgha Nikāya 22.

209 Nach Samyutta Nikāya 47, 18.

210 Nach Dīgha Nikāya 16.

211 Nach Mahā Satipatthāna Sutta– Die Grundlagen der Achtsamkeit. Dīgha Nikāya 22.

212 Nach dem Kommentar zur Lehrrede von den Grundlagen der Achtsamkeit (übersetzt von Nyānaponika).

213 Nach Mahā Satipatthāna Sutta– Die Grundlagen der Achtsamkeit. Dīgha Nikāya 22.

214 Nach Majjhima Nikāya 119.

215 Nach Mahā Satipatthāna Sutta – Die Grundlagen der Achtsamkeit. Dīgha Nikāya 22.

216 Nach Majjhima Nikāya 119.

217 Die fünf Vāyus (Winde), wie sie schon im Yoga und Ayurveda dargestellt werden.

218 Nach Majjhima Nikāya 62.

219 Nach Mahā Satipatthāna Sutta – Die Grundlagen der Achtsamkeit. Dīgha Nikāya 22.

220 Nach Majjhima Nikāya 119.

221 Nach Anguttara Nikāya 10,11.

222 Nach Mahā Satipatthāna Sutta – Die Grundlagen der Achtsamkeit. Dīgha Nikāya 22.

223 Nach Majjhima Nikāya 119.

224 Nach Mahā Satipatthāna Sutta – Die Grundlagen der Achtsamkeit. Dīgha Nikāya 22.

225 Samyutta Nikāya 21, 5/ Majjhima Nikāya 62.

226 Benares (heute Varanassi) und Kalkutta.

227 Nach Anguttara Nikāya 8, 74.

228 Die vier »Göttlichen Verweilzustände« (Brahmāa-Vihāras): Güte, Mitgefühl, Mitfreude und Gleichmut.

229 Nach Jātaka Nr. 9; Khuddaka Nikāya 10.

230 Nach Anguttara Nikāya 7, 70.

231 Nach Anguttara Nikāya 3.

232 Nach Visuddhi Magga 8.

233 Nach Samyutta Nikāya 4, 9.

234 Nach Visuddhi Magga 8, 1.

235 D.h. sie befolgen über die 5 Gebote der Laienethik (Nicht-Töten, Nicht-Stehlen, kein »ungesetzlicher« Verkehr mit Frauen, Nicht-Lügen, keine berauschenden Getränke) hinausgehend die Regeln 6 (kein Essen nach Mittag), die zu einem Gebot zusammengefassten Regeln 7 und 8 (Verzicht auf den Besuch von Tanz-, Gesang-, Musik- u. Schauspieldarstellungen sowie auf den Gebrauch von Kosmetika und Schmuck) und 9 (Verzicht auf die Benützung eines bequemen Bettes) der für alle Novizen geltenden Mönchsregeln.

236 Nach Mahā Satipatthāna Sutta– Die Grundlagen der Achtsamkeit. Dīgha Nikāya 22.

237 Nach Mahā Satipatthāna Sutta – Die Grundlagen der Achtsamkeit. Dīgha Nikāya 22.

238 Nach Majjhima Nikāya 62 (7, 2).

239 Nach Majjhima Nikāya 118 (12, 8).

240 Nach Mahā Satipatthāna Sutta– Die Grundlagen der Achtsamkeit. Dīgha Nikāya 22.

241 Nach Visuddhi Magga 8, 270.

242 Nach Mahā Satipatthāna Sutta – Die Grundlagen der Achtsamkeit. Dīgha Nikāya 22.

243 Nach Mahā Satipatthāna Sutta – Die Grundlagen der Achtsamkeit. Dīgha Nikāya 22.

244 Nach Mahā Satipatthāna Suttanda – Die Grundlagen der Achtsamkeit. Dīgha Nikāya 22.

245 Nach Mahā Satipatthāna Suttanda – Die Grundlagen der Achtsamkeit. Dīgha Nikāya 22.

246 »leiden« = dukkha.

247 Fünf Aneignungsgruppen (khandha), die dem oberflächlichen Betrachter das Vorhandensein eines eigenständigen Individuums vortäuschen, die man sich jedoch bei der Wiedergeburt nur »aneignet«: Körper (rupa), Gefühl (vedana), Wahrnehmung (sanna), Geist (sankhara) und Bewusstsein (vinnana).

248 samudaya.

249 tanha.

250 kamatanha.

251 bhavatanha.

252 vibhavatana.

253 Atthangika Magga

254 Nach Samyutta Nikaya 56,11.

255 Nach Mahā Satipatthāna Suttanda – Die Grundlagen der Achtsamkeit. Dīgha Nikāya 22.

256 Nach Majjhima Nikāya 118 (12, 8).

257 Nach Anguttara Nikāya 8, 19.

258 In Gedanken, Worten und Taten.

259 Nach Samyutta Nikāya 46, 6.

260 Nach Visuddhi Magga 8, 282.

261 Nach Anguttara Nikāya, Die Rede an die Sālher, 3, 67.

262 Pali (von Skrt. *shramana, shram* »sich anstrengen, bemühen«) Mönch.

263 Nach Anguttara Nikāya 3, 66

264 Nach Anguttara Nikāya 10, 208.

265 Nach Sutta Nipāta 1, 8; 143–152.

266 Nach Itivuttaka 27.

267 Nach Anguttara Nikāya 8, 1 / Ittivuttaka 27.

268 Anguttara Nikāya II, 32

269 Nach Mahā Satipatthāna Sutta – Die Grundlagen der Achtsamkeit. Dīgha Nikāya 22 / Ānāpānasatisuttam, Majjhima Nikāya 118 (12, 8).

270 Nach Ānāpānasati Sutta › Majjhima Nikāya 118 (12, 8).

271 Nach Mahā Satipatthāna Sutta – Die Grundlagen der Achtsamkeit. Dīgha Nikāya 22.

272 Nach Mahā Satipatthāna Sutta – Die Grundlagen der Achtsamkeit. Dīgha Nikāya 22.

273 Nach Mahā Satipatthāna Sutta – Die Grundlagen der Achtsamkeit. Dīgha Nikāya 22.

274 Nach Samyutta Nikāya 18, 1-10.

275 Nach Samyutta Nikāya 35, 90 ff.

276 Nach Visuddhi Magga 19 (604).

277 Nach Dhammapada 170.

278 Nach Samyutta Nikāya 35, 23.

279 Nach Dhammapada.

280 Nach Udāna 3, 10 / Vinaya Pitaka, Mahāvagga.

281 Nach Anguttara-Nikāya 4, 45.

282 Nach Samyutta Nikāya 22, 56/Visuddhi Magga 14 (444–464).

283 Nach Majjhima Nikāya 43.

284 Nach Visuddhi Magga 14 (444).

285 Nach Visuddhi Magga 14 (446).

286 Nach Mahā Satipatthāna Suttanda – Die Grundlagen der Achtsamkeit. Dīgha Nikāya 22/Majjhima Nikāya 1, 10.

287 Nach Visuddhi Magga 14 (444).

288 Nach Visuddhi Magga 14 (446).

289 Nach Mahā Satipatthāna Suttanda – Die Grundlagen der Achtsamkeit. Dīgha Nikāya 22/Majjhima Nikāya 1, 10.

290 Nach Visuddhi Magga 14 (444).

291 Nach Visuddhi Magga 14 (446).

292 Nach Mahā Satipatthāna Suttanda – Die Grundlagen der Achtsamkeit. Dīgha Nikāya 22/Majjhima Nikāya 1, 10.

293 Nach Visuddhi Magga 14 (444).

294 Nach Visuddhi Magga 14 (446).

295 Nach Mahā Satipatthāna Suttanda – Die Grundlagen der Achtsamkeit. Dīgha Nikāya 22/Majjhima Nikāya 1, 10.

296 Nach Visuddhi Magga 14 (444).

297 Nach Visuddhi Magga 14 (446).

298 Nach Mahā Satipatthāna Suttanda – Die Grundlagen der Achtsamkeit. Dīgha Nikāya 22/Majjhima Nikāya 1, 10.

299 Nach Visuddhi Magga 14 (446)/Samyutta Nikāya 35, 206.

300 Nach Visuddhi Magga 15 (482).

301 Nach Anguttara Nikāya 1, 4.

302 Nach Anguttara Nikāya 1,13.

303 Nach Visuddhi Magga 18 (595).

304 Nach Mahā Satipatthāna Suttanda – Die Grundlagen der Achtsamkeit. Dīgha Nikāya 22/Majjhima Nikāya 1, 10.

305 Nach Visuddhi Magga 18 (593).

306 Nach Majjhima Nikāya 22.

307 Nach Anguttara Nikāya 5, 29.

308 Nach Itivuttaka 43.

309 Nach Udāna 8,3.

310 Hütten, kleine Häuser.

311 Dieses Gleichnis findet sich auch in Anguttara Nikāya 5, 193.

312 Almosenspende.

313 Kultische Handlung; im Hinduismus dem christlichen »Gottesdienst« vergleichbar,

im Buddhismus zur Erinnerung und Verehrung des Buddha.

314 Tempeltänzerinnen; wörtlich »Dienerinnen« (dasis) Gottes (Deva) – heute zumeist Tempelprostituierte.

315 Feuer-Zeremonien.

316 Der »Niewiederkehrende«, 3. Stufe der Heiligkeit.

317 Zehn Fesseln (Samyojana) ketten nach buddhistischer Lehre ein Wesen an den Kreislauf der Wiedergeburten: 1. Persönlichkeitswahn, 2. Zweifel, 3. Hängen an Regeln und Riten, 4. sinnliche Begierde, 5. Zorn, 6. Begehren nach feinkörperlicher Existenz, 7. Begehren nach unkörperlicher Existenz, 8. Selbstzufriedenheit, 9. geistige und seelische Unruhe, 10. Nichtwissen.

318 Nach Visuddhi Magga 22, 676.

319 Nach Visuddhi Magga 22, 677.

320 Nach Visuddhi Magga 22, 677.

321 Nach Visuddhi Magga 22, 678 / Anguttara Nikāya 4, 87.

322 Nach Anguttara Nikāya 4, 88 / Anguttara Nikāya 4, 87.

323 Nach Udāna 8,10.

324 Nach Sutta Nipāta.

325 Nach Anguttara Nikāya 6, 105.

326 Nach Sutta Nipāta 1075.

327 Nach Anguttara Nikāya 6, 105.

328 Nach Anguttara Nikāya 6, 106.

329 Nach Anguttara Nikāya 6, 118.

330 Anguttara Nikāya 6, 66.

331 Udāna 4.2.

332 Sutta Nipāta 1,8.

Dank

In tiefer Dankbarkeit all meinen Lehrern und Freunden, insbesondere

Deepak Kumar Joshi, meinem genialen, leider nun verstorbenen Zeichner und Lehrer und Freund († 02.09.2019),
Upananda de Silva (Jeewananda), meinem allumfassend gebildeten Fahrer und Freund,
Alu Vihara, »meinem« Mönch aus dem Angurukaramulla Tempel in Negombo,
Dorjee Lama, einem tibetischen Mönch, der mich in die Geheimnisse des tibetischen Buddhismus einweihte und über lange Jahre mein Freund war, bis er wieder in den Weiten der Inneren Mongolei verschwand,
Ven. Welihelathanne Kalyanasiri, dem »Lehrer der Mönche«,
Ven. Kalugala Vanaratana, Stellvertretender Abt des Pilikuttuwa Rajamaha Vihara, eines Höhlen- und Waldklosters in Varana (gegründet im 3. vorchristlichen Jahrhundert und damit wohl eines der ältesten buddhistischen Klöster des Landes), ein langjähriger Freund, der nach dem Lesen meines Manuskriptes meinte: »Wahrer Buddhismus«.
Chökyi Nyima Rinpoche, der mich an einem Maientag des Jahres 2000 nach vielen Jahren des Kostens und Zögerns in die buddhistische Gemeinschaft aufnahm, und vielen »namenlosen« Mönchen in den Klostern des Erhabenen in Indien, Nepal, Sri Lanka, Thailand und Ladakh.
Nicht zu vergessen Jochen Veit, meinem Lektor, dem mein ganz besonderer Dank gilt für seine mehr als engagierte Arbeit,

und natürlich Sybille, Dennis und Sebastian für ihr immerwährendes Verständnis.